虞志坚◎著

李达民生思想研究

人民出版社

序

丁俊萍

　　李达是中国共产党主要创始人之一。他毕生致力于马克思主义理论研究、宣传与教育，在马克思主义基本原理的研究方面硕果累累，也在马克思主义哲学、经济学、法学、政治学、教育学、货币学、史学、新闻出版及妇女解放等诸多领域作出了开拓性的理论贡献。党的十一届三中全会以来，在一系列纪念李达的学术研讨会的推动下，李达著译的大量文献被再版或重印，对李达的生平和思想的研究不断深入，成果十分丰富。随着一批学术专著的出版以及不少相关学术论文的发表，对李达进行研究的全面性、系统性得到明显提升。关于李达思想，不管是从教育、社会主义、法学、妇女解放、经济、史学的角度，还是从哲学或道德的角度，都有学者研究过，并取得了不少富有学术价值的研究成果，但仍有很大的研究空间。想要在既有学术成果的基础上继续推进这一研究，不仅需要研究者发扬甘于坐冷板凳的精神，挖掘和收集整理大量的第一手文献资料；也需要研究者寻求新的研究视角，比如说，从历史观、发展生产力思想、科学社会主义思想、教育思想、法学思想等角度，来考察李达民生思想的特点；立足于李达社会主义思想的载体作用以及马克思主义哲学、经济学、史学、法学、教育学的工具性作用，从其独特的理论风格入手，探讨李达民生思想的理论价值；等等。

　　2010年，由武汉大学汪信砚教授报送的研究选题"李达全集整理与研究"被列为国家社会科学基金重大项目。随后，我作为子课题之五"李达政治学论著整理与研究"的负责人，带领部分学生对李达的政治学论著进行了整理、校对和研究。我指导的 2011 级中共党史专业博士研究生虞志坚，其本科、硕士均受教于湖南师范大学，硕士期间师从钟声教授，养成了良好的学风和较强的文献资料搜集与整理意识。2011 年 9 月，虞志坚进入武汉大学中共党史专业攻读博士学位之后，考虑到他的学术兴趣和学术基础以及希望在文献资料的收集与整理方面多下些功夫的意愿，结合当时学术界研究的热点，以及我当时正在参与的国家社会科学基金重大项目"李达全集整理与研究"，我和虞志坚共同确定以"李达民生思想"作为其博士学位论文选题，并通过了开题报告。在此前及随后的近三年时间里，虞志坚全力以赴地投入博士论文写作之中。经过数年的艰苦付出，他最终完成了博士学位论文的撰写工作，并顺利通过博士学位论文的评审和答辩，得到了评阅专家、答辩委员们的一致好评。虞志坚于 2014 年到南通大学任教以后，在工作之余，根据专家们提出的修改意见和自己的新认识，对博士学位论文进行了一定的修改和补充，并准备正式出版。我作为其博士学位论文的指导教师，由衷地为他感到高兴，并向他表示祝贺，同时也希望他能再接再厉，在学术道路上不断前行。

研究李达的民生思想，至少有三个方面的难题需要解决：

一是如何科学地界定李达民生思想的内涵。这是本书的关键问题。对于民生和民生思想的解读，不同学科有不同考量，可以说是见仁见智。李达民生思想是李达思想的一个重要组成部分，内容涉及经济、政治、社会、哲学、法律、教育等诸多领域。要全面而又系统地挖掘李达民生思想的内涵并不容易。李达首先是一位卓有建树的马克思主义理论家、宣传家、教育家，研究者必须运用马克思主义的立场、观点和方法，科学地解读李达民生思想的内涵，才可能全面分析李达民生思想的历史地位及理论价值，并进行整体性评价。

二是如何处理李达民生思想与党内其他同志的民生思想的关系。尽管李达和党内其他同志在考虑问题时都以谋求人民幸福、民族解放为出发点和目的，也都形成了各自的民生思想，但是，他们所处的具体环境及各自对于基本国情的理解有所不同，他们关注问题的侧重点也有差异。这些特殊性决定了他们各自的民生思想具体内容有着很大区别。因此在处理两者的关系时，必须把不同人物的民生思想还原到当时特殊的社会背景和时代实践之中，必须彰显李达与党内其他同志的民生思想的独特之处。

三是如何处理李达民生思想与李达思想之间的关系。李达民生思想是李达思想的重要组成部分，李达的一些著作或文章很可能涉及当时现实中的民生问题，但其写作意图并不是或者不完全是直接针对民生问题的，研究者容易产生断章取义甚至曲解本意的倾向。这就要求研究者既要从宏观把握李达思想的整体性入手来研究李达民生思想，又要仔细辨别两者的差异，不能笼而统之。

面对上述难题，本书作者努力攻克，并取得了可喜的成绩。在当今社会，能够有志从事学术研究，实属难能可贵，面对难题不是畏难退之而是迎难进之并取得可喜成绩更是不易。作者即将奉献给读者的这本书虽然不可避免地会存在这样那样的不足，但至少有以下几个方面值得肯定。

第一，本书在选题上以全新视角拓展李达的生平和思想研究。民生思想研究、李达的生平及思想研究是近年来学术界研究的两大热点。但是，关于李达民生思想的系统研究迄今尚无人涉足。本书着眼于系统梳理李达民生思想的主要内容，突出它特有的理论品质，落脚于它求真务实的理论风格，不落窠臼。

第二，本书在研究框架上对李达民生思想作深入系统的研究。在目前没有出现整体研究李达民生思想的学术成果的情况下，本书既着眼于纵的方向分四个阶段探讨它形成和发展的源流与轨迹，又着眼于横的方向从政治、经济、文化和社会等不同视域梳理它的主要内容，总结和概括它的理论特点，分析与挖掘它的理论价值和实践意义。

第三，本书在主要观点上显现出作者在研究过程中致力于创新的努力。本书以第一手文献为依据，从民生是社会主义的旗帜、社会革命是人民求生存求幸福的必由之路、法律的演进应该以民生为中心、发展产业与改善民生休戚相关、土地问题是主要的民生问题、教育是民生的题中应有之义、妇女问题也是民生问题等七个方面，来概括和阐述李达民生思想的主要内容；从方法论、研究工具、新视角及与同时代代表性人物的相关思想比较等方面，来考察李达民生思想的理论特点；从中国共产党的建设及其所领导的社会主义事业的发展方面，来分析李达民生思想的理论价值和实践意义，体现了作者的辩证思维和系统思维。

李达已然逝去 50 多年，但其思想中蕴含的巨大价值决定了学界的相关探究不会停止。无论是丰富和发展中国共产党民生理论的研究，还是从李达民生思想中吸取营养、得到启发以推进现阶段民生建设的研究，都存在着很大的研究空间。希望作者以本书的出版为起点，继续努力，不断取得新成果！

2021 年 8 月 1 日于珞珈山

目　录

导　论

一、本书选题的缘起与意义

（一）缘起

李达，名庭芳，字永锡，号鹤鸣，生于 1890 年，湖南永州人，是中国共产党的主要创始人和早期重要领导人之一，也是一位卓有建树的马克思主义理论家、宣传家和教育家。李达的著作，深刻反映了他在革命征途中不断前进的真实足迹，也从一个侧面反映了当时中国社会的民生演进轨迹。据初步统计，李达生平撰有 22 部专著、24 部译著、200 余篇文章（含讲演稿、书信、诗作等），共约 800 万字。李达浩瀚的理论著述，为后人研究李达的生平与思想、探索马克思主义在中国的传播与发展提供了莫大的便利。2010年，由武汉大学汪信砚教授报送的研究选题"李达全集整理与研究"被列为国家社会科学基金重大项目。此后，学校着手组织《李达全集》的编纂工作，成立了《李达全集》编辑委员会，整合学校哲学、政治学、史学、经济学、法学、社会学、教育学等强势学科力量，积极开展对《李达全集》的整理、编纂与研究工作，于 2016 年完成。笔者是湖南人，又是一名武大学子，更有幸在整理和校对李达的部分政治学论著的基础上，参与这一国家社科基金重大项目的子课题研究。这极大地激发了笔者研究李达思想特别是李达民生思想的兴趣。

在俄国十月革命的影响下，李达开始学习和研究马克思主义。1919年6月，他在上海《民国日报》副刊《觉悟》上相继发表《什么叫社会主义?》和《社会主义的目的》两篇直接关注人民生活的文章，开始以实际行动积极探索彻底改变中国人民命运的真理。笔者视之为李达民生思想形成的起点。此后，李达的民生思想不断发展并走向成熟。1949年8月，李达任中国政法大学第一副校长和中国新法学研究院副院长，仍然努力宣传马克思主义法学。9月，他以无党派人士身份，作为社会科学工作者代表参加中国人民政治协商会议第一届全体会议，积极参加建立新中国的筹备工作，以谋人民当家作主的切实实现。此后，李达相继就任湖南大学校长和武汉大学校长，直接参与高等教育的党政管理，为新中国的民生建设耗尽心血，一直到1966年8月含冤逝世。李达的民生思想充分反映在他的理论成果和实践活动中。有鉴于此，本书研究内容的时间跨度起于1919年6月，讫于1966年8月。

(二) 意义

李达民生思想是马克思主义经典作家关于民生的思想与中国近代的社会实际和时代特征相结合的个性化产物。本书基于李达民生思想的发展历程，追寻其形成和发展的源流与轨迹，系统探讨其主要内容，深入分析其理论特点，客观评价这一思想的理论价值和实践意义。这一研究有助于推动李达的生平与思想研究。李达是一位卓有建树的马克思主义理论家、宣传家、教育家，他毕生致力于马克思主义中国化的理论探索和实践活动，在马克思主义哲学、经济学、法学、政治学、教育学、货币学、史学、新闻出版及妇女解放等诸多领域作出了开拓性的理论贡献。李达的民生思想，几乎涵盖其理论成果的方方面面，是多学科知识的分析与综合，是李达忧国忧民和不懈追求真理的思想结晶，为党的建设和中国特色社会主义民生建设带来长远的理论启示。几十年来，对于李达的思想研究，学术界发表了大量论文，出版了不少著作，然而，李达民生思想的系统研究，迄今无人涉足。显然，深入研究李达这一思想，是强化当前李达研究薄弱环节的需要，是全面系统研究李达思想的需要。

研究李达民生思想有助于总结马克思主义中国化、时代化的经验，为坚持和发展马克思主义提供理论启示。李达运用马克思主义的立场、观点和方法，一方面，把西方的先进文明成果用中国风格和中国气派表现出来，把世界性的普遍真理用民族形式表现出来；另一方面，从理论和实践两方面积极探索民生问题，个性化地展示出他对当时民生的实际状况、产生根源及改善民生的途径等现实问题的理性思考，形成了其以马克思主义为指导思想的比较准确反映时代特征的民生思想。因此，研究李达民生思想，有助于人们揭示马克思主义中国化、时代化进程中的规律，从而在新时代实践中扎实坚持和发展马克思主义。

二、相关概念的界定

（一）民生

在古代，"民生"一词多指平民百姓的经济生活。《左传·宣公十二年》中说，"民生在勤，勤则不匮"，意即平民百姓生存幸福的关键是做到勤勤恳恳，唯其如此，才能保证衣食无缺。这是"民生"一词的最早出处，包含着最朴素的民生思想。

在近代，孙中山最早将民生看作一个政治范畴和哲学范畴。他明确指出，"民生就是人民的生活——社会的生存、国民的生计、群众的生命"[①]，"民生就是政治的中心，就是经济的中心和种种历史活动的中心"[②]。可见，

[①]《孙中山选集》（下），人民出版社 2011 年版，第 832 页。

[②]《孙中山选集》（下），人民出版社 2011 年版，第 856 页。

孙中山站在国家大政方针及历史观的高度给"民生"注入了新的内涵。

在现代,《辞海》中把"民生"解释为"人民的生计"。这是对人民群众日常生活内容的表述和描绘,在带有浓厚的人本色彩的语境中渗透出一种人文关怀。

一般地,可以从广义和狭义两方面来理解民生的含义。

广义上的民生包括人民在物质、精神、政治、社会和生态等方面的需求,也包括人民在生命、健康和尊严等方面的价值。于是,民生主要是在解决温饱问题的基础上追求更加富裕,在获得人的生存条件下谋求人的发展,在人的生存发展方面寻求制度保障。广义上的民生概念强调了民生的广泛性和综合性,突出了它的理论价值和实践意义。孙中山是从广义的角度来阐释民生含义的。学术界的理论探讨大多是从广义的角度来诠释民生含义的。

狭义上的民生主要包括民众在生存、发展、权益保护等方面的基本需求,这比较契合具体层面上的民生政策。老百姓谈及的民生、政府政策的制定等多从狭义的民生概念的角度来理解和执行。

由此,民生具有这样几个特征:第一,民生包括物质、精神、政治、社会和生态等多方面需求,具有综合性。无论是开展理论研究还是制定民生政策,都必须把民生问题看作一个综合性的整体。第二,民生涉及生存基础上的发展、温饱基础上的小康、总体小康基础上的共同富裕,具有层次性。马克思把人的生活需要分为生存的、享受的和发展的这三个层次。孙中山曾把民生的需要分为生存的、安适的、奢侈或繁华的这三个层次。美国心理学家马斯洛在《人类动机的理论》一书中把人类的生活需要分为生理的、安全的、社交的、尊重的和自我实现的等五个层次。有学者把民生分为生存的、发展的和全面发展的三个层次。①无论怎样划分,民生在内涵上都是层层递进的,只有基本满足较低层次的民生需求,才能演进到相对较高层次的民生需求。

---

① 参见林祖华:《民生概念辨析》,《经济研究导刊》2009 年第 22 期。

低层次民生需求是前提和基础，而高层次民生需求是必然趋势。第三，由于经济社会的进步，旧有的民生问题一旦解决，新的民生问题又会出现，因而民生问题具有时代性。例如，革命年代，民生主题是人民摆脱受压迫被剥削的地位，实现当家作主；改革开放时期，民生主题依次为解决温饱问题、达到小康水平、走向共同富裕。可见，民生必然随着时代变化而发展。第四，民生没有终点，具有永恒性。只要存在人类社会，就必然出现民生问题。古今中外，无论处于什么样的社会发展阶段，无论在有着何种经济水平、政治制度和意识形态的国家，改善民生都是永恒的价值追求。

（二）民生思想

毛泽东同志曾说："这种感性认识的材料积累多了，就会产生一个飞跃，变成了理性认识，这就是思想。"[①] 据此，民生思想就是人们对于某一国家一定历史时期民生这一社会现象的理性认识。它包括对特定民生状态及其根源的认识、改变特定民生状态的条件和途径的认识。研究民生思想，要突出特定思想主体对民生的个性化认识。

对于一定的社会权力占有者和行使者来说，民生思想具有以下几个特征：第一，阶级性。不同的阶级具有不同的历史观，也就具有不同的民生思想。一定阶级的民生思想反映了本阶级的根本利益，并为它服务。民生思想的阶级性决定了它是为少数剥削者服务，还是为广大人民服务。第二，民族性。从内容上看，民生思想立足于一国的民生实际，在探究社会根源的基础上对改善民生的途径展开理性思考。从表现形式上看，民生思想大多通过主体的文章、著作表现出来，话语体系离不开民族文化的熏陶。第三，继承性。人类社会的思想理论都是在历史积累的基础上不断发展的。民生思想也是如此，它是各历史时期各阶级民生思想的积累和发展。

---

① 《毛泽东文集》第八卷，人民出版社1999年版，第320页。

（三）李达民生思想

李达民生思想与他的社会主义思想、经济学思想、哲学思想、法学思想、政治学思想、教育思想等一样，是李达思想的一个重要组成部分。在《社会之基础知识》一文中，李达把社会问题看作社会矛盾所酿成的绝大多数人民的生活问题，认为劳动问题是狭义上的社会问题。劳动问题如果加上妇女问题，就成为广义上的社会问题。据此，本书从民生的广义含义来探讨李达民生思想。笔者试图从以下几个方面来揭示李达民生思想的内涵：从民生是社会主义的旗帜、社会革命是人民求生存求幸福的必由之路、法律的演进以民生为中心这三个方面来解读政治视域下李达民生思想的主要内容；从发展产业与改善民生休戚相关、土地问题是主要的民生问题这两个方面来解读经济视域下李达民生思想的主要内容；从教育是民生的重要内容、妇女问题也是民生问题这两个方面来解读文化和社会视域下李达民生思想的主要内容。

三、国内外研究现状述评

李达毕生致力于马克思主义理论研究、宣传与教育，在研究马克思主义基本原理方面硕果累累，也在马克思主义哲学、经济学、法学、政治学、教育学、货币学、史学、新闻出版及妇女解放等诸多领域作出了开拓性的理论贡献。

党的十一届三中全会以来，在一系列纪念李达的学术研讨会的推动下，对李达的生平和思想的研究不断深入，成果十分丰富。首先，再版、重印了李达研究的一系列文献资料。20 世纪 80 年代，人民出版社出版了李其驹、陶德麟等主编的《李达文集》（4 卷本）。该文集"是第一部比较系统、翔实的李达文献资料汇编"①，也是李达文献资料挖掘整理方面的重要成果。2007 年，武汉大学出版社又相继再版了经陶德麟修订的《现代社会学》《社会学大纲》《经济学大纲》《唯物辩证法大纲》等李达的著作，为研究李达思想提供了必要的原始资料。其次，2010 年，"李达全集整理与研究"被列为国家社会科学基金重大项目，武汉大学成立了《李达全集》编辑委员会，整合该校多个优势学科力量，积极开展对《李达全集》的整理、编纂与研究工作，于 2016 年完成。毫无疑问，此工程进一步把李达研究推向多视角宽领域的纵深发展。再次，截至 2021 年 8 月 22 日，在中国知网上键入"李达"和"思想"能搜索到的研究李达思想的相关学术论文，就达 765 篇。这些论文从各个侧面论述了李达的理论业绩，具有很高的学术价值。最后，一批学术专著的出版，有效地提高了李达思想研究的全面性、系统性。另外，随着李达思想研究全面深化细化，部分年轻学者、青年学生公开发表了不少相关的学位论文。

（一）研究现状梳理

1.对李达民生思想的研究

对李达民生思想的研究主要涉及他的产业发展思想、妇女解放思想、社会主义思想、法学思想、教育思想等。

（1）关于产业发展思想的研究

李达产业发展思想中的一个重要内容是发展国家资本主义。

关于李达对国家资本主义的理解的整体性评价。有学者认为，李达相关观点个性化地再现了自五四运动前后至 20 世纪 70 年代末 80 年代初对于商品经济和民族资本的理解模式。这一观点既把李达与毛泽东的相关看法基本等同，又说这是李达的"个性化"观点，令人费解；而李达 1926 年在《现

---

① 曾桂林：《李达研究的回顾与前瞻》，《淮阴师范学院学报（哲学社会科学版）》2002年第 1 期。

代社会学》中的看法又怎么能"再现"此后 50 年的"理解模式"呢？此外，这一观点过分强调毛泽东、李达等共产党人对国家资本主义理解的机械性，这也是不符合史实的。根据新中国过渡时期总路线，要在一个相当长的时期内，即从 1953 年起，"大约需要经过三个五年计划，就是大约十五年左右的时间"[①]，允许国家资本主义的发展。这与斯大林上台后立即取消国家资本主义的政策有很大的不同，不能说中国共产党机械地照抄照搬苏联做法。况且，李达坚持马克思主义立场的一个显著特点是把科学的理论与中国现实相结合，解决民生问题。例如，李达在剖析中国的社会问题时，特别强调其特殊性——与先进的工业国家由于生产相对过剩而产生的社会问题大不相同。这也与他分析中国土地问题、产业革命的方法如出一辙。显然，这不属于机械论者的提法。

关于李达限制社会主义过渡时期国家资本主义的观点。有学者认为，这是因为李达没有看到经济组织国际间的生产关系和交换关系，"实际上是忽视了社会主义过渡国家所处的资本主义世界历史时代（即经济全球化）的大背景"[②]。这是值得商榷的。首先，"社会主义过渡时期"的提法不正确。从 1949 年到 1956 年，是从新民主主义向社会主义过渡的时期，简称"过渡时期"。中国历史上并没有"社会主义过渡时期"。其次，国家资本主义实行的范围有限制，不论是在过渡时期，还是在社会主义初级阶段，都是客观事实。因为在无产阶级专政的前提下，国家资本主义终究不能威胁国营（有）经济的主导地位和控制力。最后，资本主义世界历史时代或者经济全球化这个大背景与国家资本主义实行的范围没有必然联系。

20 世纪 20 年代，受苏俄新经济政策实施的影响，李达着重研究了落后国家采用国家资本主义从小生产过渡到社会主义的必要性和可行性。到了 20 世纪 30 年代，由于苏联社会主义建设实践的推进，李达的认识进一步深

---

① 《毛泽东文集》第六卷，人民出版社 1999 年版，第 316 页。

② 罗海滢：《李达唯物史观思想研究》，暨南大学出版社 2008 年版，第 233 页。

化：在过渡时期的经济中，资本主义社会的基本范畴即资本和剩余价值自然存在，只是资本主义剥削，"由于普罗列达里亚的国家，通过租税工资的取缔、劳动日的缩短等等，而受了种种的限制"①。由此，李达强调在无产阶级专政的前提下，国家资本主义不利于民生的一面将受到限制，有利于民生的一面将得到鼓励。这更能反映李达采用国家资本主义由小生产向社会主义过渡的强烈倾向，尽管这一倾向带有压缩国家资本主义存在的时间和空间以便急于完成过渡的"左"的色彩。

（2）关于妇女解放思想的研究

李达十分关注中国的妇女问题。他在坚持宣传马克思主义妇女观的同时，努力推动妇女解放，形成了丰富的妇女解放理论。但是，目前人们对李达妇女解放思想的研究比较零散，没有出现专著。

关于李达在妇女解放运动中贡献与作用的探讨。丁俊萍着重从宣传马克思主义妇女解放理论、指导妇女解放运动、建立妇女解放的宣传阵地、培养妇女运动人才等方面，阐明了李达在党的创建时期为推动妇女解放所作的贡献。② 汤涛从理论和实践上论述了李达在妇女解放运动中发挥的重要作用，认为李达既深刻阐明了"是什么""为什么""怎么样"等妇女解放的基本问题，又积极参加了党领导的妇女解放运动，如指导党的第一份妇女刊物、创办党的首所专门培养妇女运动干部的学校、参与制定党的一系列相关决议等。③

关于李达妇女解放途径理论的探讨。丁俊萍深入探究了李达妇女解放理论中妇女受压迫的根源，妇女解放的必要性、途径及意义等重要问题，指出李达的妇女解放理论已经上升到以马克思主义为指导，以社会主义为前途，通过两性互助、阶级解放和社会解放等方式来根本解决妇女问题的高度。④

---

① 李达：《社会学大纲》，载《李达全集》第十二卷，人民出版社 2016 年版，第 344 页。

② 参见丁俊萍：《李达在党的创建时期对中国妇女解放运动的贡献》，《妇女研究论丛》2010 年第 6 期。

③ 参见汤涛：《李达与中国妇女解放运动刍议》，《世纪桥》2010 年第 20 期。

④ 参见丁俊萍：《李达在党的创建时期对中国妇女解放运动的贡献》，《妇女研究论丛》2010 年第 6 期。

廖雅琴从构建新的经济生产方式与社会组织、进行社会革命等方面，探究了李达关于妇女解放途径的理论。[①] 汪信砚等认为，实现妇女的自由全面发展是李达妇女彻底解放理论的根本目标。[②]

关于党的早期领导人群体妇女解放理论的比较研究。龚燕红等从妇女受压迫的根源、妇女解放的必要性、妇女在革命力量中的地位及理论贡献等方面，比较了李达与瞿秋白的妇女观。[③] 李丹从经济独立、私有制度的消灭，与无产阶级革命相结合等角度，比较了李大钊、陈独秀与李达的妇女解放思想。[④] 有研究者从妇女受压迫的根源、妇女解放的必要性、妇女解放的途径等方面，比较了李达与瞿秋白的妇女观，认为虽然他们都坚持了历史唯物论，但是李达的妇女观注重理论形成的完整性，瞿秋白的妇女观则呈现出一个不断深化的过程。[⑤] 总的看来，前两种观点过于强调群体成员妇女解放理论的趋同性，比较的意义未能充分凸显。而李惠康等既指出了李达与瞿秋白妇女观的相似性，又强调了因为个体的不同而出现的差异性，试图通过比较鉴别出两者的个性化特点，基本达到了比较之目的。

在现有研究成果的基础上，有必要从民生视角来进一步研究李达的妇女解放思想。在《社会之基础知识》一文中，李达把社会问题看作社会矛盾所酿成的绝大多数人民的生活问题，认为劳动问题加上妇女问题，就是广义的社会问题。显然，妇女问题是一个重要视角。

---

① 参见廖雅琴：《早期李达妇女解放思想的再探索——基于唯物史观与世界比较视野》，《湘潭大学学报（哲学社会科学版）》2020 年第 4 期。

② 参见汪信砚、袁雪：《李达妇女解放思想探析》，《武汉大学学报（人文科学版）》2014 年第 3 期。

③ 参见龚燕红、刘世鹏：《李达与瞿秋白的妇女观比较》，《当代教育理论与实践》2012 年第 9 期。

④ 参见李丹：《马克思主义妇女解放理论及其当代价值》，黑龙江大学出版社 2013 年版，第 116—118 页。

⑤ 参见李惠康、朱海：《李达与瞿秋白妇女观之比较》，《湖南科技大学学报（社会科学版）》2012 年第 3 期。

（3）关于社会主义思想的研究

李达作为一位卓有建树的马克思主义理论家，对社会主义理论进行了比较深入的研究，形成了具有鲜明民生特色的社会主义思想。目前学术界对李达社会主义思想的研究相对较为深入，发表了不少专题论文，一些著作也有专门章节进行论述。

关于什么是社会主义的探讨。谭双泉指出，李达根据马克思主义提出的暴力革命、劳动专政、生产资料公有、公平分配、计划经济、国际主义等科学社会主义的六条标准，划清了与修正主义、民主社会主义的界限。[①]谭献民认为，李达抓住只有社会主义制度才能发展生产力、发展生产力的根本任务是创新科学技术、只有发达的社会主义才能过渡到共产主义这三个问题进行了理论探讨，是他开创马克思主义中国化、丰富和发展毛泽东思想所作的理论贡献。[②]

关于为什么走社会主义道路的探讨。有研究者认为，李达在初步了解十月革命性质及意义的基础上，以马克思主义为指导，结合中国实际，着眼于世界革命发展的总趋势，分析论证了中国走社会主义道路的必然性。[③]

关于怎样实现社会主义的探讨。有研究者认为，对于怎样实现社会主义，李达给出了明确答案，那就是走俄国人的路，采用暴力革命来实现社会主义。[④]

关于李达早期社会主义思想的评价。一些研究者从马克思主义基本原理的介绍、社会主义与共产主义的初步区分等方面，集中探讨了李达早期传播社会主义思想的贡献，也指出了李达早期社会主义思想中个别观点的不成熟

---

①　参见谭双泉：《李达早期社会主义观——为纪念李达诞辰 100 周年而作》，《湖南师范大学社会科学学报》1991 年第 3 期。

②　参见谭献民：《李达论社会主义与发展生产力》，《湖南社会科学》1991 年第 4 期。

③　参见常进军、李继华：《李达对中国社会主义道路的理论探索——纪念李达诞辰 120 周年》，《理论导刊》2010 年第 9 期。

④　参见丁兆梅：《李达社会主义思想研究》，人民出版社 2014 年版，第 13 页。

之处；① 雷玉明等认为，李达在早期社会主义问题论战中对各种社会思潮的辩证分析，初步回答了"什么是社会主义"的基本问题，为科学社会主义的传播开辟了主流阵地。②

学界有必要结合民生从新的视角进一步探究李达的社会主义思想。李达在《社会主义的目的》一文中指出，"救济经济上的不平均""恢复人类真正平等的状态"是社会主义的旗帜和目的。显然，李达早期社会主义思想呈现出鲜明的民生特色。

（4）关于法学思想的研究

李达是中国近现代史上运用马克思主义研究法学的拓荒者和带路人，而最能反映李达法学思想的文献是《法理学大纲》，"他的这部讲义是我国法学研究中的重要文献，也是他对我国法学的重大贡献"③。但是，目前研究李达法学著作及思想方面学术成果的有限性与李达在马克思主义法学领域贡献的开拓性极不匹配。

关于李达法学思想的贡献与作用的探讨。张泉林从科学法理学的建立、西方各派法理学的批判、法律本质的揭示等方面，彰显了李达《法理学大纲》所体现的革命和求实精神。④ 宋镜明科学地揭示了李达与中国新法学的关系，高度评价了他在中国法学界的地位及作用。⑤

---

① 参见苏志宏：《李达思想研究》，西南交通大学出版社 2004 年版，第 76—80 页；曾庆意：《李达在早期社会主义论战中的贡献》，《衡阳师专学报（社会科学）》1991 年第 2 期；李振纲：《略论建党前后李达传播科学社会主义的理论贡献》，《河北大学学报（哲学社会科学版）》1991 年第 1 期；谭双泉：《李达早期社会主义观——为纪念李达诞辰 100 周年而作》，《湖南师范大学社会科学学报》1991 年第 3 期。

② 参见雷玉明、肖迪：《李达对中国社会主义革命和建设道路的探索》，《安徽大学学报（哲学社会科学版）》2018 年第 1 期。

③ 韩德培：《一位少有的马克思主义法学家》，《武汉大学学报（哲学社会科学版）》1981 年第 1 期。

④ 参见张泉林：《充满革命和求实精神的法学理论著作——重读李达同志的〈法理学大纲〉》，《法学评论》1986 年第 5 期。

⑤ 参见宋镜明：《李达与马克思主义法学》，《三峡大学学报（人文社会科学版）》2001 年第 6 期。

　　关于马克思主义法学中国化的探讨。蔡浩明以《法理学大纲》的成书背景、内容及地位为中心，考察了李达在马克思主义法学中国化过程中的作用。① 程波从马克思主义法学方法意识觉醒的促进和用"科学的法律观"研究中国法学新路子的开辟两方面，概括了李达对马克思主义法学中国化的贡献。② 周可认为，李达的《法理学大纲》是建构马克思主义法理学体系的理论尝试；③ 刘青等认为，李达是中国近代以来用马克思主义的视角对西方法学流派进行批判的第一人；④ 程梦婧指出，李达等人的理论开创对于当下中国特色社会主义法学学科体系、学术体系和话语体系的建设具有奠基性意义。⑤

　　（5）关于教育思想的研究

　　李达是马克思主义教育家，是中国现代高等教育的开拓者之一，他的教育思想十分丰富。但是，目前尚未出现一部专门研究李达教育思想的著作。

　　关于李达早期教育思想的探讨。宋镜明注重从李达的教育实践中总结办学思想：从学生多出身于平民且强烈要求革命、教员全是有新思想的名士、实行勤工俭学半工半读、理论联系实际、组织法与贵族学校迥异等方面，归纳了上海平民女校的特点，亦即李达早期"为革命办学，以革命精神办学"的办学思想。他还认为李达主持湖南自修大学，切实贯彻了德、智、体全面发展的办学思想。⑥ 应当指出，李达的教育理论源于他的教育实践，又对教

　　① 参见蔡浩明：《李达与马克思主义法理学的中国化》，《法治湖南与区域治理研究》2012年第2期。

　　② 参见程波：《李达对中国近代法理学的贡献》，载肖海军主编：《岳麓法学评论》第7卷，湖南大学出版社2012年版，第222—237页。

　　③ 周可：《以马克思主义哲学中国化范式开展法学研究的成功范例——李达法学思想研究》，《山东社会科学》2014年第9期。

　　④ 参见刘青、李龙：《李达：马克思主义法学中国化的奠基者》，《马克思主义研究》2019年第6期。

　　⑤ 参见程梦婧：《中国第一代马克思主义法学家的理论开创》，《法学研究》2020年第5期。

　　⑥ 参见宋镜明：《李达的教育实践和办学思想》，《武汉大学学报（社会科学版）》1984年第3期。

育实践起指导作用，宋镜明先生归纳出的办学思想是对李达教育实践经验的正确总结。有研究者联系马克思主义特征，从阶级性、批判性、战略性、哲理性、实践性等方面阐述了李达早期的教育思想的特点。[①] 李达站在革命全局的高度，结合中国革命理论需求，着眼于社会改造，长期致力于发展教育事业的实践，不能说明他早期教育思想具有"战略性"，只能体现思想的时代性，否则，难免溢美之嫌。

对李达马克思主义理论教育思想的探讨。彭继红从马克思主义的传播、各种反马克思主义思潮的被批判、中国革命运动的理论需求、青年思想工作、高校学生思想建设、对真理的追求与坚持等方面，概括了李达马克思主义理论教育的经验。[②] 丁俊萍等从注重教育质量的提高、重视教师队伍的建设、批判与抵制"顶峰论"等方面论证了李达作为新中国成立后湖北高等教育奠基人的重要地位。[③]

大多数研究者认为，李达在新民主主义革命时期的教学实践，是他毕生致力于马克思主义教育活动的重要组成部分。

在马克思主义理论教育下，大批青年知识分子积极勇敢地投身于革命运动，增强了革命力量，反映了李达不仅把马克思主义教育同马克思主义大众化结合起来，而且把马克思主义教育同妇女解放运动结合起来，追求民生幸福。这是李达教育思想的一大特色。

2. 对李达其他思想的研究

概而言之，关于李达思想的研究，就深度和广度而言，依次是哲学、教育、社会主义、法学、妇女解放、经济、道德、史学等方面。

---

① 参见任向阳、李斯：《李达早期马克思主义教育思想特点论析》，《湖南师范大学教育科学学报》2013 年第 2 期。

② 参见彭继红：《李达的马克思主义理论教育经验及其当代价值》，《光明日报》2004 年 7 月 23 日。

③ 参见丁俊萍、吕惠东：《治学先师　真理卫士——李达在武汉大学的 13 年》，《武汉大学学报（人文科学版）》2015 年第 2 期。

（1）李达的哲学思想研究

李达的哲学思想是理论界长期关注的一个热点。研究者从不同视角论述了李达对马克思主义哲学中国化作出的独特贡献。王炯华在阐述李达积极推动马克思主义哲学在中国传播、应用和发展的同时，论证了马克思主义哲学给李达思想及行动带来的巨大影响。[①] 苏志宏研究了李达思想中的现代性矛盾结构、社会历史观、法学观及哲学观，梳理了马克思主义哲学中国化的基本逻辑线索。[②] 苏联科学院远东研究所的学者 В.Г. 布罗夫肯定了中国共产党创建时期李达在宣传马克思主义原理方面的重大作用。[③] 澳大利亚学者尼克·奈特以新的视角探讨了李达为马克思主义哲学在中国传播所作的贡献，着重评价了李达哲学著作的历史影响，特别是它对毛泽东哲学思想的影响。[④] 上述研究深化了对李达哲学思想的探讨，也拓宽了马克思主义中国化的学术视野。

（2）李达的经济学思想研究

李达在潜心研究中国经济问题的同时，译著出大量的马克思主义经济学著作，如《中国产业革命概观》《经济学大纲》《货币学概论》等。特别是《中国产业革命概观》，在成书后不久，就被译为日文和朝鲜文，并在国外出版。由此，李达当时被称为中国的经济学名教授。理论界从多方面归纳了李达经济学思想的主要成就：对社会主义经济及其科学体系的初步探讨；[⑤] 实际上是倡导和力行马克思主义经济学中国化的第一人；[⑥] 开创了中国近代经济

---

① 参见王炯华等：《李达评传》，人民出版社 2004 年版，第 1—18 页。

② 参见苏志宏：《李达思想研究》，西南交通大学出版社 2004 年版，第 1—34 页。

③ 参见［苏联］В.Г. 布罗夫：《李达与中国的马克思主义社会学》，孙爱娣、肖兵译，《国外社会学》1986 年第 6 期。

④ Nick Knight, *LI DA and Marxist Philosophy in China*, USA: Westview Press Inc,1996.

⑤ 参见唐春元：《李达研究综述》，《零陵师专学报》1989 年第 4 期。

⑥ 参见颜鹏飞、刘会闯：《李达与马克思主义经济学中国化》，《武汉大学学报（人文科学版）》2014 年第 3 期。

研究的崭新范式。①

（3）李达的道德思想研究

研究者对李达的道德思想作出了高度评价。丁晓强等指出，李达根据历史唯物主义观点把道德形成的根源归结为人类生活。② 刘伏海认为，李达在道德的本质、作用、起源、演变、道德与其他社会规范的关系、道德的特点以及无产阶级新道德等方面，都有创造性的论述。③

（4）李达的史学思想研究

理论界普遍认为，李达继李大钊之后最早在中国传播马克思主义史学理论，运用马克思主义理论研究了许多史学课题，为创立中国的马克思主义史学作出了卓越贡献。卢琼梳理了李达研究中国近代经济史的主要成果。④ 丁晓强等指出，李达全面系统地宣传唯物史观，从而为中国马克思主义史学的形成和发展提供了重要的理论指导。⑤ 洪认清认为，李达在中国近代社会性质、中国社会史、农村社会性质的研究方面，对中国史学发展产生了重要影响。⑥ 由此，李达是中国马克思主义史学的开拓者之一。⑦

此外，关于马克思主义国家学说思想，邹永贤从重视和强调科学性、系统阐发历史唯物主义国家观、突出无产阶级专政理论等方面，强调了李达的贡献；⑧ 关于统一战线思想，唐春元认为，经李达传播、运用和发展的

---

① 参见汪信砚、郎廷建：《马克思主义经济学中国化的开启之作——李达的〈中国产业革命概观〉探论》，《湖北社会科学》2015 年第 4 期；裴庚辛：《论李达对中国近代经济研究的贡献》，《学习与实践》2015 年第 9 期。

② 参见丁晓强、李立志：《李达学术思想评传》，北京图书馆出版社 1999 年版，第 118 页。

③ 参见刘伏海：《试论李达的道德理论》，《湖南师范大学社会科学学报》1991 年第 4 期。

④ 参见卢琼：《论李达的中国近代经济史研究》，华东师范大学硕士学位论文，2007 年。

⑤ 参见丁晓强、李立志：《李达学术思想评传》，北京图书馆出版社 1999 年版，第 212—213 页。

⑥ 参见洪认清：《李达的历史理论和史学思想》，《船山学刊》2001 年第 2 期。

⑦ 参见段启咸：《李达学术讨论会综述》，《武汉大学学报（社会科学版）》1986 年第 5 期。

⑧ 参见邹永贤：《李达同志早期对传播马克思主义国家学说的贡献》，《学术月刊》1982 年第 3 期。

马克思主义统战理论，对于党制定正确的统战政策具有重要的指导意义；①
关于真理观，陈占安从多个方面概括了李达的真理观：只有实践才能证明
认识的真理性，关于真理之辩证法的理解，真理的具体性和普遍性是不可
分割的，人们在实践中对于真理的认识永远没有完结，真理在斗争中发
展等。②

　　从资政育人和服务人民出发，需要拓展李达思想与马克思主义中国化的
研究。近年来对马克思主义中国化的深入研究，为李达思想研究提供了新的
课题。然而，迄今为止理论界对于这方面的研究主要集中在哲学领域，表现
出很大的局限性。关于李达思想与马克思主义中国化的研究，首先应该展开
微观的个案研究，再进行同类或相关人物思想的比较研究，甚至可以把李
达思想研究纳入马克思主义中国化发展史的研究范畴。总之，对于李达思
想与马克思主义中国化的研究，既要着眼于马克思主义中国化的整体性研
究，又要立足于细致的微观的个案研究，从而对一些带有规律性的问题作出
理论概括。深化李达思想与马克思主义中国化的研究，有助于人们揭示马克
思主义中国化进程中的规律，从而在新的时代实践中扎实坚持和发展马克思
主义。

（二）现有研究评析

1. 既有研究的特点

20 世纪 90 年代以来，对李达的生平和思想的研究呈现出多维度、多时
向、高含量等特点，在众多领域都取得了重要研究成果。这给李达民生思想
研究带来了新的契机。

---

①　参见唐春元：《试述李达民主革命时期的统一战线思想与实践》，《零陵师专学报》
1987 年第 2 期。

②　参见陈占安：《坚持真理是科学家传统的宝贵品质——学习李达同志的真理观》，《中
共福建省委党校学报》2006 年第 8 期。

（1）研究对象领域众多

目前，学术界对李达经济思想、妇女解放思想、社会主义思想、法学思想、教育思想等的研究，涉及经济学、政治学、哲学、马克思主义理论、法学、教育学等多个学科领域。学术界对李达在马克思主义经济学中国化历程中作用的探讨、李达在马克思主义法学中国化不同历史阶段所作贡献的总结、李达在马克思主义哲学中国化历程中所作贡献的分析等，都取得了不少研究成果。

（2）研究成果较为丰富

就李达民生思想这一问题来讲，学术界从不同的研究视角挖掘李达思想宝库。他们有的论述李达对马克思主义教育学中国化的贡献及其历史地位，有的研究李达开创的马克思主义法学中国化的学术传统，有的探讨李达对马克思主义经济学系统化与中国化的结合之道，也有的研究李达赋予马克思主义哲学的中国特色，还有的研究李达对毛泽东哲学思想形成的影响。学术界的这些研究成果，有力地推进了马克思主义民生理论中国化的历程，大大深化了人们对马克思主义民生理论中国化的认识，为在更宽广的层面上理解李达民生思想拓展了新的研究视角。

（3）研究成果的学术含量越来越高

近十年来，单一学科领域李达民生思想研究的综合性、系统性越来越突出。一是形成李达论著及思想的整体性研究成果。2016年，人民出版社正式出版《李达全集》20卷，汇集了李达一生的著作、译作、论文、演讲稿和书信，全面发掘了李达文献这一宝贵的思想资源。二是李达思想研究的学术专著亮点纷呈。丁兆梅、曲广娣、周太山、本志红、蔡诗敏等学者的专著展示了近年来学术界在单一学科领域李达民生思想研究上的主要学术成果。三是高质量的研究论文大量涌现。仅从收入中国知网的CSSCI来源期刊论文看，2011—2021年主题关键词含"李达"的论文共246篇，这比2000—2010年的71篇增加了246%以上。四是国外学者研究李达的专著译介到中国。如澳大利亚学者尼克·奈特的《李达与马克思主义哲学在中国》在国内被翻译出版。

2.值得拓展与深化之处

综观国内外研究，结合实践已经形成了具有较大借鉴启发意义的研究成果，为后续研究奠定了良好基础。然而相较于李达民生思想研究的复杂性与艰巨性，诸多问题还需要进一步的探讨。

首先，需要加强多学科的协作，系统地研究李达的民生思想。这一思想内涵丰富，涉及哲学、政治学、经济学、法学、教育学、货币学、史学及社会学等学科，研究它必然要采取多学科综合研究的方法。目前，学术界的既有研究成果各有优势，有的以分析见长，有的以资料见长；但又各有不足，有的研究视域比较单一，有的研究成果学术含量不高等。至今，还没有一部跨学科的系统研究李达民生思想的论著。有鉴于此，全面而深入地研究李达民生思想十分必要。系统化研究李达民生思想的关键在于转换研究视域，既应重视李达民生思想的整体角度，也不能忽视李达个人的微观角度；既要总结正面的经验，也不能忽视反面教训的分析。

其次，需要深化比较研究，改进研究方法。李达民生思想是人类历史长河中民生思想链条中承前启后的一个环节，它有对传统民生思想的扬弃，有对同时代民生理论的借鉴，也有对后世民生政策和改善民生实践的启迪。可是，考察已有的研究成果，可以发现研究者大多采用的是文献研究法，这样就不可避免地导致一些重复研究，而与李达民生思想相关的比较研究仅限于哲学、马克思主义的宣传和妇女运动方面。这种状况与李达民生思想所涉领域之广和影响之大是极不相称的。只有把李达民生思想置于特定的社会历史背景中，与同时代的相关理论进行深入的比较，才能充分发掘其价值及意义。在这个过程中，既要发掘个案的普遍意义，也要分析个案之间的联系与区别。

最后，需要加强对李达译著译文的研究。李达早年在留日期间，受河田嗣郎、河上肇等日本著名学者思想的影响，开始学习和研究马克思主义，并翻译了他们在经济学方面的一些著作。随着苏俄社会主义建设的推进，李达翻译了不少关于苏俄政治民主、经济发展、制度进步的俄文著作。随着中国共产党领导下早期妇女运动的发展，李达又翻译了不少论及欧美、苏俄妇女解放的外文书籍。毫无疑问，研究李达民生思想不能忽视这些译著译文。

四、研究思路和研究方法

（一）研究思路

李达民生思想，是马克思主义民生理论在中国时代化的体现和发展，是对中国传统民生思想的扬弃和传承，也是对当时中国共产党民生建设实践的经验总结。这一思想经历了一个长期积累和发展的过程。本书从考察当时国内外、党内外特定的历史情境入手，探讨李达民生思想的形成源流，全面梳理这一思想在不同视域下的内涵，找出其主要特点，以期通过总结和研究，进一步地丰富和发展中国共产党的民生理论，并为中国共产党以后的民生建设实践提供理论上的启示。

李达民生思想可以从哲学、政治学、经济学、法学、教育学及社会学等多个学科、多个角度开展研究。本书坚持以马克思主义为指导，用唯物辩证法和唯物史观透视李达民生思想，立足于这一思想的整体性和创新性，着眼于当时社会现实中的民生问题，力求点面结合，既对这一思想的内容进行深入发掘，又不求面面俱到，只对这一思想的主线进行深入分析和详细论证，突出重点，构建一个对李达民生思想的社会历史背景、形成源流、发展脉络、主要内容、重要特点、价值意义及局限等进行系统考察的分析框架，力图展现出李达民生思想的内在逻辑和主要内容。本书拟解决如下问题：一是系统梳理从五四运动时期到"文化大革命"之初李达对民生问题的思考和探索，包括以时间为经度的历史梳理和以领域为纬度的内容梳理，使人们对这一思想的来龙去脉有一个比较清晰的认识；二是深入探究这一思想背后的理念和逻辑，对其理论特点进行发掘，以在一定程度上弥补学术界对李达思想研究的不足；三是在指出李达民生思想的社会历史背景、思想源流、运行轨迹、主要内容和基本特点的基础上，发掘出这一思想的理论价值、实践意义，为今后中国共产党的民生建设提供一定的借鉴和启迪。

（二）研究方法

1. 文献研究法

这要求搜集、整理、鉴别和研究一系列文献，如马克思主义经典作家的相关文献、党的相关文献、李达的著作、与李达同时代学者的相关著作等，形成对李达民生思想的科学认识。其中，李达的著作是挖掘其民生思想的最基本文献资料，经典作家的相关文献有助于探寻李达民生思想的理论渊源，党的相关文献有助于佐证李达民生思想的科学性与革命性，同时代学者的相关著作有助于鉴别李达民生思想的个性化特点。

2. 多学科综合研究法

李达民生思想是一个跨越多个学科的综合性研究课题，其研究领域涉及哲学、政治学、经济学、法学、教育学、货币学、史学及社会学等诸多方面，其研究内容涉及人民的物质利益、政治利益、文化利益和社会利益等。这要求笔者运用相关学科的研究方法，对李达民生思想开展宽角度、多层次、全方位的综合研究，科学界定它的内涵，深入挖掘它的理论价值及实践意义。

3. 理论联系实际的方法

李达民生思想，在与民生实践的互动中形成和发展，既有对发达资本主义国家民生实际状况的反思和总结，也有对社会主义国家苏联的民生政策实施效果的推崇和介绍，更多的却是紧密联系中国近代民生的现实，寻根探源，提出改善民生的对策。由此，笔者坚持理论联系实际，历史地具体地研究和探讨李达民生思想。

4. 比较分析法

有比较才有鉴别。李达民生思想，与传统民生思想比较能够反映时代性，与经典作家的民生思想比较能够体现继承性，与同时代人物的民生思想比较能够显示独特性，与资产阶级民生理论比较能够彰显科学性，与新时代中国共产党的民生理论比较能够揭示局限性。通过比较，有助于全面准确认识李达民生思想，有助于深入挖掘这一思想的理论价值及实践意义。

5. 历史与逻辑相统一的方法

历史与逻辑的统一，是理性思维的展现，是社会科学研究的一个基本原则。它要求历史客观性成为思维逻辑性的真正内容，要求思维的逻辑性切实反映历史的客观性，还要求将逻辑进程和历史进程统一于思维再现之中。由此，笔者在研究李达民生思想时，既注重历史考察，从宏观上把握其形成和发展的轨迹；又注重逻辑分析，对其进行观点解剖、思想提炼和理论升华。

第一章
李达民生思想形成和发展的背景、源流与轨迹

　　任何一种有价值的理论成果都不是凭空臆造的，而是在特定的社会历史条件下，在解决社会问题的实践中，在借鉴前人与他人思想精华的基础上，结合个体的人生经历形成与发展起来的。李达民生思想，是李达针对当时中国民生问题展开的深刻而系统的理论思考。这一思想的形成和发展，既与他面临特定民生问题的时代背景有关，也与他学习、接受科学理论和正确经验的环境与途径有关。因此，对李达民生思想形成和发展的社会历史背景、思想源流与运行轨迹的探讨，是深入研究李达民生思想的前提。

一、李达民生思想形成和发展的社会历史背景

　　列宁强调，"在分析任何一个社会问题时，马克思主义理论的绝对要求，就是要把问题提到一定的历史范围之内"①。李达民生思想是中国共产党人追求民族独立、人民解放、国家富强、社会和谐的历史潮流中的一朵浪花。探讨李达民生思想，必须置之于广阔的社会历史背景中，以寻求特定历史环境与李达民生思想之间的内在联系。

---

　　① 《列宁全集》第 25 卷，人民出版社 2017 年版，第 232 页。

（一）世界无产阶级革命的新时代

1917 年俄国十月革命取得胜利，开辟了人类历史的新纪元，显现出"世界的新文明之曙光"①。十月革命"改变了整个世界历史的方向，划分了整个世界历史的时代"②，无产阶级世界革命进入了一个新时代。李达在日本从报纸上获悉十月革命胜利，感到无比喜悦和兴奋，认识到"这真是人类历史上破天荒的大好事"③。很快，怀着对彻底解决民生问题的向往，李达开始接触马克思主义、列宁主义，他那苦苦寻找救国救民道路的目光终于得以锁定。不久，陈独秀、李大钊、毛泽东、李达等中国先进的知识分子开始积极创建肩负彻底改变人民生活和民族命运重任的中国共产党。

世界无产阶级革命新时代的一个基本特点，是中国共产党的民生建设实践有了可供借鉴的外来经验与教训。李达自觉充任起苏俄（苏联）民生建设实践的经验教训在中国传播与运用的重要媒介。

首先，中国共产党成立之初，国内很多人对十月革命后俄国人民获得生产资料的所有权及翻身当家作主的意义认识得不充分，对苏俄（苏联）改善民生的重大政策了解得不深入。为此，李达撰写了长达 377 页的专著《劳农俄国研究》，详细介绍了保障俄国人民当家作主的各项社会主义制度，宣传了无产阶级政权在改善民生方面的正确政策及其显著效果，驳斥了敌对势力对俄国新生苏维埃政权与人民之间关系的诽谤，有助于中国人民主人翁意识的唤醒。李达还及时发表了《俄国的新经济政策》一文，比较了苏俄新经济政策与战时共产主义政策的不同民生背景，分析了作为新经济政策指导思想的马克思主义的出发点——为人民谋幸福，还探讨了该政策可能面临的风险，强烈呼吁中国人民奋起反抗压迫和剥削，走俄国式的道路，从根本上改

---

① 《李大钊文集》第二卷，人民出版社 1999 年版，第 219 页。

② 《毛泽东选集》第二卷，人民出版社 1991 年版，第 667 页。

③ 李达：《十月革命与中国知识分子》，载《李达文集》第四卷，人民出版社 1988 年版，第 534—535 页。

变自己的命运。

　　其次，1936 年，苏联完成国家的工业化和农业集体化，为了适应经济、政治、社会结构的巨大变化，颁布了新宪法，切实维护劳动人民的政治经济利益。由此，李达感受到了法律的新境界，他在《社会学大纲》中高度评价社会主义法制在改善民生方面的进步性和有效性，积极宣传社会主义法律的人本精神。由于社会主义生产力的大发展，苏联的马克思主义哲学也出现了新成果，由苏联哲学家西洛可夫和爱森堡撰写的《辩证法唯物论教程》、米丁主编的《辩证唯物论和历史唯物论》相继问世。特别是李达亲自参与翻译的《辩证法唯物论教程》一书，对李达的《社会学大纲》，甚至对毛泽东的《实践论》《矛盾论》，都有着深刻影响。李达撰写《社会学大纲》等著作，较为系统地总结了苏联民生建设的经验，并从唯物史观的角度对其进行升华。

　　最后，1957 年 11 月，各社会主义国家的共产党和工人党派代表在莫斯科召开会议，总结各国社会主义革命和建设的共同规律。当时，中国进行社会主义民生建设不久，李达运用一般与个别相结合的方法，力图找出社会主义民生建设共同规律与特殊规律的异同。他强调，"一个马克思列宁主义政党如果忽视了民族特点，就必然会脱离生活，脱离群众"[1]，也就必然会使社会主义的民生建设遭受挫折，因此，"各国的经济建设应该结合本国有利的自然资源和经济条件"[2]。在这里，李达既肯定了他国民生建设经验的利用价值，又指出了他国经验的不足，强调在借鉴他国经验时要从本国国情出发。这说明李达在对外来经验的态度方面走在了众多中国理论工作者的前面，并已在理论上架起外来民生经验和中国国情相结合的桥梁。

　　"中国革命是十月革命的继续"[3]。由此，中国革命加速了向新民主主义

---

　　① 李达：《社会主义革命与社会主义建设的共同规律》，载《李达文集》第四卷，人民出版社 1988 年版，第 563 页。

　　② 李达：《社会主义革命与社会主义建设的共同规律》，载《李达文集》第四卷，人民出版社 1988 年版，第 562 页。

　　③ 李达：《社会主义革命与社会主义建设的共同规律》，载《李达文集》第四卷，人民出版社 1988 年版，第 557 页。

革命转型的过程。李达民生思想就是在这个过程中开始形成并发展的。在中国新民主主义革命、社会主义革命和建设的进程中，李达在借鉴国际无产阶级政权民生建设经验的基础上对民生问题的不断探索，展现了其民生思想形成和发展的实践逻辑。

（二）近代以来中国的民生现实

鸦片战争爆发后，中国社会经济出现了一些新变化，如洋务运动出现、民族资本主义兴起等，但是由于列强的经济侵略和掠夺，加上长时间大规模内战的破坏等因素，经济发展十分艰难，国内生产总值出现经常性的负增长。中日甲午战争结束后，中国的国内生产总值及其人均值大致呈微弱且缓慢的上升态势，"看不到经济总增长量趋于持续'起飞'的形势，也没有可能因经济的增长而带来个人福祉利益的提高；充其量来说，绝大多数的中国人仅是勉强维持生存而已"①。然而，中国人民的实际生活状况比外国学者眼中的还要悲惨得多。李达撰写了《中国产业革命概观》《经济学大纲》《中国现代经济史之序幕》《中国现代经济史概观》等文章和著作，比照中西差异，比较系统地考察了中国近代经济的形成原因、过程、主要特征、作用及前途等，以求探寻革命理论的深刻经济根源，找到改善民生的出路。

帝国主义长期把持和垄断中国铁路、矿山、航运业等涉及国计民生的重要部门，还和封建军阀相勾结，残酷地剥削和压榨中国工人。工人们工资极低，还常遭工头克扣，连维持本人的生活都很困难，更谈不上养家糊口了；每天劳动时间基本上都超过 10 小时，有的甚至长达 18 小时；劳动条件极差，因工伤亡的事故屡屡发生；还常受到封建把头的体罚和人格侮

---

① [美] 费正清编：《剑桥中华民国史（1912—1949 年）》上卷，杨品泉等译，中国社会科学出版社 1994 年版，第 31 页。

辱等，"工人们在社会的最底层呻吟、挣扎，生活十分痛苦，内心早已埋下反抗的种子，一旦条件成熟，就像火山一样爆发出来"[①]。然而，近代中国从未颁布过一条真正保障工人合法权利的法律，民国初年的法律甚至明文限制或剥夺工人权利，如规定工人罢工要受刑事处罚、工会是非法的社会组织、劳动出版物不得公开发行等。李达发表了《劳动者与社会主义》《劳工神圣颂》《对于全国劳动大会的希望》《劳动立法运动》等文章，指出了工人阶级的先进性及光明前途，也为发动工人运动、争取工人权益献言献策。

当时，军阀、官僚、地主不断兼并田地，农民少地失地情况十分严重。广大农民遭受沉重的封建剥削，生计维艰。李达著译了《土地所有权之变迁》，《佃租论》（上、下篇），《土地问题研究》，《土地经济论》，《中国农业人口之阶级的分析》等，探究了土地问题的症结所在，阐明了近代中国租佃问题的实质，断定土地国有化是社会发展的普遍趋势，也是改善民生的关键。

在旧中国，由于教育事业极不发达，人民群众的受教育程度低下，社会上文盲、半文盲比重相当大。到1949年，即使包括那些只识数百字者和如今只能算作半文盲者在内，全国范围内的妇女识字率估计为2%—10%，男性的识字率估计为占男性总数的30%—45%。在这种情况下，工农劳动者失去受教育的机会，远离知识，谈不上思想的觉悟，整日里做牛做马，全然感受不到生活的乐趣。近代，国家积贫积弱与教育落后、知识落后形成恶性循环。早在辛亥革命爆发前夕，李达就萌生了教育救国的理想，后来他长期致力于发展党和人民的教育事业，即是这个思想在实践上的延伸。李达的一生，为人民的教育事业留下了宝贵的理论财富。

当时，广大妇女头顶"三座大山"，身受"四种权力"（政权、族权、神权、夫权）的压迫，挣扎在整个社会的最底层，生存权、发展权和人身自由权毫

---

① 王建初、孙茂生：《中国工人运动史》，辽宁人民出版社1987年版，第72页。

无保障，痛苦难以言状。而近代的历届中央政权从未颁布过一条真正保障男女平等、婚姻自由的法律。1931年5月国民政府发布的《民法亲属编施行法》中，虽然规定"男女平等"，却又采用许多具体条文进行否定，如"妻以其本姓冠以夫姓""妻以夫住所为住所""夫妻联合财产由夫管理""夫对妻之原有财产，有使用收益之权""由妻原有财产所孳息，其所有权归属于夫"，等等。所谓"男女平等"完全成了骗人的假大空。当时的婚姻是包办婚姻，完全由父母之命、媒妁之言决定。《民法亲属编施行法》中，同样虚伪地规定"婚姻自由"，却又以"未成年"为借口，赋予父母对子女婚姻的决定权，若父母意见有分歧，则由父亲决定。李达认为，妇女问题是一个重要的民生问题。他坚持马克思主义人本精神，形成了一系列关于妇女问题和妇女解放的基本思想。

近代中国民生的极度艰困，呼唤着正确民生政策的产生，也呼唤着先进民生理论的出现。当时活生生的民生问题，是促使李达民生思想这一理论之花得以全面绽放的现实土壤。

（三）中国共产党致力于改善民生的实践

中国共产党是中国工人阶级的先锋队，同时是中国人民和中华民族的先锋队。党的根本宗旨是全心全意为人民服务，而为人民服务的最直接、最现实、最具体的体现是高度关注并努力改善民生。致力于民生的改善已经融入中国共产党的血液之中，成为党的一大光荣传统。

中国共产党的成立，为中国人民从根本上改变命运和改善生活带来巨大希望。为了争取工人的政治经济权利、改善工人的生活待遇，党的一大确定了加强对工人运动领导的基本任务。1921年8月，中国劳动组合书记部在上海成立。这是中国共产党领导全国范围工人运动的第一个公开机构。1922年5月，书记部召开大会纪念五一劳动节，提出了"三八主义"，即要求保障工人的工作、教育、休息各有8小时。5月至7月，中国劳动组合书记部连续发起召开了两次全国劳动大会，特别强调"工会应该努力做改良工人状况的运动，凡在资本主义之下能够改良的，都要努力去做"①。李达及时发表了《对于全国劳动大会的希望》一文，对会议提出组织常设的全国性劳动大同盟、设法消除各地工会的乡土观念、工人不要怕社会主义、开展以制定多种劳动法律法规为目标的立法运动等四点希望，以便更好地维护工人的权益。同年 8 月，中国劳动组合书记部发布《劳动法大纲》，强烈要求承认劳动者有集会、结社、罢工等民主权利；实行 8 小时工作制，改善劳动待遇；保护女工、童工；保障男女工人享受补习教育的机会；等等。②《劳动法大纲》反映了工人在生活上的最迫切要求，实际上成为中国共产党为工人谋幸福的斗争纲领。这时，李达又发表了《劳动立法运动》一文，分析了劳动立法运动产生的根源及其性质，呼吁劳动者"急起直追来干劳动立法运动"，改善自己的生活境遇。

党的二大在中国近代史上第一次提出了彻底的民主革命纲领，把造成民生困苦的祸源——帝国主义和封建军阀列为民主革命的主要对象。党的三大确立建立革命统一战线的策略方针。不久，随着第一次国共合作的实现，反帝反封建的国民革命兴起。国民革命时期，汉口、九江的工人及其他群众在中国共产党的领导下，收回了英租界，这沉重打击了帝国主义在华势力。同时，党还组织广大农民积极开展农村大革命，主张"一切权力归农会"，建立起农民武装；广泛开展减租减息、取缔高利贷和没收土豪劣绅财产的革命实践；进行了反对封建礼教、封建习俗和破除封建迷信等卓有成效的斗争，充分显示了农民在反对封建主义中的伟大作用。李达在《新时代》上相继发表了《何谓帝国主义》《为收回旅大运动敬告国人》《马克思学说与中国》《中国商工阶级应有之觉悟》《旧国会不死　大盗不止》等文章，宣传了党的民主革命纲领，阐明党的革命统一战线政策；后来，在《现代社会学》《中国

---

① 王建初、孙茂生：《中国工人运动史》，辽宁人民出版社 1987 年版，第 71 页。

② 参见王建初、孙茂生：《中国工人运动史》，辽宁人民出版社 1987 年版，第 72 页。

所需要的革命》《完成民主革命!》《革命过程中的民主革命》《中国产业革命概观》等论著中,又从政治经济学、哲学的角度论述了民主革命对于改善民生的根本性意义。

党的二大、三大都通过了专门的《妇女运动决议案》,分析了劳动妇女的悲惨处境,指出中国妇女被封建礼教所束缚,在政治、经济、教育上几乎得不到丝毫的权利,号召全党为维护所有被压迫妇女的利益而斗争;提出男女享有平等权利,妇女解放与劳动解放不可分离,只有无产阶级取得革命胜利,才能谋得真正意义上的妇女解放;提出团结各阶层妇女,参加反帝反封建斗争。这是中国共产党关于妇女运动的指导思想,既遵循了马克思主义妇女解放的基本原理,也为中国近代妇女运动的发展指明了方向。党发动和领导了声势浩大的女工运动,仅 1922 年在沪、粤、鄂三地,就有 60 多个工厂的女工罢工 18 次,参加者达 3 万多人,她们为增加工资、减少工时、改善劳动条件而努力斗争。同时,党积极领导农村妇女运动,发动各地的乡村妇女参加农会组织起来的妇女会,争取自身解放。"妇女运动的新发展,证明了只有中国共产党真正能够为广大劳动妇女谋利益,求解放,只有中国共产党能够领导妇女走上彻底解放的道路"[1]。在这种情况下,李达主编《妇女声》,以马克思主义为指导思想,抨击社会对广大妇女的偏见歧视,为妇女运动呐喊。《妇女声》成为党在成立之初联系妇女运动的实际、面向广大妇女开展宣传教育的一个重要阵地。李达还相继翻译和撰写了大量关于妇女解放的著作,宣传马克思主义妇女解放理论,提高妇女觉悟,促进了妇女解放。

即使身处革命斗争的环境,党和根据地政权仍坚持把改善民生置于民族解放、国家独立的战略高度,致力于人民生活水平的提升,成果丰硕。土地革命战争时期,党在农村建立根据地政权,成立各级苏维埃政府,吸收工农群众参加政权建设,群众的民主权利得到充分行使,人民的利益要求得到切

---

[1] 罗琼:《妇女解放问题基本知识》,人民出版社 1986 年版,第 84 页。

实体现。党还组织农民打土豪、分田地，废除封建剥削和封建债务；开垦荒地、兴修水利和开展互助合作，这些建设实践发展了生产，改善了根据地人民的生活。抗日战争时期，党发起大生产运动，在发展生产方面成效显著，减轻了人民负担，也使根据地克服了严重的经济困难。解放战争时期，中国共产党带领解放区人民开展土地改革运动，以满足广大农民的土地要求；想方设法帮助农民解决种子和农具问题，改进生产方法，发展副业，提高了人民的生活水平。李达发表了一系列文章，立足于改善民生，立足于用科学理论联系革命实践，立足于应用，对毛泽东新民主主义革命理论、哲学思想进行了深入阐释，也探讨了学习毛泽东著作及思想的方法。他结合毛泽东思想的研究与宣传着力阐述民生思想，走在当时理论界的前面。

新中国成立后，中国共产党领导人民完成全国性的土地改革，彻底废除了延续了2000多年的剥削性的封建土地制度，使广大农民的生活状况有了根本性改变；领导确立人民代表大会制度、中国共产党领导的多党合作和政治协商制度、民族区域自治制度，为人民当家作主提供了制度保证；组织开展义务教育和大规模扫盲运动，提高了广大人民群众的文化水平。李达在亲身参与新中国法治建设、高等教育管理的基础上，形成了不少重要的民生观点，如社会主义类型宪法是民生幸福的最根本保证，新中国的高等教育要积极融入民生等。

中国共产党的一切社会实践活动，归根到底，都是为了解放和发展社会生产力，维护人民权益，提高人民生活水平。李达作为中国共产党的主要创始人和早期重要领导人之一，在党的创建时期站在社会主义论战的最前线，并主持党的早期宣传工作，培养了一大批革命骨干，也为党的民生建设实践培养了一大批领导干部；极大地唤醒了广大群众的民生意识，也为人民群众积极响应党的民生建设实践提供了精神动力。李达在脱党期间，虽然没有直接参与革命斗争的实践，但仍坚守马克思主义理论阵地，为党的民生建设实践在方法论上提供了宝贵的智力支持。新中国成立后，他长期从事高等教育管理工作，并为此作出了巨大的贡献，这本身就是党的民生建设实践成就的有机构成。革命的行动呼唤革命的理论。李达作为一位杰出的马克思主义理论家，在支持、参加党的民生建设实践的过程中，逐步形成和发展了他的民生思想。可以说，中国共产党在伟大的民生建设实践中总结出一整套民生理论，而李达民生思想就是党的民生理论宝库中的一朵瑰丽绚烂的鲜花。

（四）李达个人的成长经历及特质

1890年10月2日，李达生于湖南永州市冷水滩区蔡家埠灌塘口村的一个佃农家庭。他的父亲李辅仁是一位勤劳朴实、憨厚忠直的农民。其母胡氏，是一位典型的农家妇女，日夜劳作。李达年少时，家中曾向地主佃田20多亩，每亩交租谷九斗九升，灾害之年，也不得少交一粒。年年秋后，一箩箩金灿灿的稻谷被按时搬进地主的粮仓充租。目睹此情此景，李达极感心痛，愤愤不平。封建剥削之严苛、底层群众生活之艰辛，使李达从小即与劳动人民心贴心。

1905年，15岁的李达以优异成绩考入湘南八县的最高学府——永州中学。此后，他开始接触新知识，逐渐了解一些国家大事，知道了"八国联军"，懂得当时中国之所以积贫积弱，就是由于列强的侵略、清政府的无能和国家政治的腐败。他因此有了初步的民族意识和爱国思想，萌生了"国家兴亡、匹夫有责"的爱国情怀。其间，李达听闻徐特立"断指血书"这一充满爱国激情的壮举，当即带领同学们焚烧日本文具，抵制日货。

从上中学起，品学兼优的李达就开始懂得替下层劳动者着想，维护穷苦平民的利益，挺身而出与官僚分子作斗争。一天，他到县城办事时正好看到一位农民在县粮饷局交粮。粮饷局的官吏故意多算粮饷。那位农民说："你们算错了，怎么还要多算我的呢？"收粮的那个家伙听了大发脾气，拍桌瞪眼地威胁说："我算错了，你自己来算吧！"企图吓倒那位农民。李达挺身而出："我帮他算，你不要欺侮人！"那个家伙料定李达这个小小的"乡巴佬"算不出来。不承想李达却算出了正确的数额，粮饷局的那个人不得不认输。①

　　1909 年，李达中学毕业。在赴京报考学校途中，李达目睹了不少让人义愤填膺的列强侵华行径。在汉口，李达看到宽阔的江面上到处飘扬着五颜六色的异国国旗，帝国主义的商船炮舰星罗棋布。他住在租界里，看到了一幢幢靠榨取中国人血汗修建起来的洋楼大厦。他乘坐外国船只到了上海后，想去外滩公园里看看。才走到门口，他就被一个印度巡捕拦住了。那个家伙用指挥棒示意他看一块牌子，上面有中英文写的"华人与犬，不得入内"。真是令人愤慨！这一路的所见所闻使李达"悲愤地觉悟到，中国已经变成了列强统治着的殖民地了"②！耳闻不如目见，这比他读中学时在参加抵制日货的爱国行动中所达到的认识要深刻多了。李达考入京师优级师范学堂后，只读了两年，就感到教育的落后。该校的学政不学无术、官气十足，还常常强迫学生身穿长袍马褂，向孔子的牌位行三跪九叩之礼。李达当时认为中国积贫积弱的根源在于知识的落后。只有大力发展教育，普及科学，促使人民觉醒，才能实现国强民富。由此，他产生了教育救国的思想。

　　辛亥革命后，在孙中山"大办实业，以利国富民强"思想的影响下，李达主张"实业救国"，决定弃学师范，赴日改学理工科。1913 年，他以优异成绩考取了湖南留日官费生。一年后，他因病辍学回国。1917 年春，李达再赴东京，考入日本第一高等学校。他原以为只要刻苦攻读理工科，就可以挽救民族危机，解除人民的苦难。但是，随着视野不断开阔，李达逐渐意识到：由于中国已经沦为列强的半殖民地，在帝国主义、封建主义的残酷压榨下，如果不实现人民解放和民族独立，那么实业发展和科技进步就无从谈起。

　　在东京，李达从报纸上获知十月革命的爆发。他听说列宁领导俄国人民建立起劳农专政，"我当时对于这样一个国家感到无限的喜悦，就留心看报纸上这一方面的消息，才知道……列宁主义又是马克思主义，这才知道马克

---

① 参见宋镜明：《李达》，河北人民出版社 1997 年版，第 7 页。

② 李达：《沿着革命的道路前进——为纪念党成立四十周年而作》，载《李达文集》第四卷，人民出版社 1988 年版，第 731 页。

思主义、列宁主义的名称"①。这时，李达等先进的中国知识分子开始把寻找救国救民出路的目光从欧美日的资产阶级民主主义转向俄国的社会主义。

1918 年 5 月，段祺瑞政府跟日本政府签订了反动的《中日共同防敌军事协定》，遭到留日学生的强烈抗议与反对。由 2000 多名留日学生组成以李达为首的"救国团"回国请愿，他们以上海为大本营，在京津沪等地开展宣传联络，从事爱国运动。21 日，归国留日学生和北京学生 2000 余人，聚集在"大总统府"门前，向时任总统递交了坚决反对《中日共同防敌军事协定》的请愿书，结果失败。这使李达清醒地认识到：要想救国救民，单靠游行请愿是徒劳的，"只有由人民起来推翻反动政府，像俄国那样走革命的道路。而要走这条道路，就要加紧学习马克思列宁主义的理论，学习俄国人的革命经验"②。返回东京以后，他毅然放弃理工科的学习，专攻马克思列宁主义，逐步树立起科学的世界观。五四运动以后，李达终于成为一位真正的马克思主义者。

纵观李达的求学经历，可以说他主要是作为一位爱国学生，欲以发展实业和献身科学的方式，来根本改变国家面貌和人民生活，却如同在漫漫长夜里摸索道路的一位行人，眼前一片黑暗，内心极度苦闷，直至十月革命后接触到马克思主义，他才拨开云雾见真谛。

李达求学归国后，矢志不渝地致力于马克思主义理论的研究、宣传和教育，显示出一位坚定的马克思主义者的特质。难能可贵的是，即使在脱党的 20 余年里，他仍能一以贯之，以致敌对势力始终将其视为共产党人。1928 年，李达遭到国民党反动当局通缉，依据是"著名共首，曾充大学教授，著有《现代社会学》，宣传赤化甚力"③。是年冬，李达和熊得山、邓初民、张正夫、熊

---

① 李达：《十月革命与中国知识分子》，载《李达文集》第四卷，人民出版社 1988 年版，第 535 页。

② 李达：《沿着革命的道路前进——为纪念党成立四十周年而作》，载《李达文集》第四卷，人民出版社 1988 年版，第 733—734 页。

③ 宋镜明：《李达》，河北人民出版社 1997 年版，第 115 页。

子民等人一起创办了昆仑书店，除重印《现代社会学》外，还出版了不少马克思主义经典著作，如《资本论》第 1 卷第 1 分册（陈启修译）、《政治经济学批评》的修正本（李达译）、《反杜林论》上册（钱铁如译）、《机械论的唯物论批判》（杨东纯、宁敦伍译）等。1932 年，李达创办笔耕堂书店，冒着极大的风险，继续出版《反杜林论》等马克思主义著作。20 世纪 30 年代，毛泽东称他为"真正的人"。李达后来解释说："真正的人，就要真正坚信马列，就要真正宣传马列，就要真正坚守马列主义理论阵地。"①1942 年，国民党反动势力软硬兼施，逼迫仍在家乡避难的李达放弃马克思主义信仰，跟随他们站在人民的对立面。李达严词拒绝。1947 年，李达在湖南大学任教。面对国民党特务机关的百般阻挠，他坚定地说："要我不宣传马克思主义办不到！"② 应当承认，他这种对马克思主义的笃信和坚守，是许多理论工作者难以企及的。

新中国成立初期，李达结合《毛泽东选集》第一至三卷的出版，撰写了一系列文章，对毛泽东思想进行创造性解读。他相继发表了《学习社会发展史》（1951 年）、《读毛泽东同志在 1926 年至 1929 年的四篇著作》（1951 年）、《怎样学习党史》（1951 年）、《读〈为争取千百万群众进入抗日民族统一战线而斗争〉》（1951 年）、《读〈怎样分析农村阶级〉》（1952 年）等文章，对毛泽东新民主主义革命理论进行了深入的阐释。他还发表了《〈实践论〉——毛泽东思想的哲学基础》（1951 年）、《〈实践论〉解说》（1951 年）、《〈矛盾论〉解说》（1953 年）、《〈矛盾论〉——革命行动和科学研究的指南》（1953 年）和《怎样学习〈矛盾论〉？》（1953 年）等文章与著作，对毛泽东的哲学思想进行了全面解读。李达的上述论著以创造性解读毛泽东思想为主要方式，有力地推进了毛泽东思想的大众化，得到广大人民群众的高度认可。

李达的个人经历充满着对于改变人民命运和改善人民生活的思考，反映出他对救国救民道路和强国富民目标的孜孜探求。这种思考和探求更多地表

---

① 宋镜明：《李达》，河北人民出版社 1997 年版，第 190 页。

② 宋镜明：《李达》，河北人民出版社 1997 年版，第 197 页。

现为对信念的执着与坚守，更多地表现为坚持真理的精神和勇气。李达在坚持和发展马克思主义的人生经历中体现出来的坚定信念和不屈精神，是其民生思想形成和发展的源源动力。

二、李达民生思想形成和发展的思想源流

李达民生思想的形成和发展，同任何一种有价值的思想理论一样，也要借鉴、吸收前人或他人的思想成果。李达民生思想的理论根基无疑是马克思主义，但是从李达接受、掌握科学世界观和科学方法论的过程来看，从李达民生思想形成和发展的历史条件来看，从李达民生思想丰富的内容来看，其思想源流是多方面的。

（一）马克思主义经典作家关于民生的思想

有西方学者指出："马克思的学说并不认为人的主要动机就是获得物质财富；不仅如此，马克思的目标恰恰是使人从经济需要的压迫下解脱出来，以便他能够成为具有充分人性的人；马克思主要关心的事情是使人作为个人得到解放，克服异化，恢复人使他自己与别人以及与自然界密切联系的能力。"① 这说明，为人类谋幸福是马克思主义最崇高的价值追求。可以说，马克思主义经典著作中丰厚的民生意蕴是李达民生思想的理论渊源。

1.马克思、恩格斯关于民生的思想
马克思、恩格斯以人的生活为基点架构起唯物史观，指出："因此我们

---

① ［美］埃利希·弗洛姆：《马克思关于人的概念》，载复旦大学哲学系现代西方哲学研究室编译：《西方学者论〈一八四四年经济学—哲学手稿〉》，复旦大学出版社 1983 年版，第 23 页。

首先应当确定一切人类生存的第一个前提，也就是一切历史的第一个前提，这个前提是：人们为了能够'创造历史'，必须能够生活。"① 恩格斯又进一步强调，"一个很明显的而以前完全被人忽略的事实，即人们首先必须吃、喝、住、穿"②，然后才能开展政治、宗教和哲学等方面的活动。马克思关心人民的利益，因而社会生活中的物质利益问题是推动他研究现实经济关系的直接动因，他指出："关于自由贸易和保护关税的辩论，是促使我去研究经济问题的最初动因。"③ 马克思关爱人的幸福，强调"历史把那些为共同目标工作因而自己变得高尚的人称为最伟大的人物；经验赞美那些为大多数人带来幸福的人是最幸福的人"④。为此，他关心劳苦大众，同情下层贫困者，追求全人类的幸福。恩格斯也十分关注人民群众的生活问题，尤其是贫苦工人的现实生活问题，他对英国工人们说："我很想在你们家中看到你们，观察你们的日常生活，同你们谈谈你们的状况和你们的疾苦，亲眼看看你们为反抗你们的压迫者的社会统治和政治统治而进行的斗争。"⑤

马克思、恩格斯毕生从事"现实的人及其历史发展"的研究，无论是对人民群众历史地位的阐述、对异化劳动的认知、对剩余价值理论的揭示，还是对每一个人自由而全面发展的构想，都深刻反映出他们对"现实的人"的生存与发展的关注，特别是对普通劳动人民生存与发展的关注。马克思、恩格斯指出："历史不过是追求着自己目的的人的活动而已。"⑥ 他们认为，人民是历史的创造者，是人类社会发展的主体。马克思、恩格斯在《共产党宣言》中构想出"自由人的联合体"，指出人的自由而全面发展是人类社会发展的最高境界，是衡量人类社会发展和解决一切民生问题的最高价值标准。实现每一个人的自由而全面发展，是马克思、恩格斯民生思想的核心理念和最终

① 《马克思恩格斯选集》第1卷，人民出版社1995年版，第78—79页。
② 《马克思恩格斯选集》第3卷，人民出版社1995年版，第335页。
③ 《马克思恩格斯全集》第31卷，人民出版社1998年版，第411页。
④ 《马克思恩格斯全集》第1卷，人民出版社1995年版，第459页。
⑤ 《马克思恩格斯文集》第1卷，人民出版社2009年版，第382页。
⑥ 《马克思恩格斯全集》第2卷，人民出版社1957年版，第118—119页。

目标。由此，马克思、恩格斯的每一个思维节点都体现出以人为本的思想倾向。

李达为了阐述民生与社会的关系，着重强调了物质资料的生产在人类社会存在与发展过程中的基础性作用，并承认了生产力的发展是社会进步的最终源泉和决定力量。另外，他在研究民生史观的过程中吸收了马克思主义以人为本的精髓。他翔实地论证了民生在社会、社会组织、社会发展、社会变革和进化中的地位与作用。这表明他对社会历史的结构与进程的独到看法，也及时纠正了唯物史观零散传入中国的时期在一定程度上出现的过于强调物质而忽视人的现象。不能否认，李达这种以生产力为逻辑起点构建民生思想的思维方式，与马克思、恩格斯的民生理论一脉相承。

2. 列宁关于民生的思想

列宁不仅从理论上预测了社会主义社会民生的美好前景，而且立足于无产阶级政权民生建设的实践，强调社会主义是为人民谋幸福的制度保障，认为只有社会主义才能够推行广泛而公平的社会生产与分配，"以便使所有劳动者过最美好的、最幸福的生活"[①]。受此影响，在《社会主义的目的》一文中，李达主张把"救济经济上的不平均"和"恢复人类真正平等的状态"确定为社会主义"两面最鲜明的旗帜"。显然，这从民生的角度触及了社会主义的本质内涵。

在领导苏维埃政权恢复和发展经济的过程中，列宁始终关注农民的利益，把发展农业生产和改善农民生活放在突出位置。十月革命前夕的俄国，农民的生活苦不堪言。对此，列宁主张"剥夺大土地占有者的田产、厂主的工厂、银行家的货币资本，消灭他们的私有财产并把它转交给全国劳动人民"[②]。1921年，他又主导新经济政策的实施，允许农民在纳完粮食税后自由支配余粮，

---

① 《列宁全集》第 34 卷，人民出版社 1985 年版，第 356 页。
② 《列宁全集》第 7 卷，人民出版社 1986 年版，第 123 页。

从而极大地调动了农民的生产积极性，也切实满足了农民群众的利益要求。在近代中国，"农民问题是一般民生问题中的主要问题"①。在列宁最先界定土地国有概念的基础上，李达主张把土地国有化作为实现耕者有其田的前提条件，认为土地国有化既是社会发展的普遍趋势，也是改善农民生活的关键。

列宁提出，无产阶级政党在获得执政地位后，一切政策和行动的标准是必须符合人民的利益，"必须把改善工农生活状况的问题单独提出来，以便密切注意这方面所取得的成绩"②。李达也认为，中国共产党领导革命与建设的根本目的，"是要逐步地提高人民的物质和文化生活水平"③。可见，李达把中国共产党所从事的一切社会活动都与民生紧密联系起来。对比上述观点，可以看出他们二人思想上的相近性。

列宁十分重视无产阶级政党同人民群众的紧密联系，他指出，对党来说，"最严重最可怕的危险之一，就是脱离群众"④，"我们需要的是能够经常同群众保持真正的联系的党，善于领导这些群众的党"⑤，党"保持领导不是靠权力，而是靠威信，毅力，靠比较丰富的经验、比较渊博的学识以及比较卓越的才能"⑥。受列宁相关思想的启发，李达也对无产阶级专政下共产党的领导方式和途径进行了思考，提出"党的指导是完全基于普罗列达里亚与其前卫之间的相互信赖，是通过普罗列达里亚专政下的大众组织的全体制的媒介而实现的"⑦。

3. 毛泽东的民生思想

1922 年 11 月至 1923 年 4 月，李达受邀出任由毛泽东创办的湖南自修

---

① 李达：《土地问题研究》，载《李达全集》第四卷，人民出版社 2016 年版，第 301 页。
② 《列宁全集》第 41 卷，人民出版社 1986 年版，第 271 页。
③ 《李达全集》第十八卷，人民出版社 2016 年版，第 169 页。
④ 《列宁选集》第 4 卷，人民出版社 1995 年版，第 626 页。
⑤ 《列宁全集》第 39 卷，人民出版社 1986 年版，第 225 页。
⑥ 《列宁全集》第 7 卷，人民出版社 1986 年版，第 9 页。
⑦ 《李达文集》第二卷，人民出版社 1981 年版，第 546 页。

大学的学长，二人同住在长沙清水塘，为革命共同兴办教育，经常交流办学思想。他们在革命道路上相互支持，结下了真挚的友谊。他们早年的思想交流，是李达借鉴毛泽东民生思想的开端。新中国成立后，毛泽东的民生思想对重新入党的李达产生了直接影响。

毛泽东强调，只有走社会主义道路，才能使农业生产和农民生活得到普遍的提高，"只有联合起来，向社会主义大道前进，才能达到目的"①。其中，走社会主义道路的具体途径，就是引导农民走合作化道路。毛泽东认为，唯其如此，农民才能抵御天灾，才能消灭剥削，才能大兴水利，才能提高粮食产量，才能较快地不断地改善生活。与此呼应，李达重点论证了社会主义与民生幸福的关联性，强调社会主义生产"也是为了人及其需要"②，社会主义的最鲜明旗帜就是"谋社会中最大多数的最大幸福"③。

毛泽东认为，发展生产是改善民生的根本途径。1953 年，他指出：关于改善工人生活的问题，我们的重点必须放在发展生产上，但发展生产和改善人民生活二者必须兼顾。④李达积极宣传毛泽东的这一精神，指出"在社会主义条件下，社会生产在人类历史上第一次处于社会有意识的控制之下，并为劳动者服务来满足他们日益增长的需要"⑤。20 世纪 50 年代后期，他认为苏联社会主义革命与社会主义建设的基本经验之一，是"无产阶级和共产党领导的国家，领导人民群众有计划地发展社会主义经济和社会主义文化，在这个基础上逐步地提高人民的生活水平"⑥。李达的上述观点也表明，在社会主义条件下，坚持发展生产力是提升人民生活水平的根本途径和方式。这反

---

① 《毛泽东文集》第六卷，人民出版社 1999 年版，第 429 页。

② 《李达全集》第十八卷，人民出版社 2016 年版，第 164 页。

③ 李达：《讨论社会主义并质梁任公》，载《李达文集》第一卷，人民出版社 1980 年版，第 61—62 页。

④ 参见《毛泽东著作专题摘编》，中央文献出版社 2003 年版，第 988 页。

⑤ 《李达全集》第十八卷，人民出版社 2016 年版，第 163—164 页。

⑥ 李达：《社会主义革命与社会主义建设的共同规律》，载《李达文集》第四卷，人民出版社 1988 年版，第 556 页。

映了他对毛泽东相关观点的深刻领会。

1958 年 8 月，毛泽东在视察天津大学时指出，高等学校应抓住三个东西，一是党委领导，二是群众路线，三是把教育和生产劳动结合起来。① 这在很大程度上勾勒出一代伟人关于高校教育改革的主张，也集中体现了一代伟人的高等教育思想。据此，李达主张高等教育要坚持改善民生的大方向。他指出，新中国的高等教育工作者要认清时代的潮流，"同时更要认清自己对于新社会所负的使命——为新民主主义社会的劳动人民服务"②，只有社会主义条件下，他们才能真正为人民服务，为广大人民谋取更多的幸福。

综上，尽管马克思、恩格斯、列宁和毛泽东探讨民生问题的侧重点各有不同，但他们关于民生的科学论述，为李达构建民生思想提供了正确的立场、观点和方法，也为李达民生思想的形成和发展提供了基本理论来源。

（二）日本马克思主义学者的民生思想

俄国十月革命以前的近半个世纪，日本思想文化对中国的影响是广泛而深刻的，当时先进的中国人普遍认识到"要救国，只有维新，要维新，只有学外国。那时的外国只有西方资本主义国家是进步的，它们成功地建设了资产阶级的现代国家。日本人向西方学习有成效，中国人也想向日本人学"③。马克思主义在中国的传播也深受日本的影响。李达最初所接受和掌握的马克思主义民生理论深受日本马克思主义学者的影响。

1918 年 6 月，李达第三次赴日留学，仿效鲁迅弃医从文，放弃学习理科课程，师从河上肇教授，专攻马克思主义理论。以河上肇为代表的一批日本马克思主义学者的著作及思想启迪着李达，他刻苦研读了《共产党宣言》、《资本论》第 1 卷、《国家与革命》等大量马克思主义原著，接受了科学的世

---

① 参见《毛泽东同志论教育工作》，人民教育出版社 1958 年版，第 67 页。
② 《李达全集》第十六卷，人民出版社 2016 年版，第 30 页。
③ 《毛泽东选集》第四卷，人民出版社 1991 年版，第 1470 页。

界观和方法论，逐步成为马克思主义的坚定信仰者和积极宣传者。后来，他又先后翻译了日本学者穗积重远的《法理学大纲》、河西太一郎的《农业问题之理论》、河上肇的《马克思主义经济学基础理论》、河田嗣郎的《土地经济论》，批判性地吸收了他们的民生思想。李达即使在成为知名教授后，也毫不讳言河上肇等日本学者对自己思想的影响。他曾公开对学生声明："河上肇是我的老师，我的经济学是从他那里学来的。"[①]

河上肇（1879—1946 年），是日本著名的马克思主义经济学家。1908 年起，他在京都帝国大学教授经济学，著有《雇佣劳动与资本》《唯物史观研究》《社会组织和社会革命》《马克思的劳动价值论》等一系列马克思主义译作，还曾独立创办每月发行 2 万余份的专门研究马克思主义的私人杂志——《社会问题研究》。河上肇的译著及思想对李大钊、周恩来、李达、李汉俊等曾留学日本的早期中国共产党人的思想成长具有重大影响，最早的《资本论》中译本就是中国学者根据德文原版并参照河上肇的日文本译出的。

1913 年至 1914 年，河上肇曾赴欧洲留学两年，实地考察使他对西方社会在经济发达的情况下多数人却陷入贫困的问题进行了思考。1915 年，第一次世界大战进入第二年，资本主义国家的工人状况急剧恶化，工人运动风起云涌。次年，河上肇在《贫乏物语》中指出，"英美德法其他诸邦，国家极其富有，人民却非常贫困；此等文明国家里多数人的贫困，实在令人吃惊"[②]。由此，他分析西方社会多数人的贫困状况及其原因，提出抑制富人的奢侈消费、节省资金扩大生产，以解决社会贫困问题。虽然他当时还没有运用马克思主义经济学对多数人的贫困进行科学分析，也不可能拿出行之有效的解决方案，但他在不久之后却引导着李达对于社会贫富分化问题产生极大关注。

第一次世界大战以后，资本主义国家的经济危机异常深刻，日本也不例外。1918 年，日本有 33 个县爆发了涉及近千万人的抢米风潮。1920 年至

---

① 宋镜明：《李达》，河北人民出版社 1997 年版，第 147 页。
② ［日］河上肇：《河上肇集》，筑摩书房 1977 年版，第 153 页。

1921 年，日本出现经济危机，工人罢工次数激增。历史和现实促使河上肇不得不思考人民的命运向何处去的重大问题。十余年间，河上肇相继出版了《近世经济思想史论》（1920 年）、《资本主义经济学的历史发展》（1923 年）、《经济学大纲》（1928 年）、《第二贫乏物语》（1930 年）等代表性著作。他把资本主义社会的贫富分化看作资本主义基本矛盾运动的必然结果。这个结论既与社会发展的历史必然性相联系，又找到了根治这个社会问题的途径。这也说明河上肇已经运用马克思主义理论来看待社会贫困问题，从而超越了"抑制消费的道义论"。此外，他还明确表现出向往苏俄社会主义建设的强烈倾向，认为日本如果能够举国引进苏联的政策和制度，五年内就能恢复到战前的生活水平，"然后就能以极快的速度在发展民众社会福利上更上一层楼"[①]。当时李达也把解决本国民生问题视为推介苏联社会主义建设经验的出发点及归宿，这与河上肇惊人地一致。

据初步统计，河上肇著作的中文译本有 20 多部，特别是他的《近世经济思想史论》、《经济学大纲》、《资本论入门》和《马克思主义经济学基础理论》，成为许多进步的中国青年知识分子接受马克思主义经济学启蒙的理论武器。"他的著作和他的名字比任何一名日本的经济学家都更广泛地在我国留下了深刻的影响"[②]。1930 年 6 月，李达与王静等人合译河上肇所著《马克思主义经济学基础理论》。李达吸收河上肇的经济学思想，结合自己学习马克思主义经济学的感悟，用民族语言系统论述马克思主义经济学原理，在 20 世纪 30 年代中期出版了专著《经济学大纲》。这有力地宣传了马克思主义的人本思想，获得毛泽东的高度评价。

河田嗣郎是对李达民生思想的形成有着重要影响的又一位日本学者。河田嗣郎（1883—1942 年），也是日本著名的马克思主义经济学家，他对妇女问题、农业经济、粮食问题、土地关系等民生问题都有广泛研究，其中农业

---

① ［日］河上肇：《河上肇全集续》第 7 册，岩波书店 1983 年版，第 432 页。
② 朱绍文：《河上肇博士的经济思想与科学精神——纪念河上肇博士诞生一百周年》，《经济研究》1979 年第 10 期。

是主要领域之一。1912 年，已是京都帝国大学副教授的河田嗣郎撰写了《土地经济论》。李达很早就研读过这一著作。1928 年，他吸收该书的主要观点，结合中国社会实际，发表了《土地所有权之变迁》，《佃租论》(上、下篇)，《土地问题研究》等文章。1930 年，他还翻译出版了《土地经济论》的前篇，即《地代论》。

河田嗣郎指出："在现今之私有制度，既反乎平等观的人生生活之本义，于是因为私有制度，遂使一人可以支配他人，所有者可以垄断掠夺非所有者之利益，分割社会为所有者的阶级与非所有者的阶级。"[①] 即是说，土地私有既造成人与人政治上的不平等，又使人与人之间出现贫富分化。据此，李达正确分析了当时民生维艰的经济根源，强调"这种完全不合理的土地制度，正是我国在长时期中国弱民穷的根源，也是帝国主义所以侵入我国的内部原因"[②]。

着眼于民生，河田嗣郎论证了土地公有的合理性，"惟所谓土地公有论者与集产主义，其根底上均含有最大之伦理观，其所主张，实出于以自由平等为人生生活之本义，为其热诚之表现者"[③]。这为李达后来坚持土地国有激发出不少灵感。

河田嗣郎指出："然而社会主义之理想，则固欲谋经济生活之调和，使各个人能得公平，消灭由于现有之组织之不公平不调和，而确立圆满的文物制度，以增进人类之幸福，希望社会之进步者也。"[④] 这点明了社会主义运动的出发点，即确立公平的经济制度、调和经济矛盾与增进人类幸福。对比李达在《什么叫社会主义?》和《社会主义的目的》等文章中的相关观点，二者的紧密联系不言而喻。

---

① ［日］河田嗣郎：《土地经济论》，李达、陈家璠译，商务印书馆 1930 年版，第 320 页。
② 李达：《中国共产党的中国革命论》，载《李达文集》第四卷，人民出版社 1988 年版，第 690 页。
③ ［日］河田嗣郎：《土地经济论》，李达、陈家璠译，商务印书馆 1930 年版，第 319 页。
④ ［日］河田嗣郎：《土地经济论》，李达、陈家璠译，商务印书馆 1930 年版，第 319 页。

李达的妇女解放思想深受日本学者的影响。五四运动后，妇女解放思想在中国兴起，李达翻译了日本学者高畠素之的《社会问题总览》、川菊荣的《妇女问题与妇女运动》《劳农俄国底结婚制度》《绅士阀与妇女解放》等论著，既探讨了妇女的经济独立、婚姻自主等具体问题，也对妇女解放的条件和途径展开了思考。西方的产儿制限论传到中国后，李达翻译了日本学者安部矶雄的《产儿制限论》一书，驳斥了把妇女看作纯粹的生育传种的生物体的陈腐观念，极力主张妇女有自主选择生活方式和实现人生价值的自由。

这一时期日本学者对马克思主义民生理论的理解并非准确无误，比如，河上肇早期的研究，既突出了经济，也突出了伦理道德，但是尚不能辩证地看待经济与道德的关系，可以说带有不少二元论色彩；还把唯物史观、经济学、社会民主主义并列为马克思主义的三大原理。但必须承认，当时日本马克思主义学者的民生思想仍是李达民生思想形成的理论来源之一。

（三）中国传统民生思想

中国历史上，许多思想家认为民生是社稷之基、国家之本。他们对老百姓的生活充满着深邃的人文关怀，提出了不少有价值的民生观点。这些民生观点汇成丰富的中国传统民生思想，构成中国传统文化中的一道绚丽景观，成为历代统治者治国安邦的重要依据，也成为中国传统政治理论的基本理念。成长于传统文化熏陶之中的李达，当然也受到这些积极因素的启发。

一是民本思想。《尚书·五子之歌》中说："民惟邦本，本固邦宁。"[1] 管仲对这一民本观念进行了延伸和扩展，提出"以人为本。本理则国固，本乱则国危"[2]。由于民生映出民意、贴着民心，必须"厚民生"，对老百姓"爱之，利之，益之，安之"[3]。后来，孟子进一步指出，"无恒产则无恒心，苟无

---

[1] 陈成国点校：《四书五经》，岳麓书社 2002 年版，第 227 页。

[2] 谢浩范、朱迎平译注：《管子全译》，贵州人民出版社 1996 年版，第 357 页。

[3] 谢浩范、朱迎平译注：《管子全译》，贵州人民出版社 1996 年版，第 165 页。

恒心，放辟邪侈，无不为已”①。意思是说，普通人如果没有稳定的收入，他们的思想就达不到一定的道德水准。人如果达不到一定的道德水准，就会放荡无耻，危害社会。明代思想家李贽，针对宋明理学家"存天理灭人欲"的命题，主张"穿衣吃饭，即是人伦物理"②，认为"理"即社会道德，就存在于平民百姓的日常生活之中。显见，古人也意识到社会物质生活条件制约着人们道德理性的养成。这与唯物史观存在某些相通之处。唯物史观认为，生产力的发展要求构建与之相适应的生产关系、社会关系，进而要求形成与之相适应的价值观念和道德理性。由此，李达提出"道德的进化也以民生为中心"，强调人们所具备的物质生活条件是道德进化的物质基础。

二是社会大同思想。老子言道："失道而后德，失德而后仁，失仁而后义，失义而后礼。"③意思是说，失去道之后才求德，失去德之后才求仁，失去仁之后才求义，失去义之后才求礼。这在很大程度上阐述了"道"与理想社会的关系。儒家对人类社会的理想状态有具体的描述："大道之行也，天下为公，选贤与能，讲信修睦。故人不独亲其亲，不独子其子，使老有所终，壮有所用，幼有所长，鳏寡孤独废疾者皆有所养，男有分，女有归。货，恶其弃于地也，不必藏于己；力，恶其不出于身也，不必为己。是故谋闭而不兴，盗窃乱贼而不作，故外户而不闭是谓大同。"④即是说，没有大道广行，就没有理想社会的实现；只有大道广行，才能造就理想社会的根本，才能达到最高的社会境界。康有为曾试图阐发大同世界的基本特征，"大同之道，至平也，至公也，至仁也，治之至也，虽有善道，无以加此矣"⑤。他提及的大同世界所反映的最主要理念，是人类社会的一切事情都要公正、公平、合理。李达认为，共产主义社会就是"大同世界"，是社会发展的总趋

① 梁知编著：《国学通鉴》，安徽人民出版社 2000 年版，第 109 页。

② 韩喜凯总主编：《民本·安民篇》，齐鲁书社 2001 年版，第 293 页。

③ （春秋）李耳、李广宁译注：《道德经》，中国纺织出版社 2007 年版，第 146 页。

④ （东汉）郑玄注、（唐）孔颖达正义：《十三经注疏 礼记正义》中册，上海古籍出版社 2008 年版，第 875 页。

⑤ （清）康有为：《大同书》，内蒙古人民出版社 2005 年版，第 14 页。

势。那时，国家、阶级、私产消灭，人人平等，人人都能生存，人人都能善其生存。当然，他也阐明，共产党人追求的共产主义社会与传统文化中的"大同世界"在实现的主体和途径上是有根本区别的。

三是教育平等的思想。春秋时期，推行学在官府，学校的老师都由政府官员兼任，规定只让贵族子弟就读，剥夺了普通百姓接受教育的权利。随着新兴地主阶级力量的壮大，私学不断兴起，孔子提出并推行"有教无类"，即不分人的家族、贵贱、年龄、地域和亲疏，只要他们愿意学习，都可以获得受教育的机会。孔子推行"有教无类"，扩大了教育范围，为社会培养出更多的人才，顺应了社会发展的潮流，推动了历史的进步。但是，孔子的"有教无类"是有很大局限性的，他的三千弟子中没有一位女性就是典型表现。近代中国，教育权也都掌握在有钱有势的人手中，也都掌握在男子手中，下层劳动人民及妇女的读书机会被剥夺。李达主张彻底的"有教无类"，强调平民教育和女子教育的必要性，认为只有使一般平民和女子都享有受教育权，才能促进普遍的自由平等。

四是经济平等的思想。孔子曾说，"不患寡而患不均，不患贫而患不安"①。意思是说，社会产品不丰富不足为患，而社会产品分配不均则是引起社会动荡的重要因素。汉代董仲舒也主张"均贫富"，"使富者足以示贵而不至于骄，贫者足以养生而不至于忧。以此为度而调均之"②。对此，南宋朱熹有进一步的发挥："均则不患于贫而和，和则不患于寡而安，安则不相猜忌而无倾覆之患。"③他们大都主张采用抽肥补瘦的政策来调节收入，以免出现贫富分化和社会不安定。受此影响，李达提出，社会主义最鲜明的旗帜之一，就是"救济经济上的不平均"。当然，这是主张社会主义的公有制度，并非倡导搞平均主义。

中国的传统民生思想，一方面通过强调人民的地位和作用，使统治者在

---

① 陈成国点校：《四书五经》，岳麓书社2002年版，第51页。

② （西汉）董仲舒：《春秋繁露·第八卷》，上海古籍出版社1989年版，第48页。

③ （南宋）朱熹集注、陈成国标点：《四书集注》，岳麓书社2004年版，第194页。

政治生活中适当地约束自身行为；另一方面通过对人民利益需求的最低限度满足以及对美好民生理想的描绘，使人民安于现状、减少斗争，从而在统治者与人民之间维系一种相对的平衡、表面的和谐，最终为统治阶级的利益服务。但是，传统民生思想对于李达民生思想的形成仍然有重要的启迪、借鉴作用。

（四）同时代三民主义中的民生思想

国民革命时期，特别是 1928 年南京国民政府在形式上统一全国后，孙中山的民生思想成为中国理论界研究的一大重心。这对李达民生思想的发展产生了一定的影响，一方面，孙中山民生思想中的一些合理成分被李达直接吸收；另一方面，针对依附于南京国民政府的一批学者盲目推崇孙中山民生思想并攻击唯物史观科学性的错误主张，李达相继发表了《民生史观》与《民生史观和唯物史观》，不仅捍卫了马克思主义，也使自己的民生史观提升到了一个新境界。

在中国近代，民族工业极其落后，人民生活十分悲惨。孙中山指出，解决民生问题，必须让一般平民得以享受廉价的衣食住行等生活必需品，为此，需要发展实业，如此，"则教育、养老、救灾、治病，及夫改良社会，励进文明，皆由实业发展之利益举办"①。孙中山已经认识到，实业发展为教育、卫生、救济等各项社会福利事业的有序开展创造着物质条件。由此，在《建国方略》中，他强调"政府当与人民协力，共谋农业之发展，以足民食；共谋织造之发展，以裕民衣；建筑大计划之各式房舍，以乐民居；修治道路、运河，以利民行"②。在这里，孙中山把民生置于国家建设的首要位置，把振兴实业作为解决民生问题的基本途径。对此，李达的看法趋同。在《中

---

① 《孙中山全集》第二卷，人民出版社 2015 年版，第 152 页。
② 《孙中山选集》（下），人民出版社 2011 年版，第 624 页。

国产业革命概观》一文中，他强调革命的目的是解决民生问题，而解决广大人民生活问题的直接方法，就在于发展产业。

孙中山阐明了民生问题与社会革命的关系，认为"社会革命的原因，便是由于社会上贫富太不均"①。显然，消除社会的贫富分化是孙中山主要的革命理想。为了实现这一目标，他于1924年8月在广州农民运动讲习所的讲话中提出，"我们现在革命，要仿效俄国这种公平办法，也要耕者有其田，才算是彻底的革命"②。这个措施虽然还没有来得及被孙中山实施，但是反映了他发起革命的出发点，即要使一般平民切实获得自己创造的经济利益，最终提高他们的生活水平。此外，孙中山还主张利用节制私人资本、发展国家资本来消除社会的贫富分化。他在《三民主义·民生主义》中强调："如果不用国家的力量来经营，任由中国私人或外国商人来经营，将来的结果也不过是私人的资本发达，也要生出大富阶级的不平均。"③李达后来也有不少类似的观点，例如，无产阶级的贫困增大、有产阶级的财富增加之时，便是社会革命的机会到来之日；土地问题的解决，既为新式产业的发展提供了可能，又为占人口过半的农民生活问题的解决创造了前提；发展国家资本主义是发展产业及改善民生的必要环节；等等。两相比较，可以明显感受到孙中山对李达相关民生思想的影响。

孙中山在考察晚清时期国家积贫积弱的原因时指出，"今天下之失教亦已久矣，古之庠序无闻焉，综人数而核之，不识丁者十有七八，妇女识字者百中无一。此人才〈安得〉不乏，风俗安得不颓，国家安得不弱？"④他认为，要实现民富国强，"必俟学校振兴，家弦户诵，无民非士，无士非民，而后可与泰西诸国并驾齐驱，驰骋于地球之上"⑤。为此，他把普及教育写进

---

① 《孙中山全集 1924.1—1924.3》第八卷，中华书局 2006 年版，第 471 页。

② 《孙中山全集 1924.1—1924.3》第十卷，中华书局 2006 年版，第 558 页。

③ 《孙中山选集》（下），人民出版社 2011 年版，第 872 页。

④ 《孙中山全集》第二卷，人民出版社 2015 年版，第 4 页。

⑤ 《孙中山全集》第二卷，人民出版社 2015 年版，第 18 页。

了《中国国民党宣言》，强调"励行教育普及，增进全国民族之文化"①。普及教育的观点，在孙中山的思想体系中占有很高的地位。无独有偶，青年李达即萌生了"教育救国"的思想。后来，为了普及教育，他提出了平民教育、妇女教育等主张。在《民生史观和唯物史观》一文中，他还论证了教育与衣食住行之间的辩证统一关系。终其一生，李达都在为人民的教育事业孜孜奋斗。不难看出，李达的教育观点与孙中山的相关思想一样，都是基于当时的中国国情为人民谋幸福而提出的应对之策。

国民党内从哲学角度阐释和宣扬孙中山民生思想的过程中，主要产生了三个派系，即"仁爱说"、"生存技术说"和"心物合一说"。戴季陶在1925年撰写的《孙文主义之哲学的基础》中提出，民生是历史的中心，仁爱是人类的本性。他试图从文化的角度解释民生史观，号召占统治地位的剥削阶级向广大被统治被剥削的人民施"仁爱"，借以解决民生问题，这具有极大的欺骗性和迷惑性，对第一次国共合作起着一定的破坏作用。而萨孟武在《三民主义政治学》一书中提出"社会的进化，不过是民生的进化；民生的进化，不过是技术的进化"②。表面看来，萨孟武的民生史观属于唯物的技术史观，生存欲望似乎已经降至第二性。实际上，其目的是"以民生史观为根据，说明唯物史观的不完全，以三民主义的革命论做基础，说明阶级斗争的革命论的错误"③，这一观点随即得到周佛海的积极呼应。为了进一步诋毁唯物史观和有效地消弭国民党内关于民生史观的思想分歧，胡汉民主张融合"仁爱说"和"生存技术说"，以达到心物合一。由此，他把求生存的欲望看作历史进化的根本动力。这些观点，在本质上是要为国民党的反动统治提供理论支撑并压制马克思主义的传播，客观上起着很大的消极作用。在这种情况下，李达发表《民生史观》《民生史观和唯物史观》等文，坚持马克思主义的立场、观点和方法，超越和发展了孙中山的民生思想，实际上是对上述错误观点的

---

① 《孙中山全集 1924.1—1924.3》第二卷，中华书局 2006 年版，第 253 页。
② 萨孟武：《三民主义政治学》，新生命书局 1929 年版，第 10 页。
③ 萨孟武：《布尔札维克主义马克思主义与孙文主义》，《新生命》1928 年第 1 卷创刊号。

驳斥和否定。

李达站在理论的高度，运用唯物史观批判地对待孙中山民生思想中的唯心成分，大大挤压了国民党御用文人及政客所宣扬的民生史观的存在空间，也进一步丰富了自己民生思想的内涵。

（五）同时代中国著名马克思主义者的民生思想

李达作为一位坚定的马克思主义者，与中国共产党的其他早期领导人和第一代中央领导集体的主要成员或是交情匪浅，或是工作关系密切。他们的民生思想在不断交流中相互影响。如前所述，毛泽东的民生思想对李达产生了重要影响。这里主要阐述李大钊、陈独秀、周恩来和刘少奇等同时代中国著名马克思主义者的民生思想对李达的影响。

"民彝"是一个民族在长期的共同生活中逐渐形成的风俗、风尚、礼仪、习惯、道德、气节等的总和，深刻体现出群体素质和群体特点。"民彝"尊重个人的自由发展，但主要是指一种群体性的思维意识。李大钊民彝思想的产生，标志着他早期民生思想的重大发展。在《民彝与政治》一文中，李大钊全面阐述了这一思想，指出"盖政治者，一群民彝之结晶，民彝者，凡事真理之权衡也"①，"民之所以形成民的那种根本属性，是固有的，持常不变的，它高于一切，决定一切；一切随它转移，顺之者存，违之者亡"②。这种民彝思想，立足于民众的利益和需求，既是对人民主体地位的深层次理论探讨，也是民主政治的思想前提。在此基础上，李大钊形成了最能反映民生需求的无产阶级政治观。在《平民政治与工人政治》一文中，他指出工人政治是真正的平民政治，因为"此时的工人政治就是为工人，属于工人，由于工人的事务管理（Ergatocracy is the administration of the workers, for the workers,

---

① 《李大钊文集》上册，人民出版社1984年版，第159页。

② 中共中央党史研究室科研局编：《李大钊研究文集》，中共党史出版社1991年版，第116页。

by the workers）。因为那时除去老幼废疾者，都是作事的工人，没有阶级的统治了"[①]。无疑，李大钊上述以关注民心、民意、民权为支点的民生思想与李达社会主义思想中的民生内容有紧密的内在关联。

陈独秀很早就开始宣传帝国主义对中国民生的祸害。20世纪初，他相继发表了《瓜分中国》《说国家》《亡国篇》等文章，主张驱逐列强，追求民生幸福。而在《除三害》一文中，他把封建军阀列为当时中国社会的三害（即军人、官僚、政客）之首，指出当时的军人除"威吓长官，欺压平民，包贩烟土，包贩私盐"外，还"杀人放火，打家劫舍，无恶不作"，"直弄得全国人民除军人外都没有饭吃"。[②]上述观点成为中国共产党早期领导人的一个共识，在党的二大提出的民主革命纲领中有切实体现。陈独秀十分关注妇女问题，并提出了科学的解决办法，"讨论女子问题，首要与社会主义有所联络，否则离了社会主义，女子问题断不会解决的"[③]，"如果把女子问题分得零零碎碎，如教育、职业、交际等去讨论，是不行的，必要把社会主义作唯一的方针才对"[④]。陈独秀这种把解决妇女问题、实现妇女解放与社会主义运动相结合的论断，同李达的看法是完全一致的。

新中国成立后，周恩来高度关注民生问题。他阐明了社会主义经济与民生的辩证关系，一方面，发展经济与满足民生需要相互促进，"因为社会主义经济的唯一目的，就在于满足人民的物质和文化的需要，而为了充分满足人民的物质和文化的需要，又必须不断发展社会主义经济"[⑤]，"我们所以要建设社会主义经济，归根结底，是为了最大限度地满足整个社会经常增长的物质和文化的需要"[⑥]；另一方面，"如果不关心人民的当前利益，要求人民过分地束紧裤带，他们的生活不能改善甚至还要降低水平，他们要购买的物品

---

① 《李大钊全集》第四卷，人民出版社2013年版，第105页。
② 《陈独秀文章选编》上册，生活·读书·新知三联书店1984年版，第325页。
③ 《陈独秀文章选编》中册，生活·读书·新知三联书店1984年版，第104页。
④ 《陈独秀文章选编》中册，生活·读书·新知三联书店1984年版，第106页。
⑤ 《周恩来选集》下卷，人民出版社1984年版，第143页。
⑥ 《周恩来选集》下卷，人民出版社1984年版，第159页。

不能供应，那么，人民群众的积极性就不能很好地发挥，资金也不能积累，即使重工业发展起来也还得停下来"①。周恩来作为当时党和国家的主要领导人之一，站在经济和社会发展全局的高度形成的上述思想对李达民生思想的发展起着指导性作用。李达在《〈矛盾论〉解说》一文中，曾引用斯大林关于社会主义基本经济规律主要特点和要求的论断证实：最大限度地满足人民日益增长的物质文化生活的需要是社会主义社会基本经济规律运行的结果。

　　1954年，刘少奇等主持制定了新中国第一部宪法，即"五四宪法"。该宪法全面地规定了公民的基本权利和基本义务。他指出，社会主义法制完全能够保障公民权益的彻底实现，"为了正常的社会生活和社会生产的利益，必须使全国每一个人都明了并且确信，只要他没有违反法律，他的公民权利就是有保障的，他就不会受到任何机关和任何人的侵犯；如果有人非法地侵犯他，国家就必然出来加以干涉"②。他还认为，捍卫国家的统一和主权，维护各族人民根本利益，都离不开宪法的根本保障，"宪法草案宣布中华人民共和国是统一的多民族国家，并宣布各民族自治地方都是中华人民共和国不可分离的部分"③。当时，李达曾就任中央人民政府政务院法制委员会委员、中国新法学研究会副会长、中国新法学研究院副院长、中国政法大学第一副校长。在主抓法律工作的刘少奇的领导下，他积极宣传社会主义宪法的民生价值和人本精神，为新中国的法制建设及法制教育作出了很大贡献。

三、李达民生思想形成和发展的轨迹

　　对民生问题的思索，是自始至终贯穿于李达思想发展历程的一个基本问题。由此，对李达民生思想的探讨，必须对该思想的整条运行轨迹作一次大

---

①　《周恩来选集》下卷，人民出版社1984年版，第230页。
②　《刘少奇选集》下卷，人民出版社1985年版，第253页。
③　《刘少奇选集》下卷，人民出版社1985年版，第164页。

致刻画，以便从宏观上把握这一思想与特定历史时期特定历史情境的特定联
系，全面展现它的发展脉络。本书按照历史与逻辑相统一、理论与实际相统
一的原则，以李达对马克思主义、毛泽东思想的研究与宣传为主线，把李达
民生思想的发展历程与中国共产党领导的革命、建设进程相结合，将李达对
民生问题的理论探索与实践全过程分为以下四个阶段。

（一）结合科学社会主义理论的宣传阐述民生思想（1919 年 6 月—1924 年 1 月）

俄国十月革命的胜利，极大地提高了社会主义在全球的影响力。李大
钊、陈独秀、李达等中国先进知识分子开始积极传播科学社会主义。从
1919 年 6 月李达发表《什么叫社会主义?》和《社会主义的目的》这两篇文
章到 1924 年 1 月第一次国共合作实现，李达作为马克思主义"播火者"的
核心和骨干，始终站在理论斗争的最前线，运用马克思主义与错误思潮激烈
交锋，特别是在党的一大被选举为中央局宣传主任之后，李达全力以赴主持
党的宣传工作，结合科学社会主义理论的宣传着力阐述民生思想。

1919 年 6 月中旬，正当五四运动轰轰烈烈开展之时，李达发表了《什
么叫社会主义?》《社会主义的目的》两篇文章。他把社会主义看作一种生产
协作、生产资料公有、经济发展、人民自由幸福的理想社会，并概括和阐述
了社会主义的若干特征，从而指出社会主义与共产主义的差异；他还从民生
的角度对社会主义运动的出发点和归宿作出了较为明确的阐释。这两篇文章
既是科学社会主义即将在中国系统传播的风向标，又是李达民生思想初步形
成的标志。

中国共产党成立前夕，以梁启超、张东荪为代表的一些学者把国家社会
主义和工团主义糅合在一起，反对社会革命，打着社会主义旗号反对社会主
义。1920 年 11 月至 1921 年 5 月，李达发表《张东荪现原形》、《社会革命
底商榷》和《讨论社会主义并质梁任公》等文，全面系统地清算假社会主义

的理论体系。他痛斥了梁启超和张东荪等人"马克思主义不适合中国的国情"的谬论，批判了走资本主义道路是中国唯一出路的谰言，强调"中国现时社会实况与欧美略有不同"，"而社会主义运动的根本原则，却无有不同，而且又不能独异的"[①]；帝国主义侵略下的中国要想发展实业，"恐怕要糟到极点了"[②]，因为帝国主义并不乐见中国发展，并不乐见中国人民过上幸福生活，而是要让中国永远成为它们的附庸，要让中国人民永远成为它们的奴隶。

无政府主义，在20世纪初被资产阶级革命派当作一种社会主义学说介绍到国内后，凭借其纯粹的理想主义特征混淆视听、以假乱真，在青年知识分子中很有市场。李达通过《什么叫社会主义？》初步批驳了无政府主义，不久，他又发表了《社会革命底商榷》和《无政府主义之解剖》，阐述了马克思主义党的学说和国家观，论述了无产阶级专政的必要性和重要性，指出无政府主义的实质就是极端个人主义，怒斥其"一切国家都是祸害"的谬论，揭露了个人绝对自由的空想性和欺骗性。另外，李达还批评了无政府主义者在分配上的"各尽所能，按需分配"的绝对平均主义观点，阐述了在社会主义阶段实行"按劳分配"原则的必然性和必要性。

这时，国际社会主义运动中的右倾、"左"倾错误思想也波及中国思想界。这些错误思潮成为当时在中国传播科学社会主义的毒瘤。李达发表了《第三国际党（即国际共产党）大会的缘起》、《马克思还原》和《马克思派社会主义》等文章，谴责第二国际"竟和资本家妥协起来了，所以在实际上并不是社会主义"[③]，而是"改良主义""议会主义"；通过论述马克思主义的基本原理来揭露修正主义对马克思主义的歪曲、篡改和否定；着重从民生方面分析了修正主义产生的主客观原因；阐明了无产阶级民主和资产阶级民主

---

① 李达：《讨论社会主义并质梁任公》，载《李达文集》第一卷，人民出版社1980年版，第63页。

② 李达：《讨论社会主义并质梁任公》，载《李达文集》第一卷，人民出版社1980年版，第66页。

③ 李达：《第三国际党（即共产国际党）大会的缘起》，载《李达文集》第一卷，人民出版社1980年版，第27页。

的根本区别。

中国共产党成立之初，欧美社会主义运动中的极左派在柏林成立"第四国际"，反对科学社会主义。李达及时撰写了《评第四国际》，通过阐明无产阶级政党在农村的民生政策以及利用国家资本主义向社会主义过渡的民生政策，驳斥了第四国际对俄国新经济政策的非难，从而驳斥了第四国际否定党的领导的错误思想，也论述了坚持党的领导的必要性和重要性。

同时，李达译写了《列宁的妇人解放论》（译）、《劳农俄国的妇女解放》（译）、《社会主义的妇女观》（译）、《介绍几位女社会革命家》、《女权运动史》等文章和著作，主张走社会主义道路，实现妇女的全面解放；发表了《劳农俄国研究》、《俄国的新经济政策》、《日本政党改造之趋势》、《劳农会之建设》（译）、《对于全国劳动大会的希望》、《社会主义与江亢虎》等文章和著作，宣传科学社会主义理论、介绍苏俄的民生建设经验；还在《新时代》上先后发表了《何谓帝国主义》、《为收回旅大运动敬告国人》、《德国劳动党纲领栏外批评》（即《哥达纲领批判》）、《马克思学说与中国》、《中国商工阶级应有之觉悟》和《旧国会不死 大盗不止》等文章，将理论斗争的矛头直指民生困苦的祸源——帝国主义和封建主义，也宣传了党的民主革命纲领。

这一阶段，李达结合科学社会主义理论的宣传对民生思想的着力阐述，大大促进了进步青年和早期共产党人对马克思主义理论的了解与接受，提高了党员干部的理论水平。

（二）结合马克思主义哲学经济学的研究阐述民生思想（1924年1月—1945年9月）

中国共产党成立初期，马克思主义在中国大众化的时间很短，党在理论准备不足的情况下又立即投入革命实践之中，没有充足的时间和安定的环境来传播马克思主义。因此，系统地研究与介绍马克思主义哲学经济学，突出马克思主义以人为本的要义及其指导民生改善的科学性，成为革命发展的客观需要。由于李达不满陈独秀专断的家长制作风，又对第一次国共合作的"党内合作"方式产生思想抵触，特别是他过于重视理论，决定专心研究马克思主义理论，而不愿分心于革命的实际工作，1923 年秋，他脱离党组织，直到 1949 年 12 月才重新入党。其间，他仍坚持自己的信仰，在积极完成党组织安排给他的任务、绝不做对党不利的事情的前提下，专注于结合马克思主义哲学经济学的研究着力阐述民生思想。

1924 年 1 月起，随着第一次国共合作的实现，李达不再做党的宣传工作，他的研究方向开始转入马克思主义经济学。同年 10 月，李达翻译出版了日本学者高柳松一郎著的《中国关税制度论》，阐述了帝国主义主导和控制下的中国关税制度对民生的危害。

1924 年年初到 1926 年 6 月，李达先后在湖南公立法政专门学校、湖南第一师范学校讲授马克思主义哲学。他将这段时期的教案和研究成果编成专著《现代社会学》，经湖南现代丛书社出版。这是中国人结合本国革命实际系统论述唯物史观的首部专著。在这本著作中，他着眼于民生，把社会革命看作一个经济基础变革和政治制度变革并进的辩证统一过程，指出无产阶级在掌握政权后，要根据当时的产业状况和文化程度来决定具体的经济政策。特别是对于资本主义经济的处理，他结合中国的具体国情指出，中国是工业相当落后的农业国，建立无产阶级专政后，不能立即消灭而应当限制和利用资本主义，不能在生产力尚未充分发展的情况下就径行向共产主义过渡，否则，势必导致社会生产力衰退，人民生活水平下降，也有违社会革命的初衷。

1928 年，李达发表了《土地所有权之变迁》，《佃租论》（上、下篇），《土地问题研究》，《中国农业人口之阶级的分析》等文章，指出土地问题是一般民生问题中的主要问题，深刻认识到合理解决土地问题的必要性、紧迫性和重要性，运用马克思主义地租理论比较准确地把握了近代中国租佃问题的实质，对合理解决土地问题展开了有益的探讨。同年，他还发表了《中国所需要的革命》《完成民主革命！》《革命过程中的民主革命》等文章，阐述了发动革命和改善民生的辩证关系。

1929 年，李达出版了《中国产业革命概观》一书，比较系统地考察了中国产业革命的原因、过程、作用及前途等，以求探索革命理论，改善民生。他指出，革命目的在于改善民生，而解决民生问题的方法，关键在于发展产业。同年，他还发表了《社会之基础知识》《民族问题》等著作，对中国经济结构中的外国资本主义经济、封建经济和民族资本主义经济作了认真的考证，认为中国民族资本主义外遭西方资本主义经济的挤压，内受封建经济的阻碍，在中国经济中并没有起主导作用。这样，李达成为最早从经济学视域系统地分析近代中国社会形态的马克思主义理论家。

1928 年到 1930 年，为了使人民群众进一步认识中国革命、掌握改变自己命运的武器，李达还翻译出版了《法理学大纲》[（日）穗积重远著]、《社会科学概论》[（日）杉山荣著]、《现代世界观》[（德）塔尔海玛著]、《经济学批评》（即《政治经济学批判》，马克思著）、《农业问题之理论》[（日）河西太一郎著]、《经济学入门》[（俄）米哈列夫斯基著]、《马克思主义经济学基础理论》[（日）河上肇著]、《土地经济论》[（日）河田嗣郎著]、《理论与实践的社会科学根本问题》[（苏联）卢波尔著] 等书。

1935 年，李达的《经济学大纲》由北平大学法商学院出版。这是一部系统论述马克思主义经济学原理并在延安获得毛泽东推介的专著。在该著作的绪论中，他分析了近代产业发展的窘境：处在帝国主义宰割之下，工农业几近破产，在很大程度上被外国资本主义殖民地化了，然后指出，在这种特殊的产业发展状况下，中国人民寻求生路的问题，"不仅是一个经济问题，而是整个中国自求生存、自求解放的问题"①。这样，他把近代的经济民生与国家出路、民族前途联系起来，把民族独立看作近代产业发展、民生改善的必备前提之一。

1937 年 5 月，李达的《社会学大纲》由上海笔耕堂书店出版，不久被

---

① 李达：《经济学大纲》，武汉大学出版社 1985 年版，第 24 页。

毛泽东誉为"中国人自己写的第一本马克思主义哲学教科书"。在《社会学大纲》中，李达阐明了成书目的及意义：为了完成民族解放的崇高事业，"就必须用科学的宇宙观和历史观，把精神武装起来，用科学的方法去认识新生的社会现象，去解决实践中所遭遇的新问题，借以指导我们的实践"[①]，并确信该书能够适应这种需要。

这一阶段，李达结合马克思主义哲学经济学的研究着力阐述民生思想，并注重在时代界面上找到马克思主义民生理论与中国人民的行为方式的结合点，对毛泽东民生思想的形成和发展产生了积极作用。

（三）结合马克思主义法理学的研究阐述民生思想（1945 年 9 月—1949 年 10 月）

1946 年 1 月，由国民党、共产党及各民主力量参加的政治协商会议召开。会议确立起抗战胜利后中国民主宪政原则，这反映了共产党及各民主力量的共同主张，却动摇了国民党一党专政的根基，是对其根本法统和政治统治的否定。两个月后，蒋介石在国民党六届二中全会上宣称，政治协商会议制定的民主宪政原则"与五权宪法的精神相违背"，要"多方设法来补救"。"补救"方案之一，即决定由国民党中央机构指导最高行政部门的工作。这就从根本上否定了民主与法治，国民党统治的合法性出现严重危机，此后，人民民主运动不断高涨。历史证明，中国不可能成为宪政民主式资本主义国家，近代民主法治只能走向新民主主义的民主政治道路。李达作为马克思主义理论家，在湖南大学讲授法理学期间写成《法理学大纲》一书，揭示资产阶级法律思想固有的唯心主义哲学基础及其阶级实质，廓清了旧中国法统的反人民立场，既为建立新民主主义民主政治提供了理论依据，也使自己成为中国马克思主义法学的开拓者和带路人。

[①]《李达文集》第二卷，人民出版社 1981 年版，第 7 页。

李达从民生出发阐述了法理学研究的最大任务，即促进法律的改造，使法律适应于现实社会，把广大人民从悲惨的生活境遇中解救出来。他探究了法理学研究与无产阶级革命之间的内在统一性，即致力于为人民谋生存幸福。为了达成这个任务，他强调结合中国国情和时代特点，创新马克思主义法学理论，促进人的全面发展。

李达扼要地阐述了古希腊以来西方法理学说史，最后对西方法理学的主要流派展开了总批判，认为各派法理学的价值取向"是受他们的阶级的存在之经济条件所决定的"，"都是站在不公平的基础上去觅求公平的"。[①]

李达简明地阐述了马克思主义法理学的基本原理。他在谈到法律与国家的正确关系时指出：法律与国家是一个事物的两个方面，"具有不可分离的有机的联系"，"世界上有什么样的国家形态，必有与之相适应的法律制度"。[②]言下之意，只有建立人民政权，才能制定出真正体现人民利益和要求的法律。

这一阶段，李达通过考察法律关系的历史演变过程，阐明了阶级社会法律的本质与人民不自由不平等的有机联系，从而在法律层面上揭露和批判了剥削阶级自由平等的虚伪性。这实际上是控诉和声讨国民党反动派反人民的本性，也是对当时人民民主运动的有力声援。

（四）结合毛泽东思想的研究与宣传阐述民生思想（1949 年 10 月—1966 年 8 月）

毛泽东思想是马克思主义在中国的科学运用和创造性发展，指导中国人民成功地站了起来。新中国成立后，为了正确指导取得全国执政地位后的党的自身建设和新中国的建设，为了尽快使人民群众过上幸福生活，大力推进

[①] 李达：《法理学大纲》，法律出版社 1983 年版，第 86 页。
[②] 李达：《法理学大纲》，法律出版社 1983 年版，第 87 页。

毛泽东思想的大众化成为形势发展的必然要求。1951 年 2 月,《中共中央关于健全各级宣传机构和加强党的宣传教育工作的指示》发布,把宣传毛泽东思想摆在理论教育的首要位置。同年 3 月,在《中共中央关于加强理论教育的决定的通知》中,再次强调要深化毛泽东思想的教育,并认为这是提高认识和改进工作的根本方法。李达深谙马克思主义理论,熟知毛泽东思想解决民生问题的理论价值和应用价值,深刻认识到科学解读毛泽东著作的现实紧迫性,在结合毛泽东思想的研究与宣传着力阐述民生思想方面走在了当时理论界的最前头。

李达任职湖南大学校长时撰写的《学习社会发展史》一文重点突出了群众观点的重要性,指出"为了很好地为人民服务,就必须搞好对群众的关系。第一,不要犯先锋主义的错误;第二,不要作群众的尾巴","还必须向群众学习,尤其要向工农群众学习"。① 他的这一看法,既是正确学习毛泽东思想的中国社会观的关键,也是调动群众的积极性、主动性和创造性的思想前提。

李达发表《读〈为争取千百万群众进入抗日民族统一战线而斗争〉》,强调"在当年和平条件取得之后,要彻底认识'争取民主'是建立抗日民族统一战线中新阶段的中心环节,是非常重要的"②,"因为人民固然要抗日,也更要民主,不民主人民则不得起来,抗日民族统一战线不得形成,而抗日也无法得以实现"③。李达的观点说明,实现人民当家作主是民生在政治上获得改善的根本体现。

李达在《读〈怎样分析农村阶级〉》一文中,着重突出了毛泽东根据中国农村的实际情况,运用马克思主义的立场、观点和方法对农村中的各阶级

---

① 李达:《学习社会发展史》,载《李达文集》第四卷,人民出版社 1988 年版,第 26 页。

② 李达:《读〈为争取千百万群众进入抗日民族统一战线而斗争〉》,载《李达文集》第四卷,人民出版社 1988 年版,第 163 页。

③ 李达:《读〈为争取千百万群众进入抗日民族统一战线而斗争〉》,载《李达文集》第四卷,人民出版社 1988 年版,第 162 页。

进行深入细致分析的过程，也充分肯定了《怎样分析农村阶级》的实践意义，即"主要地是它从轰轰烈烈的斗争实践中来，而立刻又到轰轰烈烈的实践中去"①，"不仅纠正了过去的不良偏向，而且为以后两次颁布土改法立下了有力的张本"②。

李达还发表了《〈实践论〉——毛泽东思想的哲学基础》、《〈实践论〉解说》、《〈矛盾论〉解说》、《〈矛盾论〉——革命行动和科学研究的指南》和《怎样学习〈矛盾论〉?》等文章与著作，对毛泽东哲学思想的人本精神进行了深入解读。在这些著作中，李达突出了毛泽东哲学思想对人的自觉能动性和个性解放的高度肯定，对人民群众生活与命运的特别关注，对实现人的尊严和自由平等权利的执着追求。显见，李达大力推崇毛泽东哲学思想在中国人民争取自由解放、实现人的自由全面发展中所起的指向性作用。

1960年，他发表了《努力学习，学以致用——谈学习毛泽东同志的著作》和《怎样学习毛泽东思想》，认为学习和运用毛泽东思想的根本方法是"到群众中去，到工厂和农村中去，同工农群众同劳动，同命运，共呼吸，诚心诚意向工人农民学习"③。这实际上是主张把实事求是与群众路线运用于民生建设的理论学习中和社会实践中，从而树立起学习毛泽东思想的标杆。

李达特别注重把毛泽东思想正确运用于新中国高等教育管理的实践。1958年8月，毛泽东在天津大学考察时提出，教育要与生产劳动结合起来。不久，他进一步把教育与劳动相结合、党的领导和群众路线归纳为教育必须坚持的三大原则。但是由于有人片面理解毛泽东教育思想，教育领域出现了师生关系紧张、社会活动过多、生产劳动过多等现象，从而打乱了正常的教育秩序，导致教学质量下降。为了及时而有效地纠正这种错误倾向，李达提

---

① 李达：《读〈怎样分析农村阶级〉》，载《李达文集》第四卷，人民出版社1988年版，第172页。

② 李达：《读〈怎样分析农村阶级〉》，载《李达文集》第四卷，人民出版社1988年版，第172页。

③ 李达：《怎样学习毛泽东思想》，载《李达文集》第四卷，人民出版社1988年版，第742页。

出：要努力改善师生关系，尊师爱生；要认真读书，德才兼备；教学应当成为学校一切工作的中心。① 他还认为，真正贯彻毛泽东高等教育思想，必须坚持德、智、体全面发展，坚持理论联系实际，坚持知识分子与工农相结合，坚持脑力劳动与体力劳动相结合。李达这种把高等教育积极融入民生的观点，对于高等教育的发展具有长远的指导意义。

这一阶段，李达坚持为人民服务的宗旨、创造性地解读毛泽东思想，获得毛泽东的充分肯定："这个《解说》极好，对于用通俗的言语宣传唯物论有很大的作用。"② 此外，李达在解读毛泽东思想时所采用的理论联系实际的方法也有力地说明，毛泽东思想有助于分析和解决现实的民生问题，值得人们不断研习。

综上所述，在李达民生思想形成和发展的历程中，坚持贴近民生问题、反映群众利益、呼应群众诉求以推进马克思主义大众化成为一条主线，这是凝聚各族人民的力量为实现民族独立和人民解放、国家富强和人民共同富裕而奋斗的关键，这也充分显示了李达博闻多识的理论视野、深厚扎实的学术功底、坚定执着的理想信念和为国为民的高尚情怀。正因为如此，李达民生思想获得了丰富而深刻的内容。

---

① 参见宋镜明：《李达》，河北人民出版社 1997 年版，第 243 页。
② 《毛泽东文集》第六卷，人民出版社 1999 年版，第 154 页。

第二章
政治视域下李达民生思想的主要内容

　　李达是中国共产党的主要创始人和早期重要领导人之一，也是一位卓有建树的马克思主义理论家。五四运动爆发后，李达积极参与中国共产党的创建和马克思主义特别是科学社会主义在中国的传播，逐步形成自己的社会主义思想、与实现社会主义密切相关的革命思想以及与无产阶级革命思想具有内在统一性的马克思主义法理学思想。李达的这些思想，既有对未来民生幸福的美好构想，也有对现实民生根本改造的具体规划，都着眼于宏观的社会政治改造，从政治视域构建起李达民生思想的一方面主要内容。

一、民生是社会主义的旗帜

　　李达遵循马克思主义的基本立场、观点和方法，着眼于生产力和生产关系的相互作用及其矛盾运动，对社会主义理论进行了比较深入的研究，形成了他的社会主义思想。从李达所发表的《什么叫社会主义?》《社会主义的目的》《讨论社会主义并质梁任公》《〈矛盾论〉解说》《社会主义革命与社会主义建设的共同规律》等文章看，其社会主义思想的基本观点和主要内容呈现出清新明亮的民生基调。

（一）社会主义思想的基本理念是注重民生

十月革命后特别是五四运动时期，在以李大钊为代表的早期共产主义者推动下，马克思、恩格斯创立的科学社会主义理论在中国由零星而片面的介绍转向广泛而系统的传播。李达在 1919 年发表的《什么叫社会主义?》一文中，从社会主义的概念入手，把社会主义社会看作一种生产协作、生产资料公有、经济发展、人民自由幸福的理想社会，并概括和阐述了社会主义的若干特征。

一是劳动万能。李达认为，"社会主义，是反对资本万能主义，主张劳动万能主义"①。李达并不否认土地、资本在社会生产经营中的重要作用，也不认同劳动是一切财富的唯一源泉。他曾强调，"土地是人类求生存的根本手段"②，从而指出土地也是创造财富的源泉之一。李达强调劳动万能，体现了他对处于恶劣的劳动条件和生存环境中的劳动阶级的深切同情，也反映了他对"劳工神圣"的道德价值标准的推崇。道德价值标准必然要求制度保障。李达呼吁劳动万能，应当是他认为社会主义在个人消费品的分配上必须实行按劳分配制度的另一种表达。历史地看，与人类最美好的共产主义社会制度实行的按需分配相比，按劳分配虽有其局限性，但大大抑制了剥削，维护了劳动者的自由平等，解放和发展了社会生产力，相对于资本万能，是一个巨大的进步。

二是社会公有。李达认为，"社会主义，是反对个人独占主义，主张社会公有主义"③，"因为独占生产手段的阶级对于无所有者的阶级，必须在法律上设定不同的身份，以巩固其榨取的方法"④。可见，剥削源于生产资料的私有。只有打破私有制，才能消除剥削，消除压迫，人人参加劳动，共同占

---

① 李达：《什么叫社会主义?》，载《李达文集》第一卷，人民出版社 1980 年版，第 1 页。
② 李达：《佃租论》，载《李达全集》第四卷，人民出版社 2016 年版，第 276 页。
③ 李达：《什么叫社会主义?》，载《李达文集》第一卷，人民出版社 1980 年版，第 1 页。
④ 李达：《社会学大纲》，载《李达全集》第十一卷，人民出版社 2016 年版，第 275 页。

有生产生活资料。李达从改变劳动者的悲惨命运出发，认定创造社会财富的劳动者不仅应当拥有财富的所有权，而且其生存状况、阶级地位都必须适应"劳工神圣"的道德价值标准。从李达思想发展的轨迹来看，这个观点立足于从经济上保障人民权益。李达在接触马克思主义理论之初，从社会主义社会异于共产主义社会的角度认为，社会主义应该保留私有财产，因为"社会主义是主张共同的生产及支配……社会主义是主张全废私有资本，没有主张全废私有财产"①。显然，李达的这一认识非常接近马克思主义创始人所阐释的"个人所有制"理论，是他在马克思主义理论学习中通过读原著、学原文、悟原理得出的颇有新意的观点。李达对公有制的认识深受马克思主义创始人相关观点的影响。社会主义基本制度在中国确立之后，他在论述不同国家社会主义革命与社会主义建设的共同规律时曾提到，"向社会主义过渡，实质上是由生产资料的私有制到社会主义所有制的过渡"②。"社会主义所有制"实际上指的是公有制。李达当时对社会主义所有制的认识，受斯大林模式的影响，有一定局限性，这是理论上的遗憾，更是实践上的遗憾。

三是人的自由发展。李达认为，"社会主义，是打破经济的束缚，恢复群众的自由"③。他立足于社会发展和人的发展，强调为建成社会主义和共产主义，必须发展国民经济，而"提高劳动人民的物质生活和文化生活的水平，这不论在什么样国家都必须遵守的共同规律"④。李达强调，"提高劳动人民的物质生活和文化生活的水平"是各国必须遵循的共同规律，更是社会主义国家必须遵循的规律，是社会主义建设的根本目的，这就触及了科学社会主义的本质。显见，李达较早地从社会主义建设规律的角度来认识民生问题。这体现了他对社会主义建设规律的深刻把握。"社会主义，是打破经济的束缚，

---

① 李达：《什么叫社会主义？》，载《李达文集》第一卷，人民出版社 1980 年版，第 1 页。

② 李达：《社会主义革命与社会主义建设的共同规律》，载《李达文集》第四卷，人民出版社 1988 年版，第 561—562 页。

③ 李达：《什么叫社会主义？》，载《李达文集》第一卷，人民出版社 1980 年版，第 1 页。

④ 李达：《社会主义革命与社会主义建设的共同规律》，载《李达文集》第四卷，人民出版社 1988 年版，第 562 页。

恢复群众的自由"，这里的自由不仅是物质上的自由，还应当包括精神上的自由。而物质生活的逐步改善，必将使人民群众在文化生活中得以积极开展创造性活动，"劳动大众在社会主义建设过程中的独立的活动性与创造性，在提高大众的文化水准上，尽着决定的任务"①。

四是无产阶级专政。这个特征注重从国家机器的角度来认识社会主义的性质。李达关于无产阶级专政的主张反映了真马克思主义者科学社会主义观点与假社会主义者无政府主义观点的对立。无政府主义反对包括无产阶级政权在内的任何类型、任何性质的国家政权，因此遭到马克思主义经典作家的尖锐批判。李达运用马克思主义的立场、观点和方法，揭示了社会主义在政治上的一个基本特征："建立劳动者的国家，实行无产阶级专政。"② 以此为基础，李达指出无产阶级专政的社会主义国家肩负着发展生产力、改善民生的历史任务，即"无产阶级借政治的优越权……将一切生产工具，集中到劳动者的国家手里，用最大的加速度，发展全生产力"③，不断提高人民生活水平。不仅如此，他还强调了无产阶级专政的历史性，一旦人类进入共产主义社会，"没有阶级差别，生产力完全发达，人人皆得自由发展。国家这种东西自然消灭，自由的社会自然实现了"④。李达认为共产主义社会实现了人的自由而全面发展，人民的生活水平达到极致，无产阶级专政作为一种国家形态，必定会走向消亡。

李达对社会主义主要特征的上述概括，将改变生产关系与解放和发展生产力统一起来，将打破私有制的社会革命和提高劳动人民物质文化生活水平的目的结合起来，将经济社会发展与人的自由发展融通起来。这一概括虽然没有完全紧密结合当时中国的基本国情，却体现了李达对社会主义本质特征的初步把握。同时，上述概括也从一个侧面表明，中国早期共产主义者投身

① 李达：《社会学大纲》，载《李达文集》第二卷，人民出版社1981年版，第609页。
② 李达：《马克思还原》，载《李达文集》第一卷，人民出版社1980年版，第31页。
③ 李达：《马克思还原》，载《李达文集》第一卷，人民出版社1980年版，第31页。
④ 李达：《马克思还原》，载《李达文集》第一卷，人民出版社1980年版，第31页。

于社会主义运动的精神动力是为人民求解放谋幸福。不难看出，注重民生是贯穿李达社会主义思想的一个重要特征。

（二）社会主义运动的主要着眼点是消除贫富悬殊

社会主义运动，是在科学社会主义理论指导下争取建立和完善社会主义制度的社会运动。它既属理论范畴，也属实践范畴；既是一个社会运动过程，也是一种社会制度。中国早期共产主义者在积极投身于社会主义运动实践的同时，比较系统地对社会主义思想进行了初步研究。李达在《社会主义的目的》一文中，从民生的角度对社会主义运动有较为明确的阐释："社会主义有两面最鲜明的旗帜，一面是救济经济上的不平均，一面是恢复人类真正平等的状态。"[①] 在李达看来，社会主义运动的基本目标是使人民在经济上摆脱贫穷，在政治上实现人人平等。

李达指出，两极分化现象的出现是资本主义制度运作的必然结果。西欧的资产阶级革命废除了专制王权和封建特权，却也为资本的剥削铺平了道路。工业革命使资本主义经济快速发展，却也使社会弊端日益显现：一方面是农村荒废，"另一方面是无产阶级的组织和反抗、工场法和劳动组合法的发布、经济恐慌、同盟罢工、失业问题、贫穷的增加、民主革命的胜利、劳动者的政治运动等"[②]。李达从建立合理的经济基础的角度，提出了消除贫富悬殊的制度保障，强调坚持社会主义的公有制，"社会主义在根本改造经济组织谋社会中最大多数的最大幸福，实行将一切生产机关归为公有，共同生产共同消费"[③]。"社会主义的界说是：实行将一切生产机关收归社会公有，共

---

① 李达：《社会主义的目的》，载《李达文集》第一卷，人民出版社 1980 年版，第 5 页。

② 李达：《中国产业革命概观》，载《李达文集》第一卷，人民出版社 1980 年版，第 390 页。

③ 李达：《讨论社会主义并质梁任公》，载《李达文集》第一卷，人民出版社 1980 年版，第 61—62 页。

同生产，共同消费"①。显然，李达把公有制看作消灭剥削、平衡收入分配的制度前提。科学社会主义表明，公有制是社会主义的制度属性，"谋社会中最大多数的最大幸福"是社会主义的价值属性。在李达的社会主义思想中，这两种属性不可分割地统一在一起。李达以民生为思想旗帜和价值目标，体现了以人为本的社会主义人文诉求，也呼应了当时中国社会的现实需要，并具有当代价值。

新中国成立后，李达在《〈矛盾论〉解说》中从矛盾论的观点出发，提出了"社会主义社会的本质"的概念。李达认为，社会的本质是由它自身的特殊矛盾所决定的，社会主义社会的本质"由那种和剥削阶级统治的社会的矛盾根本不同的特殊矛盾所规定"②。李达在这里没有进一步地明确论述社会主义社会的特殊矛盾，这说明李达自己还没有意识到社会主义本质问题是一个深刻影响社会主义建设进程的重大理论问题。但是在《〈矛盾论〉解说》"对抗在矛盾中的地位"这一章中，李达引用了斯大林《苏联社会主义经济问题》中的主要观点，即"用在高度技术基础上使社会主义生产不断增长和不断完善的办法，来保证最大限度地满足整个社会经常增长的物质和文化的需要"③。李达还提出，要通过生产力和生产关系矛盾的不断解决，促进社会主义生产不断增长和民生持续改善。在李达看来，在社会主义社会，剥削阶级已经被消灭，社会主要矛盾就不再是阶级矛盾，而应是生产力与生产关系的非对抗性矛盾，这才能够反映社会主义的本质。李达关于社会主义本质的概念表述，已经触及社会主义的深层内涵，显示出他作为马克思主义理论家思考社会主义的一个新角度。

李达强调"救济经济上的不平均"，并不是主张搞平均主义。他在《社会学大纲》中指出，社会主义社会虽然遵循按劳分配，但"劳动的支付，也

---

① 李达：《社会主义与江亢虎》，载《李达文集》第一卷，人民出版社1980年版，第232页。

② 李达：《〈矛盾论〉解说》，载《李达文集》第四卷，人民出版社1988年版，第224页。

③ 李达：《〈矛盾论〉解说》，载《李达文集》第四卷，人民出版社1988年版，第369页。

并不是不分劳动的性质和资格而一律'平等'的"①。换言之，按劳分配，不是仅仅依据劳动的数量，而是根据数量、性质、资格等多项指数综合衡量的结果。这就有力驳斥了那些蓄意使社会主义与平均主义纠缠不清的谬论。李达也认为，纯粹的按劳分配会导致不公平，"因为把劳动当作尺度使用，这就于不知不觉之中，把不平等的个人的天分和劳动能力，认作'自然的特权'了"②。从某种程度上讲，这个观点为后来社会主义改革中以按劳分配为主体、多种分配方式并存的个人收入分配制度的出现留下了思考空间，也成为马克思主义经济理论中国化过程中出现的"效率优先，兼顾公平"思想的起点。当然，在社会主义实践中，怎样既坚持按劳分配原则，又避免分配中的平均主义倾向，则是在经历长期探索、付出一定代价之后，才基本上有了比较科学的解答。

（三）社会主义制度是谋人类之生存幸福的最基本保障

马克思、恩格斯从维护人民当家作主的角度阐述了社会主义革命的任务，指出："无产阶级将取得国家政权，并且首先把生产资料变为国家财产"③，"国家真正作为整个社会的代表所采取的第一个行动，即以社会的名义占有生产资料"④。马克思主义创始人的这一思想，显然被李达等早期共产主义者所接受。李达曾指出："社会主义为现代资本主义经济组织直接之产物，所以谋人类之生存幸福而以废除私产为目的者也。"⑤ 也就是说，用社会主义代替资本主义的出发点在于消灭私有制，为社会中绝大多数人谋取最大幸福。这也表明了李达等早期共产主义者信仰社会主义的初衷。

---

① 李达：《社会学大纲》，载《李达文集》第二卷，人民出版社 1981 年版，第 459 页。
② 李达：《社会学大纲》，载《李达文集》第二卷，人民出版社 1981 年版，第 461 页。
③ 《马克思恩格斯选集》第 3 卷，人民出版社 1995 年版，第 754 页。
④ 《马克思恩格斯选集》第 3 卷，人民出版社 1995 年版，第 631 页。
⑤ 李达：《现代社会学》，武汉大学出版社 2007 年版，第 138 页。

李达从为民生谋幸福的出发点阐释了社会主义经济制度的有机构成。其一，在所有制结构上，李达通过对苏俄社会主义建设实践的经验总结，认识到问题的复杂性。十月革命胜利后，列宁对社会主义社会的所有制结构进行了符合本国实际情况的探索，提出社会主义公有制可以有国家所有、合作社所有两种形式的观点。新经济政策的实施表明，苏俄已经建立起多种所有制并存的所有制结构。李达较早地意识到了这一点。他指出，苏俄的新经济政策允许个体经济和私人经济的存在与发展，有益于发展生产力，"万无危及苏维埃政府存在的危险"①。苏俄是要引导它"向着国家资本主义的道路，而且预备在近的将来将他变为社会主义的"②。李达还根据苏俄的实践经验指出，对中国来说，"即使革命能够实现……对于小资产阶级的资产，在过渡的时期内不特不收没而且许其发展的"③。这表明，李达在很大程度上科学地预见了中国革命胜利后非公有制经济存在和发展的必然性。当然，总的来看，斯大林模式深刻地影响了李达对社会主义公有制的认识，这是社会主义制度发展史上的历史性局限。其二，在分配制度上，李达认为社会主义社会实行基于自由平等的按劳分配制度。在李达看来，社会主义生产力还不十分发达，社会产品还不十分丰富，是实行按劳分配制度的社会历史条件。李达的上述认识与马克思主义创始人的认识是一脉相承的。李达结合马克思主义理论及苏俄社会主义建设的实践，认为社会主义按劳分配方式存在着一定的局限性。李达在《社会学大纲》中指出，如果使劳动成为一种尺度，个人与个人之间不平等的天分和劳动能力就会在不知不觉中成为自然特权，会在民生方面造成大量新的不公平。李达从苏俄社会主义建设实践中认识到，社会主义的按劳分配可以而且应当诉诸商品货币关系来实现，社会主义社会需要

---

①　李达：《俄国的新经济政策》，载《李达文集》第一卷，人民出版社1980年版，第120页。

②　李达：《俄国的新经济政策》，载《李达文集》第一卷，人民出版社1980年版，第119页。

③　李达：《社会主义与江亢虎》，载《李达全集》第三卷，人民出版社2016年版，第139页。

重视商业在落实按劳分配制度中的作用，因为社会主义社会的商业，"是发展社会主义工业的工具，是为社会主义蓄积而动员内在的资源的手段"①。在经历了较长一段时间的探索之后，李达这一认识被证明总体上是符合社会主义社会发展实际的。

李达在接受马克思主义不久，就较为科学地把握了社会主义政治制度的根本特征。伴随着社会主义民生建设实践的不断发展，李达对社会主义政治制度的认识也进一步深化。首先，李达初步阐明了无产阶级专政的实质。他认为，要实现社会主义的目标，必须通过无产阶级革命来建立无产阶级专政。他指出，无产阶级专政实际上就是无产阶级的民主主义。"这是社会上勤劳的多数者的民主主义，是对于少数者的专政，是对于旧榨取者的专政"②。显然，这时的李达认识到无产阶级专政的实质是多数劳动者对于少数剥削者的专政，是民主与专政的统一。不难看出，这与毛泽东后来阐述的人民民主专政概念的内涵已经相当接近。李达阐述的"多数者的民主主义，是对于少数者的专政"这个观点的实践意义在于，在社会主义运动的实践中，建立起多数劳动者对于少数剥削者的专政，是为"谋社会中最大多数的最大幸福"的最可靠最基本的制度保障。其次，李达阐述了马克思主义创始人关于社会主义制度下首要任务是发展生产力的思想。他说，无产阶级掌握政权后，首先必须"从资本阶级夺取一切资本，把一切生产工具集中到无产阶级的国家手里，用大速度增加全部生产力"③。他视社会主义为发展生产、改善民生的最佳手段。他强调，"就中国现状而论，国内新式生产机关绝少，在今日而言开发实业，最好莫如采用社会主义"④。而新的社会制度之所以能够代替旧制度，源于它比旧制度能够更好地发展生产力、"谋社会中最大多数

①　李达：《社会学大纲》，载《李达文集》第二卷，人民出版社1981年版，第450页。
②　李达：《社会学大纲》，载《李达文集》第二卷，人民出版社1981年版，第547页。
③　李达：《讨论社会主义并质梁任公》，载《李达文集》第一卷，人民出版社1980年版，第73页。
④　李达：《讨论社会主义并质梁任公》，载《李达文集》第一卷，人民出版社1980年版，第65页。

的最大幸福"。最后，李达阐明了共产党的领导在社会主义政治制度中的地位和作用。李达早在接受和宣传马克思主义理论之初，就阐述了共产党在追求人民的解放和幸福事业中的性质与作用等问题。在苏俄社会主义建设实践中，李达进一步认识到"普罗列达里亚专政之主要的根本的标志，就是共产党的指导"①。这一看法符合马克思主义政党学说的核心观点。更为难得的是，李达还对共产党领导地位的实现途径进行了理性思考。他指出，"党的指导是完全基于普罗列达里亚与其前卫之间的相互信赖"② 而实现的。在这里，李达在阐明怎样实现党的领导作用时，明确表达了"无产阶级专政不等于党的专政"的观点。

李达立足于满足人民的精神文化生活需求阐释了社会主义文化制度的基本特征。首先，李达从意识形态的角度分析了社会主义文化制度的人民性。李达认为，社会主义文化制度"是在精神劳动与肉体劳动的差别之克服的基础之上成长起来的"③，与建立在精神劳动和肉体劳动分离基础上的旧文化制度有着本质上的区别；在社会主义文化制度的引导下，人们对待劳动的态度发生了极大的变化，"劳动从以前可耻的痛苦的重担，转变为名誉的、光荣的、英勇的事情了"④。在此基础上，李达认为，人民对于劳动的这种态度构成了无产阶级道德的基础。这实际上指出了社会主义文化制度的人民性。其次，李达从文化创造主体的角度分析了社会主义文化制度的先进性。李达指出："劳动大众在社会主义建设过程中的独立的活动性与创造性，在提高大众的文化水准上，尽着决定的任务。"⑤ 李达的这一观点，触及了社会主义文化的创造主体问题，点明了社会主义文化与旧文化的又一显著区别。最后，李达从意识形态的角度分析了社会主义文化制度中马克思主义在意识形态领

---

① 李达：《社会学大纲》，载《李达全集》第十二卷，人民出版社 2016 年版，第 417 页。
② 李达：《社会学大纲》，载《李达全集》第十二卷，人民出版社 2016 年版，第 417 页。
③ 李达：《社会学大纲》，载《李达全集》第十二卷，人民出版社 2016 年版，第 467 页。
④ 李达：《社会学大纲》，载《李达全集》第十二卷，人民出版社 2016 年版，第 467 页。
⑤ 李达：《社会学大纲》，载《李达全集》第十二卷，人民出版社 2016 年版，第 465 页。

域的地位问题。从李达民生思想的发展历程来看，他运用马克思主义的立场、观点和方法，始终坚持马克思主义在意识形态领域中的主导地位。李达指出，马克思主义"是工人阶级思想的体系，只有工人阶级和完全站在工人阶级立场的人们，才能把所学得的关于这个科学的知识作为行动的指南，把知识和行动统一起来"[①]。这不仅阐明了马克思主义在意识形态领域的主导地位，而且强调了运用马克思主义理论解决社会民生问题的重要性。

（四）社会主义社会的根本目的是改善民生

邓小平曾强调："不发展生产力，不提高人民的生活水平，不能说是符合社会主义要求的。"[②] 李达在《讨论社会主义并质梁任公》一文中，也表明了中国早期共产主义者信仰社会主义的初衷。他指出，"中国无产阶级所受的悲惨，比欧美日本的无产阶级所受的更甚"[③]，"要想为中国无产阶级谋幸福而除去一切悲痛，首先就要使他们获得生活必需的资料。要使他们获得生活必需的资料，首先就要开发生产事业"[④]。即是说，社会主义社会改造经济组织的根本目的在于"谋社会中最大多数的最大幸福"。这个观点的实践意义在于，中国共产党争取建立和努力建设社会主义的一切活动，归根到底，都是为了解放和发展社会生产力，改善民生。

李达在接触马克思主义之初，曾指出救济经济上的不平均、实现人类真正平等是社会主义最鲜明的两面旗帜。这个认识是基于社会主义目的进行思考而得出的。这在《现代社会学》中有更直接的表述："所谓自由平等博

---

① 李达：《〈矛盾论〉解说》，载《李达文集》第四卷，人民出版社 1988 年版，第 302 页。

② 《邓小平文选》第三卷，人民出版社 1993 年版，第 116 页。

③ 李达：《讨论社会主义并质梁任公》，载《李达文集》第一卷，人民出版社 1980 年版，第 62 页。

④ 李达：《讨论社会主义并质梁任公》，载《李达文集》第一卷，人民出版社 1980 年版，第 63 页。

爱之社会实即共产社会也。社会进化之极致必将达于共产社会"①，"社会主义唯一目的，在将私有资本收归公有"②。这个结论体现了科学社会主义中公正、平等的价值取向。李达毕生都在追求科学社会主义的这一价值目标。此后，他通过进一步研究马克思学说与中国经济状况，运用马克思主义的立场、观点和方法去考察中国的具体国情，分析中国近代社会性质和近代中国社会问题的特殊性。李达这种求真务实的做法最早可以追溯到1926年撰写《现代社会学》的时候。李达认为，中国近代社会的特性根源于它的半殖民地性，而认清中国国情的关键就在于认识与把握这种特殊性。自此，李达把自己对社会主义的认识贯穿于对中国共产党领导的革命和建设实践问题的理论探索之中，体现了他作为马克思主义理论家把理想和现实结合起来考察的努力。新中国成立之后，李达继续致力于马克思主义理论的研究和探索，同时积极投身于改善民生的伟大实践之中，践行着他对社会主义价值目标的不懈追求。

李达从生产和消费的关系出发阐述了发展生产力与改善民生之间的联系。他在《社会学大纲》中指出，生产是消费的前提，"没有生产，就没有消费。生产必须继续扩大，人们的消费才能随着扩大"③。这个观点反映了唯物史观的一条基本原理，即生产决定着消费，生产量决定着消费量，生产结构决定着消费结构。这也意味着李达从某种意义上点明了发展生产力与改善民生之间的联系，即改善民生需要坚实的物质基础，而奠定强大的物质基础还得靠社会生产力的发展。在此基础上，李达论证了社会产生和发展的原动力问题。他在论述生产力和生产关系的矛盾引起经济构造的变革时明确强调，"生产力与生产关系的矛盾，正是社会发展的原动力"④。他还在分析社会发展的原因时指出，"社会发展的原动力存在于社会的劳动过程的内的关联

---

① 李达：《现代社会学》，载《李达全集》第四卷，人民出版社2016年版，第188页。
② 李达：《现代社会学》，载《李达全集》第四卷，人民出版社2016年版，第149页。
③ 李达：《社会学大纲》，载《李达文集》第二卷，人民出版社1981年版，第378页。
④ 李达：《社会学大纲》，载《李达文集》第二卷，人民出版社1981年版，第398页。

之中，存在于适应生产力的特定发展阶段的特定生产关系的特殊性之中"①。更加难得的是，李达引导人们着眼于社会主义基本制度来进一步理解发展生产力与改善民生之间的联系。

李达认为，社会主义社会是实现发展生产力与提高人民生活水平的有机结合。众所周知，生产力是人类社会一切阶段存在和发展的物质基础。如果孤立地看待生产力的发展，就很难区分不同性质的社会。由此，判断一种社会形态的历史进步性的主要依据，是当时的社会生产是为少数人的生活服务还是为大多数人的生活服务。李达多次强调社会主义生产的发展与广大人民生活水平的提高两者之间的同步性。20 世纪 30 年代中期，他在研究社会主义经济时描述过苏联"二五计划"即将完成的情形，"在那里，一切工场都在加速度地生产着，工人失业的现象早已绝迹，大众的生活水准日益增高"②。他在宣传"五四宪法"时说："在社会主义条件下，社会生产在人类历史上第一次处于社会有意识的控制之下，并为劳动者服务来满足他们日益增长的需要。"③20 世纪 50 年代后期，他在总结苏联社会主义革命与社会主义建设的基本经验时指出，其中之一，是"无产阶级和共产党领导的国家，领导人民群众有计划地发展社会主义经济和社会主义文化，在这个基础上逐步地提高人民的生活水平"④。李达的上述结论，蕴含着社会主义条件下提高人民生活水平的根本途径乃至社会主义的要义都是发展生产力的观点。这也就划出了科学社会主义与剥削制度、与"贫穷的社会主义"一类非科学社会主义的界限，基本遵循了科学社会主义的本质要求。

李达结合社会主义社会基本矛盾的运动发展论述了民生的改善与社会主义社会建设规律的固有关系。在《〈矛盾论〉解说》一文中，他引用斯大林

---

① 李达：《社会学大纲》，载《李达文集》第二卷，人民出版社 1981 年版，第 352 页。

② 李达：《经济学大纲》，载《李达全集》第十三卷，人民出版社 2016 年版，第 14 页。

③ 李达：《中华人民共和国宪法讲话》，载《李达全集》第十八卷，人民出版社 2016 年版，第 163—164 页。

④ 李达：《社会主义革命与社会主义建设的共同规律》，载《李达文集》第四卷，人民出版社 1988 年版，第 556 页。

关于社会主义基本经济规律主要特点和要求的论断——"用在高度技术基础上使社会主义生产不断增长和不断完善的办法，来保证最大限度地满足整个社会经常增长的物质和文化的需要"①，即是说，最大限度地满足人民日益增长的物质文化生活的需要是社会主义社会基本经济规律运行的结果。他还指出，在社会主义社会，通过生产力和生产关系矛盾的不断解决，生产力获得极大发展，"因而可以促进社会由'各尽所能，按劳分配'的阶段迈进到'各尽所能，按需分配'的阶段"②。换言之，民生的改善是社会主义社会的内在要求和必然归趋。

（五）坚持中国共产党的领导是谋人类之生存幸福的根本保证

社会主义运动离不开共产党的领导，共产党的领导是社会主义的题中应有之义。共产党的根本宗旨是全心全意为人民服务。马克思曾强调无产阶级的领导者是社会的负责任的勤务员，他在总结巴黎公社的经验时指出，"而旧政权的合理职能则从僭越和凌驾于社会之上的当局那里夺取过来，归还给社会的负责任的勤务员"③，以服务于人民。可以说，坚持无产阶级政党领导的本质就是服务人民，尊重人民的主体地位，支持人民当家作主。李达在阐述中国选择社会主义道路的同时，对建党的重要性和必要性、怎样建党及创建一个什么样的党等问题进行了思考与阐述。

李达还对无产阶级专政下共产党的领导方式进行了思考。他指出："普罗列达里亚专政，绝不是党的专政；党的指导，是完全基于普罗列达里亚与其前卫之间的相互信赖，是通过普罗列达里亚专政下的大众组织的全体制的媒介而实现的。"④李达这个观点深受列宁相关思想的影响。列宁曾指出，党

---

① 李达：《〈矛盾论〉解说》，载《李达文集》第四卷，人民出版社1988年版，第369页。
② 李达：《〈矛盾论〉解说》，载《李达文集》第四卷，人民出版社1988年版，第370页。
③ 《马克思恩格斯选集》第3卷，人民出版社1995年版，第57页。
④ 李达：《社会学大纲》，载《李达全集》第十二卷，人民出版社2016年版，第417页。

"保持领导不是靠权力，而是靠威信，毅力，靠比较丰富的经验、比较渊博的学识以及比较卓越的才能"①。对比他们关于无产阶级政党领导方式和途径的论述，可以看出二者思想上的相近性。实践证明，坚持、改善和加强中国共产党的领导，是社会主义运动在中国取得胜利的根本保证，也是人民利益得到切实维护的根本保证。

中国共产党人争取和努力建设社会主义的一切活动，归根到底，都是为了解放和发展社会生产力，改善民生。正如邓小平所说，"像中国这样一个大国，如果没有中国共产党来领导，许多事情很难办，首先吃饭问题就解决不了"②，"没有党的领导，就没有现代中国的一切"③。显见，坚持中国共产党的领导是改善民生的根本保证。

综上所述，一方面，李达社会主义思想中注重民生的基本理念，表现为对社会主义特征的概括和阐述，揭示出社会主义运动的出场向度和在场形式，反映出社会主义制度巨大的优越性和魅力，落脚于社会主义社会的根本任务及其全部实践，已经初步触及社会主义的本质；另一方面，在李达社会主义思想中，从出发点到落脚点，从理念到操作，把人的生存和发展问题即民生问题作为社会主义运动的主要目标诉求，把推动社会主义运动的发展与实现最广大人民的根本利益结合起来，从而最广泛地动员和组织人民群众积极投身于社会主义运动的实践，目的是更好地保障人民权益，更好地保证人民当家作主。联系到中国特色社会主义的民生建设实践，李达关于民生是社会主义旗帜的主张显得意义重大。可是，在半殖民地半封建社会的中国，要真正实现社会主义运动的主要目标诉求，要彻底解决人的生存和发展问题，中国共产党领导的新民主主义革命必须获得胜利。

---

① 《列宁全集》第 7 卷，人民出版社 1986 年版，第 9 页。
② 《邓小平文选》第三卷，人民出版社 1993 年版，第 242 页。
③ 《邓小平文选》第二卷，人民出版社 1994 年版，第 266 页。

二、"中国革命的目的是在于解决大多数人民的生活问题"

革命年代，军事斗争无疑具有最突出的地位，但是，这并不意味着在军事斗争中就不能开展经济建设、改善民生，更不意味着军事斗争本身就是革命的目的。开展革命和改善民生不是相互对立的关系，而是相互促进的关系。先进的政党实现耕者有其田的革命纲领，本身就是改善民生的重大举措；代表最广大人民利益的政党在革命年代努力改良人民生活，获得人民越来越多的拥护，革命的前途也越来越光明。革命目的是打破反动势力和落后制度的束缚，发展生产力，从根本上创造社会条件和制度前提，最终使人民过上幸福生活。压迫者、剥削者使人民处于水深火热之中，使中国社会出现更多的贫雇农，使作为革命主力军的农民的革命性增强，也使革命的基础更加坚固。《共产党宣言》中的无产阶级革命学说清晰地阐述了革命和改善人民生活的高度一致性。李达继承和发展了这一重要思想。

明确社会革命的内涵是运用马克思主义理论改造中国的前提。李达先结合社会革命的主要目的界定了社会革命的概念，把社会革命看作为了实现社会主义而开展的革命。然后，他又着眼于民生，把社会革命看作一个经济基础变革和政治制度变革并进的辩证统一过程，"社会革命者何，即社会全体超升一进化阶级之谓，换言之，即社会由旧而且低之生产关系进至新而较高之生产关系，并变更其上层建筑之全部者是也"①。他在《现代社会学》《中国所需要的革命》《完成民主革命！》《革命过程中的民主革命》等文章和著作中，还结合民生对社会革命的动因、手段、对象、领导者和前途作了详细阐述。

---

① 李达：《现代社会学》，载《李达全集》第四卷，人民出版社 2016 年版，第 79 页。

（一）产生革命的根由与民生密切相关

一个被压迫民族的知识分子，除了需要"代表自己民族的集体苦难，见证其艰辛，重新肯定其持久的存在，强化其记忆"，还必须着眼于"更宽广的人类范围"，"把那个经验连接上其他人的苦难"。[①] 换言之，中国近代的先进知识分子，在强化本民族苦难记忆的同时，还要把这种苦难提升到世界性高度，既从民族性角度去理解世界性，又从世界性高度来理解民族性，从而把民族性与世界性结合起来，达到一种构建人类命运共同体的人文情怀。李达对社会革命原因的分析是运用科学的方法论对近代中国的社会现实展开逻辑思考的一个过程，体现了使民族前途顺应人类社会发展趋势的历史责任感。

李达从生产力与生产关系互动下的民生实践出发阐明了革命的根本原因。他强调，革命不是主观臆造出来的，也不是在哲学中探求出来的，而是源于生产交换的手段与方法，即"现社会的经济状态之变动"。在李达看来，近代中国经济状态的变动，是帝国主义和封建势力加紧压迫的结果，具体表现为传统农业经济不断解体且国家被卷入资本主义世界市场。这使得中国社会"生产力已受束缚殊难顺利发展"，相应地，"贫困程度增加，劳动问题和农民问题，日形严重"。[②]

李达从劳动人民的实际生活状况出发阐明了革命的主要原因。他在《中国所需要的革命》一文中指出，由于生活所迫，农民、工人、手工业者、知识分子都需要革命。他着重分析了农民的境遇，认为随着近代农村经济的破产，农民"时时感受生活的压迫，以至于萌芽了革命的意识，发生了革命的行动。……所以农民是需要民主革命的"[③]，"农民之需要革命，在客观上在主

---

① [美] 爱德华·W.萨义德：《知识分子论》，单德兴译，生活·读书·新知三联书店2002年版，第41页。

② 李达：《中国产业革命概观》，载《李达文集》第一卷，人民出版社1980年版，第394页。

③ 李达：《完成民主革命!》，载《李达全集》第四卷，人民出版社2016年版，第311页。

观上都是很明显的"①。人民生活的困苦与日俱增，"他们求生不能求死不得，总想打破现社会的压迫，脱离现政府的铁锁，就是他们想求生存求自由方行革命的"②。中国近代史表明，中国人民若非"求生不能求死不得"，断不会揭竿而起，前赴后继。正是由于"他们过着饥寒交迫的和毫无政治权利的生活"③，他们被迫用鲜血和生命来证明"民不畏死，奈何以死惧之"这句名言。

　　李达还从贫富分化的角度阐明了革命的社会原因。在近代中国社会，不足全国人口 20% 的地主占有绝大部分的土地，而占全国人口 80% 以上的农民却只有极少量的土地，或者完全没有土地。农村两大阶级的贫富悬隔真是"富者田连阡陌，贫者土无立锥"。广大农民"终年从事苦重不堪的牛马般的劳动，并将收获的四成、五成、六成、七成甚至八成以上作为地租交给地主，自己过着饥寒交迫的极端贫困的生活"④。他还指出，城市中的剥削者不劳而获，而大多数劳动者却面临失业，"非饿死非冻死不可"。于是，"无产阶级和有产阶级的对抗越发显明，无产阶级的贫困增大，有产阶级的财富增加，社会革命的机会到了"⑤。

　　压迫必然带来社会不公和反压迫，剥削必然带来贫富悬殊和反剥削。李达充分认识到，当时严重的民生问题使得社会革命成为必然。正如列宁所说的，"千百万人是不会按照订单进行革命的，只有在人民穷困不堪，再也无法生存，千百万人的共同压力和决心足以粉碎一切旧的壁垒并真正能够创造新生活的时候，他们才会起来革命"⑥。李达对社会革命原因的分析与列宁的

---

　　①　李达：《中国所需要的革命》，载《李达全集》第四卷，人民出版社 2016 年版，第 273 页。

　　②　李达：《社会革命底商榷》，载《李达文集》第一卷，人民出版社 1980 年版，第 46—47 页。

　　③　《毛泽东选集》第二卷，人民出版社 1991 年版，第 631 页。

　　④　李达：《中国共产党的中国革命论》，载《李达文集》第四卷，人民出版社 1988 年版，第 690 页。

　　⑤　李达：《社会革命底商榷》，载《李达文集》第一卷，人民出版社 1980 年版，第 48 页。

　　⑥　《列宁全集》第 30 卷，人民出版社 2017 年版，第 154 页。

上述观点惊人地一致。这恰恰说明，社会革命只是改善民生的手段，而改善民生才是社会革命目的。

（二）革命的对象是民生困苦的祸源

1939 年，毛泽东在《中国革命和中国共产党》一文中明确提出，中国革命的主要对象是帝国主义和封建主义，因为它们的压迫，"中国人民的贫困和不自由的程度，是世界所少见的"[①]。这点明了近代中国民生困苦的祸源，是对近代民生问题进行调查研究后得出的科学结论。同时，这一认识来源于长期的革命实践，也离不开李达等早期马克思主义者对这一问题所作的理论探讨。

帝国主义侵略对民生的危害涉及政治、经济、文教等。李达指出，"帝国主义之为祸于中国，至今日而极矣，金铁奴我以物质，宗教奴我以文明，教育奴我以服从，勾结我国贼，制造我内乱，涂炭我人民"[②]。帝国主义者对待其在华工厂中的中国工人，"完全使用宰制殖民地的法律和行动"，工人们"无时不感受生命的危险，和失业的威胁，其地位和境遇，实是非常悲惨的"[③]。在农村这一状况表现得尤为突出。李达在《土地问题研究》一文中，详细分析了列强在中国农村的掠夺、榨取及其对农民生活的冲击。由于列强在华倾销商品、掠夺原料并由此造成中国外贸连年巨额逆差，大量的赔款及外债也必须偿付，"农民每年劳苦的所得，除了吃一点粗茶淡饭以外，其余都换成金钱，直接或间接的送到帝国主义者的钱袋里"[④]。因为帝国主义的侵略，中国传统农业经济逐渐被破坏，"农民的苦痛

---

① 《毛泽东选集》第二卷，人民出版社 1991 年版，第 631 页。
② 李达：《帝国主义与中国》，载《李达文集》第一卷，人民出版社 1980 年版，第 352 页。
③ 李达：《中国产业革命概观》，载《李达文集》第一卷，人民出版社 1980 年版，第 492 页。
④ 李达：《土地问题研究》，载《李达全集》第四卷，人民出版社 2016 年版，第 294 页。

也日见增加"①。李达还论述了在封建主义压榨下农民生活的极度艰难。封建军阀摊派苛捐杂税、预征钱粮，地主阶级加重佃租、利用高利贷盘剥。农民被敲骨吸髓，"失地的失地，失业的失业，生活的困难，已是达于极点"②，无时无刻不感受到生命的危险和失业的威胁，其地位和境遇是非常悲惨的。

李达分析了帝国主义、封建主义成为中国民主革命主要对象的原因——帝国主义、封建主义对中国人民的压迫及其对中国发展、对中国民生的阻碍。李达分析了中国成为半殖民地的直接原因，"中国地大物博，列强因均势之故"，不得不利用"变相之分割方法"的侵略方式，使中国屈服于帝国主义的侵略，"中国遂以开'国际的半殖民地'之新局"。③李达考察了帝国主义侵略中国的特点，指出："可分为政治的、经济的两种。……经济的侵略，目的也；政治的侵略，手段也。"④李达还认识到帝国主义主要是通过国内封建主义势力实现对中国的侵略。李达关于反对帝国主义的阐发通常与反对封建主义紧密联系。他反复指出，中国必须反对帝国主义、封建主义，才能实现产业的发展、社会的进步、民生的改善。李达还指出，西方列强进入帝国主义阶段后，大大加剧了对中国的侵略与压迫，妄图从经济上、政治上、教育文化上控制中国，以使中国人民永远陷入被奴役、被压迫的境地。由此表明，中国人民只有把帝国主义列为革命的主要对象，才能从根本上改变中国产业发展迟滞、人民生活极其困苦的悲惨局面。

帝国主义和封建主义的双重压迫，使中国人民的生活"如水益深，如火益热"。李达把民生困苦的两大祸源并列为革命的主要对象，"我们从政治上

---

① 李达：《土地问题研究》，载《李达全集》第四卷，人民出版社 2016 年版，第 294 页。

② 李达：《中国产业革命概观》，载《李达文集》第一卷，人民出版社 1980 年版，第 493 页。

③ 参见李达：《现代社会学》，武汉大学出版社 2007 年版，第 175 页。

④ 李达：《现代社会学》，武汉大学出版社 2007 年版，第 175 页。

经济上分析中国的乱源，知道搅乱中国的两大障碍物，一个是国际帝国主义，一个是国内武人政治"①。他鼓励人民争取自由与幸福，号召人民积极发动和组织反帝反封建的社会革命。

李达探讨了消灭帝国主义的途径——开展无产阶级的社会革命运动。李达结合帝国主义的寄生特性与侵略本性及其引起的越来越严重的民生问题和社会问题指出，在帝国主义阶段，"无产阶级因不能忍受资本主义发展所给与的苦痛和压迫"②，无产阶级夺取政权成为他们最直接最现实的问题。中国是世界的一部分，"必然要跟着社会进化的潮流前进"③。李达指出，帝国主义侵略使得所有东方国家的人民陷入被奴役、被压迫的境地，帝国主义战争使得整个世界都变为暴风骤雨的场所。在这种情况下，各国无产阶级及弱小民族完全有可能实现大联合，在世界范围内发动消灭帝国主义的社会革命与民族革命，这就是世界革命。"推倒帝国主义者，其惟世界革命乎？"④ 而世界革命的胜利主要依靠无产阶级的国际联合、弱小民族的国际联合以及西方国家无产阶级与东方弱小民族的国际联合。其中，终结帝国主义命运的是被压迫民族与被压迫阶级联合战线的建立。李达对帝国主义、封建主义的全面而深入的剖析，抓住了革命对象这个中国民主革命的基本问题。围绕这个基本问题进行的科学回答，对于中国共产党领导的新民主主义革命的不断推进，有着极为重要的理论意义。

李达关于革命对象和民生困苦根源的认识，与毛泽东在《中国革命和中国共产党》一文中的观点高度一致。毛泽东指出，帝国主义和封建主义是革命的主要对象，因为它们正是压迫人民、阻止中国社会向前发展的主要的东西。略有不同的是，由于中国社会主要矛盾的变化，毛泽东提出帝国主义是中国人民的第一个和最凶恶的敌人，李达却对此缺乏明确论述。

---

① 李达：《何谓帝国主义》，载《李达文集》第一卷，人民出版社 1980 年版，第 192 页。
② 李达：《社会之基础知识》，载《李达文集》第一卷，人民出版社 1980 年版，第 552 页。
③ 李达：《社会之基础知识》，载《李达文集》第一卷，人民出版社 1980 年版，第 558 页。
④ 李达：《现代社会学》，武汉大学出版社 2007 年版，第 177 页。

（三）革命的领导核心是民生的最关切者

李达突出强调了共产党的领导对发动革命、争取胜利以及改善民生的极端重要性和必要性。中国共产党是社会革命的领导核心，其宗旨是全心全意为人民服务。他指出：在阶级和政党消亡之前，共产党不可一日不存在，因为"共产党不仅在革命以前是重要；即在革命时也是重要；革命之后又须监护劳农会，尤其重要"①。他比较了巴黎公社和十月革命的成败得失，强调无产阶级革命必须有共产党领导，否则，"决不能从有产阶级手里，从那班昏迷的领袖们手里解放出来的"②。他认为，共产党的领导也能够从根本上保证社会主义建设的成功和民生的持续改善。"要想把我们的同胞从奴隶境遇中完全救出，非由生产劳动者全体结合起来，用革命的手段打倒本国外国一切资本阶级，跟着俄国的共产党一同试验新的生产方法不可"③。他明确认识到，要以列宁创建的俄国布尔什维克党为榜样，建立一个共产党，走社会主义道路。"试验新的生产方法"来发展生产力和"谋社会中最大多数的最大幸福"，是李达由理论而实践，积极投身于中国共产党创建活动的思想动因。

李达阐述了建党的若干原则。首先，党必须坚持无产阶级先锋队的性质，这是马克思主义政党学说的一个根本内容，也是建党所必须遵循的一个重大原则。这一原则备受李达的重视，他强调："共产党是无产阶级的柱石，是无产阶级的头脑"④，也是无产阶级革命的领导者。其次，党必须坚持马克思主义的指导思想和无产阶级革命、无产阶级专政的纲领。李达明确指出："国际共产党联盟的主旨，就是实行马克思的共产主义，即革命的社会主义，由公然的群众运动，断行革命，至于实现的手段，就是采用无产阶级

---

① 李达：《评第四国际》，载《李达文集》第一卷，人民出版社 1980 年版，第 134 页。

② 李达：《评第四国际》，载《李达文集》第一卷，人民出版社 1980 年版，第 134 页。

③ 李达：《〈共产党〉第一号短言》，载《李达文集》第一卷，人民出版社 1980 年版，第 741 页。

④ 李达：《评第四国际》，载《李达文集》第一卷，人民出版社 1980 年版，第 134 页。

专政。"① 这表明党的指导思想是马克思主义，党的纲领是用暴力革命夺取政权，建立无产阶级专政，最终实现人的自由而全面的发展。

李达指出，"人民革命和社会主义建设的根本目的，是要逐步地提高人民的物质和文化生活水平"②。即是说，中国共产党从事的一切社会活动，归根到底，都是为了解放和发展社会生产力，改善民生。正如邓小平所说，"像中国这样一个大国，如果没有中国共产党来领导，许多事情很难办，首先吃饭问题就解决不了"③，"没有党的领导，就没有现代中国的一切"④。显见，中国共产党是人民生活的最关切者和人民利益的忠诚维护者。

（四）革命的前途是民生幸福的指望

李达一接受马克思主义，就把社会主义、共产主义视为中国革命的前途。还是在创建中国共产党之前，他就发表了《什么叫社会主义?》《社会主义的目的》《劳动者与社会主义》《讨论社会主义并质梁任公》等一系列宣传科学社会主义理论的文章，号召马克思主义者应该朝着共产国际所提倡的"马克思的共产主义"即"革命的社会主义"这一目标前进，并明确提出："社会革命底目的，在推倒有阶级有特权的旧社会，组织无阶级无特权的新社会"，使"个人和全体都能够自由发达"。⑤ 这表明李达在接受马克思主义后，始终认为革命的前途与民生的幸福不可分离。

首先，李达从"破"的角度分析了资本主义与民生困苦的关联性。李达认为，西方资本主义国家农村荒废、经济恐慌、失业严重、贫穷增加，"资

---

① 李达：《第三国际党（即共产国际党）大会的缘起》，载《李达文集》第一卷，人民出版社 1980 年版，第 29 页。

② 李达：《中华人民共和国宪法讲话》，载《李达全集》第十八卷，人民出版社 2016 年版，第 169 页。

③ 《邓小平文选》第三卷，人民出版社 1993 年版，第 242 页。

④ 《邓小平文选》第二卷，人民出版社 1994 年版，第 266 页。

⑤ 李达：《社会革命底商榷》，载《李达文集》第一卷，人民出版社 1980 年版，第 52 页。

本主义，在今日的中国并不是振救失业贫民的方策"，"无产阶级呻吟于资本家掠夺支配之下，绝对得不到丝毫的幸福"。① 由此，李达从国际国内资本主义发展过程中困苦的民生状况出发，得出了中国不能走资本主义道路的结论。

其次，李达从"立"的角度论证了社会主义与民生美好的关联性。如前所述，他在阐明社会主义的特征时，立足于人的自由发展，阐述了社会主义既是人的政治自由与经济自由的内在统一，又是物质自由与精神自由的内在统一。近代社会中，"可怜下层社会的劳动者终岁劳苦，替地主资本家做牛马做奴隶，永远没有跳出火坑受经济上平均待遇的利益"②。李达指出，只有"采社会主义生产方法开发中国产业"，才能"避去欧美资本制产业社会所生之一切恶果"。③ 原因在于社会主义生产"也是为了人及其需要"④。在李达看来，社会主义的最主要旗帜就是救济经济上的不平均，消除社会的两极分化，"谋社会中最大多数的最大幸福"。

最后，李达遵循马克思主义所揭示的人类社会发展的普遍规律，论证了人的自由而全面发展与民生最高境界的趋同性。实现人的自由而全面发展作为马克思主义的终极目标，是马克思主义坚持人本精神的最高价值体现。在共产主义社会中，生产力大发展，"而劳动本身变成了第一个生活要求，于是，这时便可以实行'各尽所能，各取所需'的原则了"⑤，人们日益摆脱了受阶级利益制约的社会关系的束缚，社会分工和私有制随之消灭，人们从事科学、文学、艺术等活动的自由时间也不断增加。这样，"人在一定意义

---

① 李达：《讨论社会主义并质梁任公》，载《李达文集》第一卷，人民出版社 1980 年版，第 67、68 页。

② 李达：《社会主义的目的》，载《李达文集》第一卷，人民出版社 1980 年版，第 4 页。

③ 李达：《讨论社会主义并质梁任公》，载《李达文集》第一卷，人民出版社 1980 年版，第 74 页。

④ 李达：《中华人民共和国宪法讲话》，载《李达全集》第十八卷，人民出版社 2016 年版，第 164 页。

⑤ 李达：《社会学大纲》，载《李达文集》第二卷，人民出版社 1981 年版，第 561 页。

上才最终地脱离了动物界，从动物的生存条件进入真正人的生存条件"①。由此，每一个人都实现了自由而全面的发展，都具备了人的尊严，民生也臻于最高境界。

在李达看来，社会革命的实质是劳动者反剥削、谋发展的斗争。他指出，"无产阶级为自谋生存起见，就发生了阶级的觉悟；由阶级的觉悟演出阶级的斗争；斗争的结局，总是无产阶级得胜。无产阶级就利用政治的权力将一切生产机关收归社会公有，使生产方法、交易方法和分配方法都可得充分的调和；各个人的生存权和劳动权都可得充分的保障。这便是社会革命实现的过程"②。显然，李达认为社会革命的过程就是一个争取每一个人的生存权和劳动权得到充分保障的过程。换言之，通过革命走社会主义道路是人民求生存求幸福的必由之路。

需要指出的是，李达从民生的角度把民主革命看作社会革命的前提。1923 年，他在《社会主义与江亢虎》一文中，指出了民主革命与社会革命之间的连续性，"要想达到社会革命的目的，首先要组织群众竭力打倒国际帝国主义、推倒国内军阀政治，建设统一与和平，使实业有发展之可能。这样，无产阶级方能发生成长，方能促速社会革命之时机"③。结合他对革命目的之理解，这种连续性是以生产力的发展为前提的，也是以民生的改善为归宿的。1929 年，他在《革命过程中的民主革命》一文中，还强调了社会革命的必然性，"所以中国的民主革命，是超资本主义的，是悬着社会革命的远大目的的，这是中国民主革命的特性"④。显见，李达联系民生比较正确地阐明了民主革命和社会革命的关系。这已经相当接近中国共产党人对这

---

① 《马克思恩格斯选集》第三卷，人民出版社 1995 年版，第 757 页。

② 李达：《马克思学说与中国》，载《李达文集》第一卷，人民出版社 1980 年版，第 204 页。

③ 李达：《社会主义与江亢虎》，载《李达文集》第一卷，人民出版社 1980 年版，第 225 页。

④ 李达：《革命过程中的民主革命》，载《李达全集》第四卷，人民出版社 2016 年版，第 320 页。

一问题的最具典型性的概括，即毛泽东对这一问题的相关看法——"民主主义革命是社会主义革命的必要准备，社会主义革命是民主主义革命的必然趋势"①。

综上所述，对于中国共产党人来说，革命与民生不可分，因为革命的根本出发点和归宿就是改善民生；革命成功的根本之道，在于重民生、顺民意、得民心；革命过程中的宣传工作、军事斗争和后勤保障等，最后都必须落实到直接的现实的具体的民生问题上，正如陈云所言，"我们的目的不仅要打倒反动势力，而且是为了改善人民生活"②。有鉴于此，李达作为中国共产党的主要创始人和早期重要领导人之一，从现实的民生问题出发，探讨了社会革命的动因、对象、领导核心和前途等一系列基本问题：对近代中国的民生展开逻辑思考，据此分析革命的原因；帝国主义和封建主义是民生困苦的祸源，因而成为革命的对象；中国共产党是民生的最关切者，因而成为革命的领导核心；社会主义和共产主义是民生幸福的指望，因而成为革命的前途。李达站在革命的立场，结合民生阐述了马克思主义法理学研究的最大任务之一，即在科学的世界观和社会观的指导下，"促进社会之和平的顺利的发展，可以免除中国社会的混乱、纷争、流血等长期无益的消耗"③。这说明李达找到了马克思主义法理学研究与无产阶级革命的共同出发点和目的，那就是为广大人民谋生存谋幸福。由此，李达法学思想与李达民生思想不可分割。

三、法律的进化，也是以民生为中心的

马克思指出："宗教、家庭、国家、法、道德、科学、艺术等等，都不

---

① 《毛泽东选集》第二卷，人民出版社1991年版，第651页。
② 《陈云文选》第一卷，人民出版社1995年版，第395页。
③ 李达：《法理学大纲》，法律出版社1983年版，第14页。

过是生产的一些特殊的方式，并且受生产的普遍规律的支配。"① 言下之意，法律的变迁和发展，是人类社会变迁和发展的一部分，反映了人类社会生产关系的不断演进。李达把法律变迁和发展的根源与民生需求联系起来，把法律演进的动力与民生问题联系起来，考察了法律演进的一般过程，指出在国家出现后，由于人民生活的需要，"将共同生活习惯规律中之一部，采定为法律"②；在近代，经济生活复杂化，刑法民法商法等法律都分门别部，"用科学的方法，制定出来"③；将来的社会，"法律的根本精神，必定能够保证各个人都能生存，各个人都能自由平等的"④。他断言："所以法律的大部分，都是维持民生的经常相互关系的规律。"⑤ 由此，"法律的进化，和政治的进化并行，也是以民生为中心的"⑥。李达的上述观点表明，民生是法律产生的土壤，而法律又适应着人们的利益和需求。他在以民生为旗帜的社会主义运动的实践中，逐渐形成富有民生底蕴的法学思想。

（一）阶级社会法律的本质决定了人民不自由不平等

李达在《法理学大纲》中除论述了法理学的一些基本问题，如法理学的对象、任务、范围、研究方法及其与世界观的关系，简要介绍和深刻批判了西方各个法学流派资产阶级法学家的超阶级观点，还着重论述了法律与国家的关系、法律的本质与现象、法律的内容与形式等问题。我们从这些论述中不难看出，李达力图以马克思主义这一科学的世界观和方法论为指导，以保障和发展民生为价值取向，科学地解答法的产生、本质、特征、作用、发展规律等法学基本问题，从而充分彰显出确认和保障人民广泛自由权利的社会

---

① 《马克思恩格斯文集》第 1 卷，人民出版社 2009 年版，第 186 页。
② 李达：《民生史观》，载《李达全集》第四卷，人民出版社 2016 年版，第 206 页。
③ 李达：《民生史观》，载《李达全集》第四卷，人民出版社 2016 年版，第 206 页。
④ 李达：《民生史观》，载《李达全集》第四卷，人民出版社 2016 年版，第 206 页。
⑤ 李达：《民生史观》，载《李达全集》第四卷，人民出版社 2016 年版，第 199 页。
⑥ 李达：《民生史观》，载《李达全集》第四卷，人民出版社 2016 年版，第 206 页。

主义法律价值取向的积极意义。

历史唯物论认为，法理学最核心的问题是法律的本质问题。而能否透过法律现象抓住法律本质是人们科学研究法理学的关键。李达把自己对劳动人民困苦生活的深切同情化为驱动力，辛勤钻研法理学，在近代中国率先做到了这一点，成为中国近代马克思主义法学研究的开拓者和带路人。

其一，李达在考察法理学时，把理解法律和国家的关系作为揭示法律本质的前提，指出："国家是法律的形体，法律是国家的灵魂。法律是实现国家目的的工具，是发挥国家机能的手段。"[①] 即是说，法律是国家以公权力为后盾拟定的种种规则的总和，其功能与作用，就是实现国家的目的，就是巩固和维护占统治地位的经济基础。他遵循马克思主义原理，正确揭示了法律和国家的辩证统一关系，为人们抓住法律的本质找到了一把合适的钥匙。

其二，李达把法律现象看作法律关系外在的显示形态，物化成个人自由的保障和人人平等的实现。他在阐释法律现象之概念的基础上，从形式和实质两方面分析了自由平等的内涵，指出在阶级社会，从法律行为上看，有财产权者，表意是自由平等的；无财产权者，表意是不自由不平等的。他把财产权与自由平等相结合，从而在法律现象和法律本质中间架起了一座桥梁。

其三，李达把生产关系看作法律制度的根本基础。他根据唯物史观的基本原理，明确提出，法律制度作为社会上层建筑之一，其根本基础是"经济结构"即"生产关系总体"；上层建筑从经济基础形成而来，并受经济基础规定，同时对经济基础能够产生一定的反作用；特定的政治的、法制的上层建筑就适应于特定的经济基础，随着经济基础的发展而一同发展，一起转变为高级形态。他遵循唯物史观，深刻批判了西方各派法理学。他指出，西方各派法理学都未构成科学体系，因为它们存在一个共同缺陷——它们的"哲学基础都是观念论"，即"主张国家和法律是观念或精神——神、上帝、理念、'自然'、绝对理性、世界理性——的产物，而应用其抽象的逻辑，以演

---

① 李达：《法理学大纲》，法律出版社 1983 年版，第 87 页。

绎法律的原理"①。李达进一步指出，只有坚持唯物史观人民群众创造历史的基本原理，使法律从虚幻不定的神的意旨或绝对理性的境界落到"现实的基础"之上，法学才有可能成为真正的科学。他把法律制度理解成一种既建立在特定经济基础之上又为特定经济基础服务的上层建筑，在当时条件下比较准确地抓住了法律的本质。

其四，李达把法律本质看作各种法律现象所掩盖所潜藏的根本关系。在阐释法律本质之概念的基础上，他从政治和经济两方面考察了法律关系的构成，认为：权利作为法的重要价值属性，是衡量真法与假法、合法与非法的基本尺度之一，必须纳入一定的社会关系中去考察；由于所有制的法权表现形式是一定的所有权，私人占有意味着一定主体享有根据本人的意志支配一定数量生产资料的个人权利；法律所确认的主体的社会权利，在私有财产关系占统治地位的社会里，只是少数人的权利。这充分说明一定的所有权关系是法律的一种特定价值取向。李达还指出，阶级社会中的法律关系包括公权上的政治关系和私权上的财产关系，而法律上最核心最基本的财产关系就是生产资料的私有制，因此"法律是国家的统治者用以保障特定阶级的经济结构的许多规则之总和"，"法律关系中最根本的关系，即是阶级关系"。② 换言之，法律是不同类型社会中居于统治地位的特定阶级的意志的体现；法律的本质，就是阶级关系，就是阶级性。他还运用马克思主义的立场、观点和方法系统研究了奴隶社会、封建社会和资本主义社会的法律，认为阶级性是各个不同类型法律的共同本质。

其五，李达从历史角度考察了法律本质的显现过程，阐明了阶级社会法律的本质与人民不自由不平等的有机联系，指出：在奴隶社会和封建社会，剥削与被剥削的生产关系是单纯而透明的，国家的公权力致力于保障奴隶制或封建制的经济基础，奴隶主或领主君主对劳动人民操生杀予夺之权，使得

---

① 李达：《法理学大纲》，载《李达全集》第十五卷，人民出版社 2016 年版，第 236 页。
② 李达：《法理学大纲》，载《李达全集》第十五卷，人民出版社 2016 年版，第 255 页。

法律的本质与现象统一且相互适应；在资本主义社会，剥削与被剥削的生产关系不易透视，然而，法律上的自由平等绝不能掩饰实实在在的阶级差别，法律的特殊方面是资产阶级独享公法上的参政权和私法上的财产权，使得法律的本质与现象对立且相互冲突。李达特别强调了资产阶级法律所决定的人民享有自由平等的虚伪性，指出：虽然资产阶级法律在历史上曾给人民带来一定的相对的自由平等和幸福生活，但是随着资本主义不断发展，许多社会问题暴露，"从前市民阶级所制定的便于殖产兴业的法律，变成了制造贫富不均的酵母，变成了障碍生产力发展的桎梏"①，也恶化了劳动人民的生活条件，于是，法律现象中资产阶级的自由平等公平正义与劳动人民的不自由不平等不公平不正义日益对立且相互冲突加剧。联系到李达撰写《法理学大纲》时在国民党统治区在学术自由、政治自由方面遭受的种种压制，联系到当时国民党陷入的民主宪政危机，他从法律上对资产阶级自由平等的虚伪性所作的揭露和批判，实际上是对违背民主宪政潮流的国民党反动政权的控诉和声讨，是对人民反饥饿反迫害反内战呼声的有力声援，也为建立新民主主义民主政治提供了理论依据。

人们对事物的认识，是一个由低级到高级、由具体到抽象、由现象到本质而不断深化的过程。李达发现作为社会行为规范的法律背后隐藏的是统治阶级的意志，认识到"法是统治阶级意志的体现"。他进而认识到这种统治阶级的意志的内容，决定于它们的物质生活条件——经济基础。李达从上层建筑和经济基础两个维度进行论述，最后落脚于法律本质的阶级性。在当时的条件下，李达能够透过种种复杂的法律现象比较准确地抓住法律的本质，得益于他从彻底改变人民群众的生存条件出发，运用科学的世界观和方法论——辩证唯物主义与历史唯物主义，把法律制度理解成建立在特定经济基础上面的上层建筑，把法理学从神秘的玄学中解放出来。这也是李达与其他唯心主义法学家和机械唯物主义法学家的根本不同之处。这对于以后的法学

---

① 李达：《法理学大纲》，载《李达全集》第十五卷，人民出版社 2016 年版，第 273 页。

研究具有长远的指导意义。

（二）劳动立法是近代工人求生存求幸福的权宜之计

1919 年 11 月，国际保工会在华盛顿召开第一次大会，协定工人劳动时间以每日 8 小时，每星期 48 小时为限。北洋政府虽派顾维钧、王麟阁等人与会，但借口"我国工业幼稚，设备俱无，虽无劳动法规，亦鲜罢工举动"，自侪于殖民地或非独立国家之列，以规避大会的协定。李达痛斥这种"只替资本阶级说话"的行径。1921 年 7 月，党的一大通过党的第一个决议，着重论述了工人运动的意义，还指明了工人运动的任务、方针和要求。1922 年 4 月底，中国劳动组合书记部作为共产党领导工人运动的公开合法机构，召集全国各地工会代表在广州召开第一次全国劳动大会。李达发表《对于全国劳动大会的希望》一文，指出了大会的重要意义，对大会提出了殷切的期望，鼓励工人阶级发起劳动立法运动。是年夏，中国劳动组合书记部号召全国各地工会开展劳动立法运动，提出立法承认劳动者集会结社权、同盟罢工权、不得雇用 16 岁以下男女工人、国家制定劳动保障法等 19 项劳动法大纲，对于提高工人觉悟和促进工人团结起了重要作用。李达积极拥护、大力宣传这一重要方针。与此同时，镇压罢工、惨杀工人等严重侵犯工人生存权生命权的恶性事件迭出，例如，1922 年 1 月，湖南 3000 多名工人举行罢工，黄爱、庞人铨代表工人与资本家谈判，后被赵恒惕下令逮捕杀害；6 月，上海租界巡捕房以"煽动罢工，扰乱秩序"的罪名将书记部干事李启汉逮捕入狱。于是，李达发表《劳动立法运动》一文，呼吁劳动者"急起直追来干劳动立法运动"。

李达从劳动者切身利益出发分析了劳动立法运动的必要性和紧迫性。当时，中华民国法律规定对罢工者处以刑罚，工会被视为非法组织，劳动刊物被加以"宣传过激主义"的罪名而遭查禁。他断言，劳动立法应当成为工人运动的迫切要求和近期目标，因为"一则可以获得组织、团结的机会，一则可以顾及目前的利害"①。李达认为"目前的利害"，就是必须先争取到结社的自由和罢工的权利，因为结社自由是劳动者以阶级的力量与剥削阶级对峙的前提，而罢工权利是劳动者学得作战方略与剥削阶级对抗的条件。为此，李达提出承认劳动者有罢工权、制定工会法、制定工场法、实行8小时劳动制、保护童工女工、制定劳动保险法等六项具体要求。显然，他认为争取罢工权是劳动立法运动的首要目标。他强调，欧美各主要资本主义国家从19世纪初就开始通过立法承认劳动者的权益，历经百余年，逐步走向完备，中国的劳动立法刻不容缓。李达还从劳动者捍卫生命权生存权的角度揭示了劳动立法运动的性质。针对资本家减少工钱、延长劳动时间的残酷剥削和工人非人道的劳动条件，他认为劳动立法运动是劳动者对于特权阶级的革命运动。

在半殖民地半封建的近代中国，李达主张通过剥削阶级的法治程序争取工人的结社自由和罢工权利，以取得与剥削阶级对抗的条件，犯了超越社会发展形态的"空想"错误，是一种"西方中心主义"的视野，即拿西方社会主义运动的眼光来看待中国革命。②但是，李达作为一个革命者，懂得应该在斗争中学习和成长，应该在斗争中宣传革命理论，应该在失败中总结经验寻求真理，绝不能因为畏惧失败而选择逃避和放弃。更何况，这也是对中国劳动组合书记部号召全国各地工会开展劳动立法运动并提出19项劳动法大纲的积极响应。

李达把劳动立法看作近代工人求生存求幸福的权宜之计。他是反对改良、主张革命的，这在《讨论社会主义并质梁任公》一文中体现得淋漓尽致。但是在革命的大前提下，他并不反对采取某一具体环节的改良措施来改善人民的生活境遇。他明确指出，开展劳动立法运动，"我们的宗旨固然不是向特权阶级的政府讨自由，而眼前的阻碍亦应设法除去才好"③。李达深知劳动

---

① 李达：《劳动立法运动》，载《李达文集》第一卷，人民出版社1980年版，第190页。

② 参见苏志宏：《李达思想研究》，西南交通大学出版社2004年版，第94页。

③ 李达：《对于全国劳动大会的希望》，载《李达文集》第一卷，人民出版社1980年版，第142页。

人民要获得解放，推翻剥削阶级的统治是理所应当和势所必然之事，但是革命的成功不是一朝一夕的事，罢工权被剥夺、工会法工场法空白、劳动时间无限制、童工女工失去保护等"眼前的阻碍"的克服，还得采取请愿、游行示威、罢工等手段。可以说，李达遵循了马克思主义创始人所倡导的斗争策略，即把合法斗争与流血斗争结合起来，把暂时的利益与长远的利益结合起来，坚持策略灵活性与革命原则性的统一。李达还以革命的精神论述了劳动立法运动的艰巨性。在他看来，特权阶级能否承认工人的权利，决定于劳动者的努力，劳动者只有在显示出反抗压迫的强大实力之后，才能取得斗争的成功。

（三）创制社会主义法律是保障民生幸福的必然要求

1928 年 10 月，国民党政权先后公布《训政纲领》和《中华民国国民政府组织法》；1931 年 6 月，公布《中华民国训政时期约法》；1936 年 5 月 5 日，又公布《中华民国宪法草案》，即"五五宪草"。国民党政权逐步构建的法律体系，把国民党一党专政和蒋介石个人独裁法制化、合法化，长期剥夺劳动人民的各项自由民主权利，致力于维护官僚资本主义垄断集团的政治经济利益，呈现反民主反人民的鲜明特征，加剧了中国社会内部的紧张和对立，使国民党统治日加动摇。李达认为，这个法律体系不曾考虑到中国近代社会半殖民地化的社会状况，以民法为例，系照搬了 95% 的德国和瑞士民法条文而成，不是近代中国社会发展过程中的必需品，"所以就应当根据对于中国社会发展法则的认识，把法律加一番改造"[①]，只有这种经过改造的切合中国社会实际的法律，才能与中国社会的前途相适应，才能推动中国社会前进。作为马克思主义理论家，李达笔下"中国社会的前途"之含义不言而喻。由此观之，李达已经把从学理上终结国民党法统视为自己的一项庄严的学术任务。

---

① 李达：《法理学大纲》，载《李达全集》第十五卷，人民出版社 2016 年版，第 170 页。

1936 年，苏联完成了国家的工业化和农业集体化，为了适应社会经济结构和政治形势的巨大变化，颁布了《苏维埃社会主义共和国联盟宪法（根本法）》，从根本上维护了劳动人民的政治经济利益。李达也由此感受到了法律的新境界，升华了《现代社会学》中的法理学观点，并在《社会学大纲》一书中高度评价社会主义法制的优越性，积极宣传社会主义法律的基本精神。

李达指出，阶级对立是推动法律演进的社会动力，随着资本主义社会基本矛盾的运动和发展，劳动人民的思想觉悟不断提高，"最后必进而要求将私人所有权化为社会所有权，而创制以社会共有制为本位之法律"①。所谓"社会共有制为本位之法律"就是社会主义法律。即是说，从法律的角度看，公有制取代私有制、社会主义法律取代资本主义法律是法理学的一般规律。在《社会学大纲》一书中，他进一步强调：由于社会主义法律的创制，"决定每一公民在社会中之地位的，既非资产或种族，亦非性别或官位，而是个人的能力与劳动"②。这就表明了只有在社会主义法律的保障下，人民才能享有真正意义上的自由平等。

李达以 1936 年苏联宪法为例，概括了社会主义根本大法固有的为人民谋生存谋幸福的几个特质。首先，政权性质上的规定昭示着社会主义宪法尊重人民的主体地位。李达强调，苏联的社会主义宪法规定国体是无产阶级专政，政体是苏维埃制度。他进一步指出，无产阶级专政与资产阶级专政的根本不同之处在于"为完全废止资本制度与人类相互间之榨取、及由阶级对立之结果所形成之国家制度，以达到社会主义的确立之故，特别加强工人及贫农之权力"③，这也是社会主义宪法的最主要目的。其次，社会主义宪法为消除经济剥削、实现经济平等提供了根本的法律保障。李达在《社会之基础知识》中指出，实现人人平等的经济关系是实现人人平等的政治关系的前提和

---

① 李达：《现代社会学》，武汉大学出版社 2007 年版，第 104 页。

② 李达：《社会学大纲》，载《李达文集》第二卷，人民出版社 1981 年版，第 557 页。

③ 李达：《社会学大纲》，载《李达文集》第二卷，人民出版社 1981 年版，第 556 页。

基础，而社会主义宪法把"废除个人的私有权"、生产资料"完全收为国有"作为首要的基本内容，这与资本主义宪法的核心原则——宣布任何人的私有财产权都神圣不可侵犯截然相反，从而为消灭阶级差别、建立共产主义社会创造了制度前提。李达强调国有经济的进步性，这是值得肯定的。但是，他把规定"彻底铲除"私有制度和生产资料"完全"收为国有作为社会主义宪法的优越性，显然对苏联的社会主义模式存在着一定的教条式理解，脱离了生产力发展的实际水平，这也是很长一段时间中国早期的马克思主义理论家的一个共同倾向。最后，社会主义宪法保障绝大多数人的政治民主。李达认为，苏联的选举是劳动人民的毫无限制的选举，因为社会主义宪法规定除劳动阶级的敌人外，所有年满 18 岁的苏联公民，均享有苏维埃的选举权和被选举权，社会主义宪法宣布公民拥有广泛的权利，更为关键的是，以法律来具体保障行使权利的种种条件或方法。

（四）社会主义类型宪法是民生幸福的最根本保证

新中国成立之后，除教育、哲学领域外，李达还在法学领域取得了较多的理论成果。如前所述，李达曾长期在与法律或法学直接相关的行政机构、学术团体和专业性高校任职，其间，"他用马克思主义的理论指导工作，为新中国的法制建设和法学教育事业做出了积极贡献"[①]。其中最主要的是围绕社会主义类型宪法的宣传教育所开展的理论研究。1954 年，中华人民共和国第一部宪法颁行后，李达先后撰写和发表了《谈宪法》《热烈参加宪法草案的讨论》《学习宪法、拥护宪法》《我国宪法是人民革命成果的保障和为社会主义斗争的旗帜》《学习中华人民共和国宪法》《中华人民共和国宪法讲话》等论著，生动阐述了中国第一部社会主义类型宪法的民

---

① 宋镜明：《李达与马克思主义法学》，《三峡大学学报（人文社会科学版）》2001 年第 6 期。

生意蕴。

　　李达从民主的视角多次指出"五四宪法"是"马克思列宁主义关于宪法的理论和中国革命的具体实践的结合，是以社会主义民主制为基础的宪法"①。"五四宪法"是人民民主主义宪法，贯穿在"五四宪法"中的民主是最广大人民群众享有的真正的民主。资本主义民主是专供少数剥削者享有的狭隘而虚伪的民主，资本主义宪法是以资本主义民主制为基础的宪法。资产阶级为了隐藏其宪法的狭隘性、虚伪性，总是把自己的民主装扮成全民享有的民主，这实际上只是把极少数人对绝大多数人的专政刻意地掩饰起来。"五四宪法"是中国由新民主主义到社会主义的过渡时期颁行的宪法，它体现了党和国家在过渡时期的总任务。李达指出，"过渡时期社会的一切的发展都是辩证的发展，我国的宪法反映了过渡时期社会的辩证法"②。在这部宪法的实施中，"由于国民经济的发展，人民的物质和文化水平将不断地提高，人民的自由和权利将充分地得到物质保证"③。在李达看来，保证民生幸福是这部宪法的宗旨和目的，公民依靠它能够享有有尊严的生活。当然，李达在这里过于强调单一的公有制与"国民经济的发展"两者之间的必然联系，体现了当时党内及理论界一种占主流的群体意识。

　　李达从改善民生的角度阐释了"五四宪法"所确认的国家机关的基本义务。他认为，人民民主专政的基本机能是做好经济组织工作和文化教育工作。做好经济组织工作在当时主要表现为完成国家在过渡时期的总任务，逐步实现社会主义工业化和社会主义改造，"只有实现社会主义工业化，才能大规模地发展社会主义商业，大大地加强工农联盟，不断地提高国家财政经济的力量和人民的收入，使全体人民的物质和文化生活水平不断地提

　　① 李达：《我国宪法是人民革命成果的保障和为社会主义斗争的旗帜》，载《李达文集》第四卷，人民出版社 1988 年版，第 439 页。

　　② 李达：《学习中华人民共和国宪法》，载《李达文集》第四卷，人民出版社 1988 年版，第 445 页。

　　③ 李达：《学习中华人民共和国宪法》，载《李达文集》第四卷，人民出版社 1988 年版，第 445 页。

高"①。要做好文化教育工作,"必须进行扫除文盲的工作,逐步提高人民的文化水平"②。李达突出了国家机关必须承担的首要义务与改善民生的一致性。在这里,李达阐述了这部宪法的一个基本精神:由于民生建设对社会主义的兴衰成败具有基础性意义,国家机关必须采取积极措施确保人们生存和发展的基本需要,确保人们的生活水平不断提高。

李达还论证了"五四宪法"所保障的公民基本权利的平等性、普遍性、真实性。首先,他认为,社会主义类型宪法所规定的法律面前一律平等的原则,人人必须遵守,"如果我们允许一部分人享有特权,一部分人的合法权利受到侵犯,国家的法律就会遭受破坏,人民的利益就会遭受损失"③。其次,他注重从权利主体及范围的角度来考察其普遍性。他指出,在宪法的实施中,一方面,"从前被压迫、被奴役、毫无权利的工人和其他劳动人民,现在已经能够享受权利了"④;另一方面,公民享受权利之广泛,"已经是普遍地深入到国家的政治生活、经济生活、文化生活等各个方面"⑤。最后,他分析了这部宪法所规定的公民权利的真实性,认为宪法中"关于公民权利的一切规定,都是以事实作根据的,都是有物质保证的"⑥。由此,李达也反证了资本主义国家宪法的虚伪性,强调:"资产阶级宪法通常是以规定公民的形式权利为限,却不注意实现这些权利的条件,实现这些权利的可能,实现这

---

① 李达:《学习中华人民共和国宪法》,载《李达文集》第四卷,人民出版社 1988 年版,第 451 页。

② 李达:《学习中华人民共和国宪法》,载《李达文集》第四卷,人民出版社 1988 年版,第 452 页。

③ 李达:《中华人民共和国宪法讲话》,载《李达全集》第十八卷,人民出版社 2016 年版,第 227 页。

④ 李达:《中华人民共和国宪法讲话》,载《李达全集》第十八卷,人民出版社 2016 年版,第 227 页。

⑤ 李达:《中华人民共和国宪法讲话》,载《李达全集》第十八卷,人民出版社 2016 年版,第 228 页。

⑥ 李达:《中华人民共和国宪法讲话》,载《李达全集》第十八卷,人民出版社 2016 年版,第 228 页。

些权利的物质条件。"① 李达的上述分析表明,"五四宪法"最基本和最核心的价值追求是在保障公民权的基础上维护民生的发展权。列宁曾断言:"宪法就是一张写着人民权利的纸。"② 对比他们的相关观点,可以进一步凸显社会主义类型宪法的民生意蕴。

李达还从保障和改善民生的角度分析了"五四宪法"规定的我国建成社会主义的具体步骤与保证条件。他指出,根据宪法的规定,我国的社会主义改造是"通过国家机关自上而下的领导与发动,广大群众自下而上的拥护与支持"的和平道路来实现的。李达根据宪法序言的规定,将建成社会主义的保证条件总结为"国内统一战线、国际统一战线和国内各民族的大团结"。国内统一战线的组织形式是中国人民政治协商会议。加强各民族的大团结体现了人民群众的根本利益。"五四宪法"规定了各民族在平等基础上团结互助合作等相关内容,积极鼓励各少数民族发展政治、经济和文化事业。我国建成社会主义,还需要建立国际统一战线。李达总结了革命胜利的历史经验,强调必须加强社会主义阵营的内部团结。在此基础上,李达进一步分析了我国建成社会主义所面临的内外部挑战,主张与更多的国家建立外交关系,努力捍卫世界和平,以更好地维护中国人民的根本利益。

"五四宪法"的第5条至第16条规定了切实追求人民幸福生活的国家经济制度和经济政策。李达运用马克思主义政治经济学理论,结合社会实际对我国的经济制度和经济政策进行了深入分析。李达指出,资本主义与社会主义之间的矛盾是我国过渡时期经济领域存在的主要矛盾。为了解决这个矛盾,他全面探讨了我国过渡时期的四种生产资料所有制即全民所有制(国家所有制)、劳动群众集体所有制(合作社所有制)、个体劳动者所有制与资本家所有制,并结合具体国情分别阐明某些带有资本主义成分的所有制经济向社会主义过渡的措施。从"五四宪法"对四种所有制的规定来看,国家发展

---

① 李达:《宪法及宪法之史的考察》,载《李达文集》第四卷,人民出版社1988年版,第473页。

② 《列宁全集》第12卷,人民出版社1987年版,第50页。

和巩固全民所有制、合作社所有制；对个体劳动者所有制和资本家所有制则要通过社会主义改造，使之全部转变为社会主义所有制。这种"一刀切"的政策安排后来被实践证明不利于进一步解放和发展生产力，表现出一定的历史局限性。这也表明，囿于社会历史条件，当时李达等党内马克思主义理论家对"什么是社会主义，怎样建设社会主义"这个问题的探讨还处于摸索阶段。

"五四宪法"总纲从第 11 条到第 16 条体现了社会主义原则，李达着重对"劳动光荣"的理念进行了阐释，力图在社会主义原则与社会发展阶段之间寻求平衡。"五四宪法"明确规定："劳动是中华人民共和国一切有劳动能力的公民的光荣的事情。"李达指出"建成社会主义社会"只能依靠劳动人民的双手来实现，"劳动是建设社会主义的基础"。因此，全体劳动人民都必须树立起"社会主义的劳动态度"，以国家主人翁的态度充分发挥劳动热情，理解劳动与建设社会主义之间的正确关系进而树立劳动光荣的思想，自觉遵守劳动纪律进而做好一切工作，发挥积极性创造性进而不断提高劳动效率。李达认为，只有树立起社会主义的劳动态度，才能在我国建成社会主义。

综上所述，李达带头构建马克思主义法理学，促进了中国近代马克思主义法学民生意识的觉醒，开辟了一条运用"科学的法律观"即以民生理念作为灵魂的法律观来研究中国法理学的新路；他还结合党和国家的阶段性任务、国家机关的基本义务和公民的基本权利等对"五四宪法"的人本精神作了准确宣传，充分说明作为上层建筑的宪法具有从民生实际出发宏观指导民生实践的能动作用。李达法学思想中主要体现于法理学和宪法学两大领域的民生意蕴告诉人们：法律是用来维护人民权益和改善民生的具有长期性、稳定性及全局性的制度保证；反过来讲，只有关注民生、保障民生，才能切实体现出法的基本价值和基本精神。

李达认为，为人民谋生存谋幸福是马克思主义法理学研究与无产阶级革命共同的出发点和目的。他也指出，"中国革命的目的是在于解决大多数人民的生活问题，而解决大多数人民的生活问题的方法，就在于发展产业"[1]，或者说，发展产业是实现革命目的即改善民生的直接方法。在此，他既强调了改善民生与发展产业的内在关联性，又在很大程度上阐明了社会革命和产业发展的内在统一性——都以改善民生为根本目的。很自然地，李达关于发展产业的思想以及与发展产业密切相关的土地国有化思想也就成为李达民生思想的又一主要内容。

---

[1]　李达：《中国产业革命概观》，载《李达文集》第一卷，人民出版社 1980 年版，第 488 页。

第三章
经济视域下李达民生思想的主要内容

在近代，中国逐步沦为半殖民地半封建社会，救国救民一直是历史的主旋律，实业救国也一度成为时代的最强音。仁人志士探索救国救民道路的过程，归根到底，就是不断比较哪一种经济形态最能解放和发展生产力的过程。从早期维新思想家主张"商战"，到洋务派喊出"自强""求富"，再到民族资本家提倡"实业救国"，发展经济的口号一变再变，民生却依旧困苦。对此，李达强调，要想为中国人民谋幸福，"首先就要使他们获得生活必需的资料。要使他们获得生活必需的资料，首先就要开发生产事业"[1]，"要发展中国产业，必须打倒帝国主义的侵略，廓清封建势力和封建制度……解决土地问题"[2]。这是通过发展产业和解决土地问题来改善民生的正确论断。李达关于发展产业的思想以及解决土地问题的方案，直面广大人民最关心、最直接、最现实的生活问题，着眼于具体经济问题的解决，从经济视域构建起李达民生思想的另一个主要内容。

一、"解决大多数人民的生活问题的方法，就在于发展产业"

历史证明，中国人民只有在共产党的领导下，取得民主革命的胜利，建

---

[1] 李达：《讨论社会主义并质梁任公》，载《李达文集》第一卷，人民出版社1980年版，第63页。

[2] 李达：《中国产业革命概观》，载《李达文集》第一卷，人民出版社1980年版，第495页。

立起人民政权，才真正实现了发展经济和改善民生两者间工具性与目的性的
统一。李达运用马克思主义的立场、观点和方法，结合中国国情，立足于解
决绝大多数人民的生活问题，系统地考察了中国产业革命的来龙去脉，比较
科学地解答了近代中国产业为什么难以发展以及怎样才能实现发展的问题，
为中国共产党谋人民幸福、谋国家富强提供了重要的理论启示。

（一）近代中国的产业革命衍生严重的社会问题

产业革命，一般指由于科学技术的显著进步，国家的产业结构出现重大
调整，进而使经济、社会等各方面发生根本性变化。产业革命发端于 18 世
纪中期的英国，后扩展到欧美。它使中国在鸦片战争后逐渐卷入世界资本主
义市场，引起中国社会各方面包括民生的深刻变动。中国近代并未发生产
业革命，一些学者把外国资本主义侵略下中国的产业发展称为中国的产业
革命。1929 年，李达发表《中国产业革命概观》一文，综合农、工、商业，
对照中欧差异，剖析近代经济的主要特征，比较系统地考察了中国产业革命
的原因、过程、作用及前途等，以求探索革命理论、改善民生。

李达指出，一切社会变动，包括民生的变动，都伴随经济变革而发生。
他认为，在近代中国，社会究竟是怎样的社会，民生究竟是怎样的民生，只
能从经济领域去探求。1935 年，李达发表《中国现代经济史概观》一文，
从多个方面概括了帝国主义侵略下中国产业发展的主要面貌：其一，西方资
本主义大量输出资本的主要目的，是要在中国发展自身资本的势力；其二，
中国各产业资本的生长，与各部门商品输入的增多和手工业遭破坏有关，且
大多附庸于外国资本；其三，农业手工业逐步倾向于原材料生产，旧式经济
更多地仰赖着国际市场；其四，封建关系遭到很大程度的破坏，而封建残余
仍在努力维护其剥削关系。李达归纳的上述特点体现了生产要素在世界范围
流动、东方从属于西方的大背景下，中国近代三种重要经济成分的基本走
向，即外国资本主义经济不断发展，民族资本主义经济受到压制，封建经济

遭到破坏。他考察了外力作用下中国近代生产关系的变动，论证了帝国主义侵略使国民经济、社会性质、民生状况全都呈现出半殖民地半封建特征这个根本性命题。

李达阐述了产业革命的影响：随着产业革命的进行，社会逐渐脱去封建主义的衣裳，显出资本主义的许多特征，使得物质的生产和分配、人民的生活都发生了巨大变化。这就以民生为落脚点，指明了社会变革和产业革命切实而紧密的联系。李达还比照描述了产业革命导致的近代社会诸多特征，如资本主义勃兴与经济恐慌，生产力发展与贫穷增加，工场制度形成与工场法、工会法发布，大都市产生与农村荒废，人口猛增与失业问题加剧等。他认识到这些特征反映出服务于私人资本的产业革命在促进生产力迅速发展的同时，也迫使资本主义制度的主要弊端——对民生的负面影响日益显露。

李达深入比较了中国与欧洲的产业革命在原因、过程及结果上的不同，强调产业革命对近代民生的影响。李达指出，欧洲的产业革命源于内部因素使自身力量充实再从国内逐渐展开而及于全球，中国的近代产业革命则是因外力的压迫从西方渗透于国内；在产业革命的过程中，欧洲社会日益资本主义化，裂变为资产阶级和无产阶级两大阵营；中国社会则相继出现官办、官督商办、民办的近代工业，官僚资本家、民族资本家产生。产业革命的结果，是西方全部资本主义化，进而迫使殖民地半殖民地资本主义化。当时中国虽然进入初期资本主义的阶段，但终究还是半殖民地。"所以现代中国的资本主义，一面是在国际帝国主义的卵翼之下得到了相当的发展，同时又受国际帝国主义巨大的政治力经济力所笼罩所支配，绝没有在它们的掌握中翻过筋斗的可能"①。他进一步阐述了中国近代新的生产力，因生来受着西方资本主义的限制，"殊难顺利发展"，并因此产生严重的社会问题。近代工业虽有相当的发展，但还处于粗工业的初期阶段，且已出现停滞的表征；农业呈

---

① 李达：《中国产业革命概观》，载《李达文集》第一卷，人民出版社1980年版，第393—394页。

现破产的倾向，原料和食粮生产大受限制；手工业也逐渐破产。最终，民生大受其害，"贫困程度增加，劳动问题和农民问题，日形严重"[①]。

李达注重从民生角度来看待社会问题，认为它主要是资本主义雇佣关系所酿成的民生问题，从而把社会的经济基础与民生状况联系起来。李达还指出社会问题的根源在于雇佣关系：资本家剥削工人的剩余劳动以增殖自己的资本，工人靠出卖劳动力为生，受尽生活的苦痛。李达从劳动者的生存状况着眼，阐述了社会问题的主要表现。其一，劳动条件苛酷。产业革命中，工人劳动时间延长，劳动强度加大，劳动工资降到最低，卫生设备不完全，夜班又破坏了劳动者的家庭生活。其二，地位降低。经过产业革命，大多数小生产者失掉了以前的独立地位，被迫降为工资劳动者。其三，生活条件恶劣。工人的劳动力毫无限制地受剥削，一旦年老体衰病至，就被视同草芥，失去生存保障，终至伤病老废而死，况且，物质上的痛苦不免招致精神上的痛苦。李达认为，为资本主义服务的产业革命致使财富越来越集中于少数人，贫困越来越集中于多数人。富者越来越少，越来越富；贫者越来越多，越来越穷，于是多数人的生活每况愈下。不难看出，李达把这些社会问题的出现归结为资本主义制度运作下的必然产物。

需要指出的是，李达在论证产业革命带来的严重社会问题时，过于强调科学技术进步对民生的负面作用，这一观点值得商榷。当然，他也十分重视科学技术，在《中国社会发展迟滞的原因》一文中，把科技落后看作中国历史上窒碍社会进步的主要原因之一，并进一步阐明了中国科技未能发达的根源，即传统社会体制的运行需要儒家文化及其相关学术。

李达在《中国产业革命概观》中，系统分析、全面论证了中国近代经济形态，明确地把近代中国社会性质归纳为"半殖民地的半封建的社会"[②]，这

[①] 李达：《中国产业革命概观》，载《李达文集》第一卷，人民出版社1980年版，第394页。

[②] 李达：《中国产业革命概观》，载《李达文集》第一卷，人民出版社1980年版，第494页。

在中国近代学术史上尚属首次①，具有极为深远的意义。关于近代中国的社会性质，此前学术界包括李达本人也参与过探讨、争论，但此前他们都是只看到"半殖民地""半封建"的一个方面，而没有把两者结合起来进行论述。李达在 20 世纪 20 年代的论著中多次涉及该问题。例如，李达《马克思学说与中国》一文，在分析辛亥革命的社会背景时说"中国就是国际帝国主义的半殖民地而已"②；在《现代社会学》一书中，在探讨中国革命与世界革命的关系问题时，他深刻地指出"中国是一个半封建社会"，是"帝国主义国家之半殖民地"。李达是率先将"半殖民地"与"半封建"这两个词结合起来分析中国社会性质的马克思主义理论家。李达在随后出版的《社会之基础知识》一书中，更明确地指出，"中国一面是半殖民地的民族，同时又是半封建的社会。所以为求中国的生存而实行的中国革命"，既要开展打倒帝国主义的民族革命，又要进行反对封建主义的民主革命，革命"必然的归趋，必到达于社会革命，而与世界社会进化的潮流相汇合"。③正如毛泽东所言："认清中国社会的性质……乃是认清一切革命问题的基本的根据。"④ 只有这样，才能认清中国革命的对象、任务、动力、性质、前途等重大问题。显然，李达率先对中国近代社会性质作出的合理判断，不仅为理论界运用马克思主义的立场、观点和方法科学地认识中国革命的特殊性奠定了理论基础，而且为中国共产党人在抗日战争时期系统而科学地分析中国革命的基本问题，制定实事求是的为民生谋幸福的路线方针政策提供了理论依据。

李达着重分析了近代中国社会问题的特殊性，并提出因应之策。其一，关于产业劳动者问题。他指出，国际资本家在华办工厂，完全采用宰割和管制殖民地的法律与行为来压迫中国工人，致使中国工人的社会地位及生存状

---

① 参见吴元钊：《李达与中国社会性质、社会史问题论战》，《史学史研究》1988 年第 4 期。
② 李达：《马克思学说与中国》，载《李达文集》第一卷，人民出版社 1980 年版，第 210 页。
③ 李达：《社会之基础知识》，载《李达文集》第一卷，人民出版社 1980 年版，第 558 页。
④ 《毛泽东选集》第二卷，人民出版社 1991 年版，第 663 页。

况异常悲惨，国内资本家对待工人也异常残酷，而政府却没有劳动法来保障劳动者。其二，关于妇女劳动问题。他指出，中国妇女所从事的工作及所得的工钱，远不如男子，加之劳动法尚未颁布，妇女所受的痛苦尤甚。其三，关于失业问题。他强调，失业人数不断增加，使社会形成极为庞大的产业后备军。李达认为中国社会问题呈现出半殖民地半封建的特殊性，只有对症下药，打倒帝国主义和封建主义，发展民众的国家资本主义，才能解决上述社会问题，进一步促进产业的发展。

（二）民族独立、人民解放是发展产业、改善民生的根本前提

在半殖民地半封建的近代中国，西方列强加紧侵华，国家山河破碎、战乱不休；国内政治日益腐败，人民饥寒交迫、备受奴役。帝国主义、封建主义沉重打击了近代产业，给中华民族带来了深重灾难。为了发展产业、改善民生，实现民族独立和人民解放成为中国人民必须完成的历史任务之一。李达作为马克思主义的理论战士，既认识到了民族受侵略、人民被压迫对产业、对民生的严重危害，也认识到了发展产业、改善民生对革命的巨大促进作用。

在《经济学大纲》的绪论中，他分析了近代产业发展的窘境：处在帝国主义宰割之下，工农业几近破产，在很大程度上被外国资本主义殖民地化了。李达认为，在这种特殊的产业发展状况下，中国人民寻求生路的问题，"不仅是一个经济问题，而是整个中国自求生存、自求解放的问题"[①]。李达把近代的经济、民生与国家出路、民族前途联系起来，认为民族独立是近代产业发展、民生改善的必备前提之一。

李达认为，破坏中国产业发展的帝国主义侵略行径主要表现为侵夺领土权、关税权、工业经营权、领海及内河航运权，进行资本输出。李达分析了

---

① 李达：《经济学大纲》，武汉大学出版社 1985 年版，第 24 页。

帝国主义侵夺中国领土主权对中国经济发展造成的严重阻碍，着重强调了帝国主义在华设立租界的经济危害。他指出，租界成为侵略者的根据地，一切经济侵略机关皆集于此；租界成为"国中之国"，中国人在此经商办厂要接受侵略者的政治管辖、经济支配；租界成为不法分子的天堂，内地靠搜括剥削起家的人，把全部资产都投入帝国主义金融机构，"致使内地的金融枯竭，人民生活日趋艰窘"①。李达还分析了帝国主义侵夺中国工业投资权对民族工业造成的沉重打击。他从均分优越厂址、倾销商品、掠夺原料、输出资本、采用先进技术、利用廉价劳动力和片面最惠国待遇等七个方面论证了帝国主义对中国产业的排挤、打压。他进一步指出，在半殖民地半封建的中国，中国产业绝不可能顺利发展，即使有一点点，"也只限于国际经济侵略所不能及的时间或空间而已，然而发展的可能性却是很有限的"②。李达从中国产业的前途着眼，突出了中国革命的必然性。

在《中国产业革命概观》中，李达明确指出，由于封建势力和封建制度的存在，秩序和平统一荡然无存："人民要生存犹且不能，那能还说得上产业的发展呢？"③他把封建势力和封建制度看作产业求发展、人民求生存的一大障碍。显然，他认为人民解放是近代中国产业发展、民生改善的又一必备前提。

李达认为，阻碍产业发展的封建势力和封建制度集中体现在军阀混战与苛捐杂税上。他从交通破坏、军事借款、兵匪骚扰和百业荒废等方面阐述了军阀混战的严重危害。李达指出，军阀在战区炸毁桥梁、损坏车头、破毁车辆轮船，扰乱了国内市场，妨碍了货物生产。李达详细列举了多省厘金捐税的数目和项目，论证了封建剥削对产业发展缺乏资金的直接影响。他指出，

---

① 李达：《中国产业革命概观》，载《李达文集》第一卷，人民出版社 1980 年版，第479 页。

② 李达：《中国产业革命概观》，载《李达文集》第一卷，人民出版社 1980 年版，第481 页。

③ 李达：《中国产业革命概观》，载《李达文集》第一卷，人民出版社 1980 年版，第482 页。

各省附加税往往超过正税好几倍，一般有苛捐杂税数十种，人民被推入绝境，遑论产业发展。

李达是运用马克思主义的立场、观点和方法研究中国近代社会经济状况的先驱。他极为重视中国近代社会问题的特殊性研究，"中国社会是个半殖民地的社会……和先进国的社会问题，也具有不同的特性。假使忽略了这个特性，就不能了解中国的社会问题"①。相对于当时许多只知照搬照抄苏联经验、一味盲从共产国际指示的经验主义者和教条主义者，李达在 20 世纪 20 年代就能如此明确地提出中国社会问题的特殊性并将其运用于当时重大社会问题的理论研究中，这是相当难得的。这表明李达已能自觉地运用马克思主义关于矛盾特殊性的方法，分析近代中国社会问题。再如，李达将"农村经济破产""产业迟迟不发展"的原因归结为主要的与附带的两个方面，并强调帝国主义侵略与封建主义窒碍是主因。他在分析这些问题时已经有了相当明确的主要矛盾与次要矛盾、主要原因与次要原因的概念，这无疑是对唯物辩证法中对立统一规律的恰当运用。这科学地揭示了中国近代经济落后、人民困苦、民生艰难的根源与出路，是对马克思主义中国化的重大理论贡献。

李达指出：打倒帝国主义和封建主义，"是中国革命的唯一对象，同时又是发展产业的唯一前提"②。这表明，他已经正确认识到近代中国人民取得反帝反封建斗争的胜利与发展产业的关联性。他还强调，革命的目的是解决民生问题，"而解决大多数人民的生活问题的方法，就在于发展产业"③，从而进一步阐明了改善民生与发展产业的紧密联系，即发展产业也是实现改善民生的革命目的的一个方法，两者休戚相关。马克思主义认为，革命的直接目的是消灭反动势力、推翻落后制度，终极目的是发展生产力、改善民生。李

---

① 李达：《中国产业革命概观》，载《李达文集》第一卷，人民出版社 1980 年版，第 489 页。

② 李达：《中国产业革命概观》，载《李达文集》第一卷，人民出版社 1980 年版，第 488 页。

③ 李达：《中国产业革命概观》，载《李达文集》第一卷，人民出版社 1980 年版，第 488 页。

达实际上承认，从经济根源着眼，中国革命的产生是中国产业革命的必然结果，也是中国新的生产力发展的必然要求。他的上述结论，把改变生产关系与发展生产力结合起来，把民主革命与改善民生结合起来，体现了发展社会生产与改善人民生活的有机统一。其正确性，在农村革命根据地的建设中得到证明。1933 年 8 月，毛泽东在《必须注意经济工作》一文中曾明确指出，在反动力量封锁、破坏根据地经济的背景下，发展产业对民主革命起着巨大的推动作用：能够争取物质条件以保障人民军队的给养与供给；能够改善民生以进一步激发群众的革命积极性；能够在经济战线上组织、教育人民，使战争获得新的群众力量；能够通过经济建设来巩固工农联盟和工农民主专政，加强共产党的领导。这既是对根据地经济建设的经验总结，也是对李达相关观点的理论升华和实践印证。

（三）树立民众的政权是发展产业、改善民生的政治条件

李达指出，只有打倒帝国主义与封建主义，消除经济的、政治的混乱，建立民众政权，才能谋经济的发展，才能符合民众的期待，因为"我们民众要期待统一与和平，要获得自由与幸福"①。他把民众掌握的政权看作一个为人民谋幸福的核心实体，在此基础上，把发展产业的途径与革命的根本问题联系起来，阐述了取得反帝反封建的民主革命的胜利是树立民众政权的前提。

李达对树立民众政权的倡导是建立在对无政府主义的批判基础之上的。无政府主义者奉行唯心主义世界观，极力鼓吹"绝对自由"，妄图在中国建立一个"绝对自由"的理想社会。这种错误思想最初是在新文化运动时期作为一种"社会主义思潮"传入中国的，曾一度在中国思想领域大行其道，并造成许多人思想上的严重混乱，成为宣传马克思主义理论、创建中国共产党

---

① 李达：《何谓帝国主义》，载《李达文集》第一卷，人民出版社 1980 年版，第 192 页。

的重大思想障碍①。李达在《什么叫社会主义》《社会革命底商榷》《无政府主义之解剖》等文章中，运用马克思主义政治经济学，从生产和分配两方面系统地批判了无政府主义。其一，在生产方面，李达认为，无政府主义所主张的生产自由就是取消中央的权力，取消有计划和集中统一的领导，把一切生产机关交给人们的自由联合体管理。这种生产组织"有一种最大的缺点，即是不能使生产力保持均平"②。李达认为，无政府主义主张的生产组织与资本主义差不多，必然导致生产组织的混乱状态；无政府主义者声称要消灭资本主义，而它关于生产组织的设想，却必然重复资本主义生产方式的弊端。其二，在分配方面，李达指出，分配原则必定受生产力发展程度的制约，它的制定必须与生产力的发展水平相适应；新社会在旧社会生产力的基础上发展，生产力水平有限，社会产品当然也有限度，以这种有限度的社会生产，按照无政府主义"各尽所能，各取所需"的分配原则去满足个人无限度的消费自由，是绝对办不到的。李达指出：按需分配"非待世界的产业发达到极境的时候，不能办到"，无政府主义的"各尽所能，按需分配"脱离了社会生产力发展水平而沦为一种空谈。在此基础上，李达得出结论："无政府共产社会既是空中楼阁，所以经济学说也成为空理了。"③李达对无政府主义的批判符合马克思主义的立场、观点，也适应了中国共产党建立人民主权、为民生谋幸福的实际需要。

李达倡导的"民众的政权"的样板是俄国在十月革命胜利后建立的苏维埃政权。苏维埃政权的性质是工农民主专政：一方面，是对多数人实行广泛的民主，所有工农兵及一切劳苦大众都能够参与政权管理；另一方面，是对少数人实行严厉的专政，剥夺军阀、官僚、豪绅、资本家等一切剥削者的政

①　参见中国现代哲学史研究会等：《纪念李达诞辰100周年——中国现代哲学与文化思潮（续集）》，湖南出版社1991年版，第257页。

②　李达：《社会革命底商榷》，载《李达文集》第一卷，人民出版社1980年版，第49页。

③　李达：《无政府主义之解剖》，载《李达文集》第一卷，人民出版社1980年版，第88页。

治权利。工农民主专政是工农联盟性质的政权，而不是单一化的无产阶级专政。列宁在《国家与革命》一书中指出，"劳动阶级革命的独裁政治，是被压迫的人为图谋粉碎施压迫的人而造成的先锋的支配阶级之组织"[1]。即是说，共产国际赞成劳动专政，采用劳农制度，反映了各国无产阶级革命的最新趋势。他强调，"所谓劳农会'独裁政治'底意思，毕竟是'已有组织的民众'底'独裁政治'，是'已有组织的生产者'底'独裁政治'"[2]。他认为，真正的自由平等，是资产阶级专政往往约定要实现而终未能实现的，在劳农会权力的运作下得以一举实现。在这里，劳农会的"独裁政治"，即民众的政权，也就是大革命失败后在各农村革命根据地建立起来的苏维埃政权。1931年11月，《中华苏维埃共和国宪法大纲》规定：苏维埃政权之目的，是打倒帝国主义、封建主义，开展经济建设，团结工农群众，实现由工农民主专政向无产阶级专政的转变。这个目的既切合国情，又与李达关于发展产业、改善民生的途径及方式相吻合，体现了苏维埃的本质就是人民当家作主。20世纪50年代后期，李达在总结苏联社会主义建设的基本经验时指出，只有无产阶级和共产党才能"领导人民群众有计划地发展社会主义经济和社会主义文化，在这个基础上逐步地提高人民的生活水平"[3]。这一观点表明，人民的政权是发展产业和改善民生的坚实后盾，而在人民政权的管理下提高人民生活水平的根本途径是发展产业。

李达认为，训练民众娴熟地运用政治，促进法治、人治的最佳结合，从而建立起真正的民众政权，是"劳工专政之特质"。他说，作为劳动者前卫队的无产阶级，"尽能力组织最良好的大团体，因此指导被剥削的民众，引入政治生活，用他们底经验来训练这些人。照这样，一切民众，才开始学习

---

① 转引自李达：《马克思派社会主义》，载《李达文集》第一卷，人民出版社1980年版，第102页。

② 李达：《劳农俄国研究》，载《李达全集》第二卷，人民出版社2016年版，第202页。

③ 李达：《社会主义革命与社会主义建设的共同规律》，载《李达文集》第四卷，人民出版社1988年版，第556页。

怎样管理怎样着手管理的事情"①。可见，他把无产阶级政权的运行理解为吸引劳苦大众广泛深入地参与国家权力机能的执行。党建设农村革命根据地的实践表明，只有民众的政权才能全心全意为群众谋利益，"解决群众的生产和生活的问题，盐的问题，米的问题，房子的问题，衣的问题，生小孩子的问题，解决群众的一切问题"②。根据历史唯物论的观点，只有不断促进生产力的解放和发展，无产阶级才能消灭私有制和阶级差别，才能为实现人的自由而全面发展奠定物质基础。李达阐明了马克思主义创始人关于无产阶级政权能够极大地解放和发展社会生产力的思想。他强调，无产阶级政权将把发展生产力作为首要的和主要的任务，"无产阶级借政治的优越权，施强迫手段夺取资本阶级一切资本，将一切生产工具，集中到劳动者的国家手里，用最大的加速度，发展全生产力"③。他指出，在一切生产者直接参与管理的苏维埃政权的领导下，工人的劳动热情高涨，必然大大促进产业发展，正如列宁所说，"一切大机械工业是社会主义生产力底泉源，是他的基础，都必要有一种绝对的而且紧密的意志一致，由这种意志的一致来指导几百千万人底共同工作"④。李达认识到，公有制能够促使人们向自由平等迈出一大步，生产者直接参与管理政权能够激发其主人翁意识，这都有利于生产力的发展和人民生活水平的提高。正如毛泽东指出的，苏维埃政权进行经济建设的目的是不断发展人民的经济，"大大改良群众生活，大大增加我们的财政收入，把革命战争和经济建设的物质基础确切地建立起来"⑤。中国共产党从局部执政到全面执政的实践都证明，民众的政权是解决人民的生产生活问题的天然主体。这正是马克思主义理论家李达衷心向往和极力倡导建立民众政权的深层原因。

① 李达：《劳农俄国研究》，载《李达全集》第二卷，人民出版社 2016 年版，第 206 页。
② 《毛泽东选集》第一卷，人民出版社 1991 年版，第 138—139 页。
③ 李达：《马克思还原》，载《李达文集》第一卷，人民出版社 1980 年版，第 31 页。
④ 转引自李达：《劳农俄国研究》，载《李达全集》第二卷，人民出版社 2016 年版，第 206 页。
⑤ 《毛泽东选集》第一卷，人民出版社 1991 年版，第 122 页。

（四）发展国家资本主义是发展产业、改善民生的必要环节

国家资本主义是资本主义与国家政权结合而成的一种经济形态，其性质由政权性质规定。在资产阶级专政时，它是国家垄断资本主义，与私人资本主义的本质无异。在无产阶级专政时，它是无产阶级在控制国家经济命脉的前提下对其加以限制和利用的资本主义。李达多次强调，无产阶级掌握政权后，必须利用国家资本主义发展产业，"借以增加工业产品的供应，通过税收和公积金为全国家积累工业化的资金，扩大商品的流转，维持劳动者的就业"①，因为要解决产业劳动者问题，"就必须针对中国劳动问题和劳动运动的特殊性，打倒帝国主义和封建势力，发展民众的国家资本主义"②；要解决手工工人问题，"只有由国家的力量发展国家资本，把手工工人改编到国家产业的部门内去工作"③；要解决商业店伙问题，"只有迅速发展国家资本，打破目前畸形的商业资本的发展"④；要解决失业者问题，也只有发展国家资本。很明显，李达这里提及的"国家"，就是人民的政权，就是苏维埃政权或无产阶级政权，而无产阶级政权的性质决定了它的政策必然以解放和发展生产力、提高人民生活水平为根本出发点与最终目的。

李达倡导国家资本主义，主要受列宁的国家资本主义思想的影响。第一次世界大战期间，德国统治者为调动全国力量投入帝国主义战争，实行资本主义生产国家化，建立一个国家机构来指导全体国民的经济生活。列宁认为既然这个政策在容克贵族的领导下能够实施，那在无产阶级的领导下也一定

---

① 李达：《中华人民共和国宪法讲话》，载《李达全集》第十八卷，人民出版社 2016 年版，第 155 页。

② 李达：《中国产业革命概观》，载《李达文集》第一卷，人民出版社 1980 年版，第 493 页。

③ 李达：《中国产业革命概观》，载《李达文集》第一卷，人民出版社 1980 年版，第 494 页。

④ 李达：《中国产业革命概观》，载《李达文集》第一卷，人民出版社 1980 年版，第 494 页。

能够实施。李达驳斥了反共产党者、反社会主义者制造的"苏俄推行国家资本主义，放弃共产主义了"一类舆论，指出苏俄推行国家资本主义，不但没有背离而且创造性地发展了马克思主义，因为马克思主义创始人看重的是坚持无产阶级专政，具体的经济政策完全交由各国的社会主义者根据自己的国情决定。十月革命前夕，列宁在《大难临头，出路何在?》一文中明确界定了国家垄断资本主义的政策性地位——是从小生产向社会主义过渡的必要环节："国家垄断资本主义是社会主义的最充分的物质准备，是社会主义的前阶，是历史阶梯上的一级，在这一级和叫作社会主义的那一级之间，没有任何中间级。"①这成为以后苏俄运用国家资本主义发展生产力的理论基点。李达突出强调了无产阶级专政对于国家资本主义性质变化所起的决定作用，认为只有坚持无产阶级专政，国家资本主义才能充当对抗小生产的唯一武器，才能充当加速向社会主义过渡的必要工具；否则，国家资本主义便会成为压迫劳动者的武器，不利于民生的改善。在实施新经济政策的过程中，列宁站在新的高度认识国家资本主义。列宁认为，在存在千百万小生产者的现实中，倘若一个政党还排斥、堵塞甚至禁绝资本主义的发展，无异于自杀，最终可行且唯一合理的政策是，把它纳入国家资本主义的发展轨道。在此基础上，李达阐述了列宁关于国家资本主义的地位和前途的思考，指出，"总之俄国苏维埃政府是极力想在无产阶级专政时期内引导那不可避免的资本主义的发达，向着国家资本主义的道路，而且预备在近的将来将他变为社会主义的"②。

李达通过考察苏联社会主义过渡时期的经济发展历程，对中国无产阶级革命胜利后的经济政策展开了有益的探索。他指出，过渡时期的经济发展，"必须顾虑到社会主义经济体系发展中的各个阶段……顾虑到社会主义建设各阶段的生产力的状态"③。他指出，十月革命后苏联过渡时期的经济发展经

---

① 《列宁选集》第三卷，人民出版社 1995 年版，第 266 页。

② 李达:《俄国的新经济政策》，载《李达文集》第一卷，人民出版社 1980 年版，第119 页。

③ 李达:《社会学大纲》，载《李达文集》第二卷，人民出版社 1981 年版，第 453—454 页。

历了战时共产主义时期、新经济政策时代的复兴期、第一个五年计划的改造期，之后便开始步入社会主义时期。他还指出，要在社会主义制度的主导下贯彻经济政策，在过渡时期的五种经济形态中，"社会主义的这种主导作用，影响于新经济政策的一切生产关系，而给予它的生产力以新的社会主义的质"①。在此基础上，李达成为我国率先提出过渡时期可以采取国家资本主义政策的马克思主义理论家。李达在《马克思学说与中国》一文中就探讨了中国将来的无产阶级政权采用国家资本主义的可能性："假使中国无产阶级能够掌握政权，当然可以利用政治的权力把私的资本主义促进到国家资本主义去。那么，将来采用的政策当然可以根据国家资本主义的原则来决定了。"②有学者指出，《马克思学说与中国》应该是中国共产党历史上最早结合列宁的"国家资本主义"理论论述中国问题的马克思主义文献。李达探索国家资本主义政策的时候，新民主主义革命远未胜利，苏联社会主义建设也刚刚开始不久，因而他在这方面的探讨可能不那么全面和系统。但他关于过渡时期国家资本主义的特征、趋势以及具体政策的论述，为新民主主义社会经济政策的制定提供了富有借鉴意义的启示。

李达主张，无产阶级在掌握政权后，在过渡时期要根据当时的产业状况和文化程度来决定具体的经济政策，比如，"以弱小民族产业之幼稚……即使民族革命实现，亦仅能开始实行资本主义"③，"对于资本主义企业的处理，也将因种种特点而有所不同，可以实行国有化，可以没收，可以'赎买'，可以采取国家资本主义的措施"④。对此，他结合中国的具体国情作了进一步探讨，指出中国是工业相当落后的农业国，建立无产阶级专政后，不能立即消灭而应当限制和利用资本主义，不能在生产力尚未充分发展的情况下就径

---

① 李达：《社会学大纲》，载《李达文集》第二卷，人民出版社1981年版，第457页。

② 李达：《马克思学说与中国》，载《李达文集》第一卷，人民出版社1980年版，第214—215页。

③ 李达：《现代社会学》，武汉大学出版社2007年版，第184页。

④ 李达：《社会主义革命与社会主义建设的共同规律》，载《李达文集》第四卷，人民出版社1988年版，第562页。

行向共产主义过渡，否则，势必导致社会生产力衰退，人民生活水平下降，也有违社会革命的初衷。他说，"苟时机未至，而遽欲强制的实行共产主义，则生产力必骤见衰减。社会革命本在于促进生产力之发展，今乃促使生产力之衰减，行见社会亦归于退化也"①。历史实践证明了李达倡导国家资本主义的合理性。建立人民民主专政后，中国共产党通过采取打击投机资本、稳定市场物价、合理调整工商业等措施以及开展"三反""五反"斗争，把一大批私人资本主义经济初步纳入国家资本主义轨道，促使大量私营工商业摆脱困境走向发展，逐步确立起新民主主义社会的经济秩序，提高了社会生产，稳定了人民生活。

综上所述，李达从近代中国的最大国情——半殖民地半封建社会出发，突出产业革命的极端重要性，阐明中国产业革命的目的、作用与途径，全面考察西方列强主导下的产业革命带来的种种社会问题，主张建立以民生为导向的中国特色产业体系；把产业的发展与消除国家的内忧外患结合起来，把解决绝大多数人民的生活问题与革命的前途、民族的命运结合起来；阐明在近代解决人民最直接的利益问题和保障人民最现实的各项权益的根本前提，是实现人民当家作主，从而突出了人民当家作主对于实现人的发展和产业发展的决定性意义；强调"我觉得一个国家的政策，总要根据当时产业的状况和文化的程度来决定"②，主张严格依据一定的生产力发展水平来调整生产关系；等等。这些理论贡献反映了李达把马克思主义运用于中国的具体实际，力图通过发展产业解决民生问题所作的努力。然而，在半殖民地半封建的旧中国，发展产业必须解决一个基本问题，即土地问题，正如毛泽东所指出的："土地问题不解决，农民无力改良土地，生产必至日减。"③围绕土地问题，李达同样作出了艰辛的理论探索，他在这方面的理论成果也成为李达民

---

① 李达：《现代社会学》，武汉大学出版社2007年版，第88页。

② 李达：《马克思学说与中国》，载《李达文集》第一卷，人民出版社1980年版，第212页。

③ 《毛泽东文集》第一卷，人民出版社1993年版，第43页。

生思想不可或缺的重要组成部分。

二、"农民问题的中心，是土地问题"

土地是农民赖以生存的基础。国民革命时期，国共两党都提出了"耕者有其田"的口号，国民党积极支持农民的减租斗争，推行"二五减租"的措施；在共产党的领导下，南方数省特别是两湖地区农民运动蓬勃发展，逐渐发展成直接争取土地的斗争。1926 年 7 月，中共中央提出包括"推翻农村中劣绅的政权，并要由革命的农民建立平民的政权""没收大地主、军阀、劣绅及国家宗祠的土地，归给农民"等关于农民问题的九条政纲。[①] 但是，这些政策执行得并不彻底。12 月，中共中央召开特别会议，决定限制农民运动的开展。农民运动的实践和农民生活的困苦迫切要求合理解决土地问题。由此，土地问题成为理论界研究的一个热点。李达也把解决土地问题作为发展产业的必备前提，指出："要发展中国产业，必须打倒帝国主义的侵略，廓清封建势力和封建制度，树立民众的政权，发展国家资本，解决土地问题。"[②] 为此，他运用马克思主义的立场、观点和方法，深入地研究了民主革命时期涉及农民的土地问题、民生问题及其关系，并就解决土地问题的方案展开了思考和探索。

（一）特定的社会形态是土地问题的发轫和民生维艰的根源

社会形态亦称社会性质。马克思主义认为，社会生产关系伴随生产力变

---

① 参见中央档案馆编：《中共中央文件选集》第二册，中共中央党校出版社 1983 年版，第 291 页。

② 李达：《中国产业革命概观》，载《李达文集》第一卷，人民出版社 1980 年版，第 495 页。

化和发展，"生产关系总合起来就构成所谓社会关系，构成所谓社会，并且是构成一个处于一定历史发展阶段上的社会，具有独特的特征的社会"①。显然，社会形态是经济基础和上层建筑的有机统一体。

李达是最早从经济学视域系统地分析近代中国社会形态的马克思主义理论家。1929 年，他相继发表《中国产业革命概观》《社会之基础知识》《民族问题》，对中国经济结构中的三种成分即外国资本主义经济、封建经济和民族资本主义经济作了认真的考证，认为中国民族资本主义外遭西方资本主义经济的挤压、内受封建经济的阻碍，并没有起主导作用。因此，"中国一面是半殖民地的民族，同时又是半封建的社会"②。李达关于近代中国社会形态的论断，遵循了历史唯物主义，符合中国的时代特征，引起了毛泽东的关注，为中国共产党新民主主义理论的形成提供了逻辑支持。

李达力图从人民受压迫的角度认识国家的地位。他指出，中国近代的外交史完完全全是列强侵华的历史，"从国民的地位看起来，几无一页不是满载着伤心惨目奇耻大辱的事实"③。特别是中日甲午战争之后，"中国国际地位已降在殖民地之列了"④。这就基本明确了中国社会的半殖民地性质。李达进一步指出，中国人民处在帝国主义和封建军阀的双重压迫之下，生活"如水益深，如火益热"⑤，从而阐明了半殖民地的社会政治形态与民生维艰的关系。这一状况在农村表现得尤为突出。李达从帝国主义工业品的倾销、中国原材料的被掠夺、传统家庭手工业的破产、买办的居中剥削、国家对外贸易连年的巨额逆差、大量赔款及外债的偿付等方面详细说明了帝国主义压榨之

①　《马克思恩格斯文集》第 1 卷，人民出版社 2009 年版，第 724 页。

②　李达：《社会之基础知识》，载《李达文集》第一卷，人民出版社 1980 年版，第 558 页。

③　李达：《为收回旅大运动敬告国人》，载《李达文集》第一卷，人民出版社 1980 年版，第 198 页。

④　李达：《为收回旅大运动敬告国人》，载《李达文集》第一卷，人民出版社 1980 年版，第 199 页。

⑤　李达：《为收回旅大运动敬告国人》，载《李达文集》第一卷，人民出版社 1980 年版，第 201 页。

深、农民负担之重。民主革命时期，帝国主义的经济侵略最终都转嫁到中国农民头上。这清晰地表明，半殖民地的社会政治形态是民生维艰的根源。

李达考察了半封建的社会经济形态与土地问题的关系，"土地私有权是土地问题的中心，佃租又是土地私有权的基础"①。这意味着土地私有权是土地问题的症结所在，佃租则是土地私有权在经济上的实现形式，也表明只要以地主土地私有制为主体的封建经济依然存在，农民就还要受土豪劣绅的剥削。李达还从转嫁捐税、加重佃租、高利贷盘剥等方面揭露了民主革命时期土豪劣绅等势力对农民敲骨吸髓式的封建剥削致使广大农民失去土地、无法生存的事实。这说明半封建的社会经济形态既是土地问题的发轫，也是民生维艰的根源。

一般说来，社会形态包含一定社会的政治形态、经济形态和意识形态。民主革命时期政治形态的主要特点体现为帝国主义的侵略使中国整体上沦为半殖民地，使中国人民遭受帝国主义的沉重压迫；经济形态的主要特点体现为封建半封建的土地所有制经济仍占绝对优势，使农民承受封建主义的残酷剥削；意识形态的主要特点之一体现为帝国主义灌输的奴化思想与中国民族主义意识激烈交锋。这种社会形态从根本上造成中国社会土地问题严重、民生困苦。正如毛泽东所指出的，在半殖民地半封建的中国，广大人民，特别是农民，日益贫困乃至大批走向破产，"他们过着饥寒交迫的和毫无政治权利的生活。中国人民的贫困和不自由的程度，是世界所少见的"②。

（二）土地问题直接引发民生问题

民主革命时期，中国农村人口占全国人口的绝大多数，呈现典型的农业国特征。于是，"农民问题是一般民生问题中的主要问题"③。即是说，当民族

---

① 李达：《佃租论》，载《李达全集》第四卷，人民出版社 2016 年版，第 277 页。
② 《毛泽东选集》第二卷，人民出版社 1991 年版，第 631 页。
③ 李达：《土地问题研究》，载《李达全集》第四卷，人民出版社 2016 年版，第 301 页。

矛盾成为社会的次要矛盾时，农民的生活便成为民生问题的主要方面。众所周知，土地既是农民最重要的生产资料，又是农民维持生计的根本保障。在辛亥革命之后，一方面，由于人口基数庞大，中国人口仍稳步增长；另一方面，工业化对土地的需求扩大，虽时有新垦田地产生，全国耕地总数却相对稳定。正如马克思、恩格斯所指出，"这个国家的缓慢地但不断地增加的过剩人口，早已使它的社会状况变得为这个民族的大多数人难以忍受"①。所谓"过剩人口"，就是指因为失去土地被迫从传统小农经济中分离出来却又没有转化成工业人口的游民。游民不断增加，是人地矛盾尖锐化的产物，严重影响了人民的正常生活。

李达从空前突出的人地矛盾入手，着重分析了耕地分配不均等土地问题的产生原因及其对民生的严重影响。首先，他从中国传统体制方面分析了加剧人地矛盾的历史因素。他认为，中国历史上的财产继承制度，实行分家析产，大大增加了农民缺地失地的可能性，因为农家的耕地由多子分承，代代分割，"于是大农分化而为中农，中农分化而为小农与过小农"②。其次，李达着眼于产业革命的弊端阐明了加剧人地矛盾的外部因素。进入近代，中国踏入列强主导的工业化进程，小农经济逐渐破产，"渐次促进家族制度的崩坏，驱使农民化成工业劳动者"③。历史事实是，这些等待着成为工业劳动者的农民大多摆脱不了沦为游民的命运。再次，李达从军阀混战的后果方面阐述了加剧人地矛盾的现实因素，认为由于连年内战，部分农民"被募当兵，弃锄荷枪，解散之后复归于农者少"④。最后，李达指出，人地矛盾激化，直接导致土豪劣绅加重剥削。他从田租、附加租、力役等方面揭露了佃农所遭受的

---

① 《马克思恩格斯全集》第 10 卷，人民出版社 1998 年版，第 277 页。

② 李达：《中国社会发展迟滞的原因》，载《李达文集》第一卷，人民出版社 1980 年版，第 694 页。

③ 李达：《中国产业革命概观》，载《李达文集》第一卷，人民出版社 1980 年版，第 404 页。

④ 李达：《中国产业革命概观》，载《李达文集》第一卷，人民出版社 1980 年版，第 406 页。

苦不堪言的重重剥削，认为佃农到了"放下镰刀无饭吃"的地步，农业生产大受干扰。

李达出于对贫苦农民生活境遇的由衷同情，利用详细的资料和严谨的论证，一针见血地指出了民主革命时期土地问题对民生的种种危害。在此基础上，他强调："这种完全不合理的土地制度，正是我国在长时期中国弱民穷的根源，也是帝国主义所以侵入我国的内部原因。"①"掠夺这多余农产物的最好方法，就是把土地据为己有，作为剥削的手段"②。即是说，产生土地问题的关键原因，在于土地归地主所有，导致农民被迫处于受剥削被宰割的地位。

（三）民生维艰呼唤土地问题的合理解决

民主革命时期的中国农村，农民被地主残酷压榨，无资金、少时间投入生产；农民肥料短缺，靠天种地，畜力缺乏，劳动力浪费严重；他们无力置办新农具和改良生产技术，农业生产效率低下。农村经济趋于衰退，农民生活苦不堪言。李达把土地问题看作农村问题的核心和农业经营的基础，强调：如土地问题不能求得适当解决方法，则其他农村一切问题，皆无从说起！③ 合理解决土地问题逐渐变成社会的强力呼声。合理解决土地问题要求真正实现耕者有其田。耕者指的是农民，耕者有其田就是农民或农民阶级当家作主的国家拥有土地的所有权，农民无偿获得土地的使用权。实现耕者有其田，地主就失去了剥削农民的根基。反过来，农民在经济上翻了身，积极投身于生产和革命，有望彻底改变自己的生活与命运。

首先，李达从推进农民运动的角度阐明了合理解决土地问题的必要性。

---

① 李达：《中国共产党的中国革命论》，载《李达文集》第四卷，人民出版社 1988 年版，第 690 页。

② 李达：《佃租论》，载《李达全集》第四卷，人民出版社 2016 年版，第 276 页。

③ 参见李达：《我们对复兴农村的意见》，《广东经济建设月刊》1937 年第 5 期。

国民革命后期，农民运动如春潮怒涌，蓬勃发展，有力地配合了国民革命军反帝反封建的军事斗争。农民阶级在革命中显示出极为重要的地位和作用，成为中国革命的主力同盟军。倘若农民不参加革命，革命就没有基础。从这个意义上说，"中国的革命也可以说是农民的革命"①。基于对现实情况的深入分析，李达认为要动员农民参加革命，首先必须解决农民最关心最现实的利益问题，民主革命"取得农民援助的唯一方法，就是满足农民最切身的要求，即土地要求"②。只有合理解决土地问题，才能推进农民运动，这是生于贫苦农家的李达依据农民追求美好生活的强烈愿望得出的正确结论。

其次，李达着眼于不断扩大的佃农队伍论述了合理解决土地问题的紧迫性。当时，几乎所有军阀、官僚同时是占有广袤良田的大地主。军阀、官僚疯狂掠夺土地，大大加快了耕地产权集中的速度。由此，"在农村经济破产正在继续进行的状况中，自耕农中之中小农降而为佃农，乃必然之趋势"③。不难看出，佃农增多，实际反映了农民受剥削程度加深，负担加重，生计更难维持。李达把这个现象称为一种必然导致"政治混乱"的"经济混乱"，并断言："中国革命，即是要打破这种经济的混乱和政治的混乱，去求得新的出路的"④。历史证明，只有中国共产党领导的新民主主义革命，才能真正实现耕者有其田，才能合理解决土地问题。

最后，李达从粮食产量严重不足的角度指出了合理解决土地问题的重要性。当时，农民遭受沉重剥削，荒地增多，农业投入较少，生产效率低下，加之军阀勒令种植鸦片，即使在经济形势相对较好的20世纪30年代前期，全国主要农产品产量的增长也不明显。遇到战争，粮食产量就会大幅下降。

---

①　李达：《土地问题研究》，载《李达全集》第四卷，人民出版社2016年版，第301页。

②　李达：《中国共产党的中国革命论》，载《李达文集》第四卷，人民出版社1988年版，第691页。

③　李达：《中国产业革命概观》，载《李达文集》第一卷，人民出版社1980年版，第401页。

④　李达：《中国产业革命概观》，载《李达文集》第一卷，人民出版社1980年版，第394页。

巨额的粮食缺口，只能靠进口来填补一部分。1933 年，中国大米净进口额
是 1912 年的 8.43 倍。人民解放战争时期，国民政府忙于发动内战，国统区
大米进口大减，粮食产量不足进一步凸显。食粮紧缺，最挨饿的是处于社会
底层且人数众多的农民，他们终年劳苦，却难得一日温饱。中国是一个农业
国，反要仰赖外国接济粮食，李达由此推及农村经济的破产和农民问题的发
生。李达认为，"农民问题的中心，是土地问题，土地问题不解决，农村经
济没有复兴的可能，新式产业也没有发展的可能，占人口过半数的农民生活
问题，便不能解决"①。显然，他立足于"占人口过半数的农民生活问题"，强
调了合理解决土地问题的重要性。

（四）马克思主义地租理论是分析土地问题、民生问题的钥匙

马克思、恩格斯批判地继承了前人的地租理论，揭示了人类社会土地私
有制及地租的本质，形成了马克思主义地租理论。他们认为：地租不是自然
力作用的产物，而是土地所有权在经济上的实现形式；地租是一个历史的范
畴，不同土地所有权中地租有性质上的差异。马克思主义地租理论不仅揭示
了资本主义地租形成的规律，而且阐述了地租形成的一般规律，也为李达研
究近代中国的土地问题和民生问题的关系提供了理论钥匙。

李达在 1928 年发表的《佃租论》（上、下篇）中，运用马克思主义地租
理论论证了土地私有权是土地问题的症结所在，承认佃租是土地私有权在经
济上的实现形式，比较准确地把握了近代中国租佃问题的实质。

李达把民主革命时期的佃租分为差额佃租、绝对佃租、独占佃租和都市
宅地佃租。李达不仅首次明确了都市宅地佃租的概念，还从房租和租佃的关
系入手，界定了都市宅地佃租的性质。"实际上从社会问题的见地说，都市

---

① 李达：《中国产业革命概观》，载《李达文集》第一卷，人民出版社 1980 年版，第
493 页。

宅地佃租的意义和农业佃租的意义，有同等的重要，而其根本理论，两者也是相同"①。李达关于都市宅地佃租的论断，反映了当时封建剥削由农村向城市的渗透。

李达把差额佃租看作一种由于地质和位置的差异而产生的农产品的价格差额，并把其产生的主要原因归结为收益递减法则。"从根本上说起来，佃租的发生虽然由于耕种范围的扩张，而实际却由收获递减法则而然的"②。所谓收益递减法则，即在一定土地上连续追加劳动和资本，当投入超过一定限度时，追加部分的所获及土地总收益的增加都呈递减趋势。技术不变或技术没有重大突破是土地收益递减规律客观存在的基本前提。从李达所处的时代条件看，他对差额佃租产生原因的分析是合理的。某些资产阶级经济学家如马尔萨斯、布尔加柯夫等从土地收益递减理论出发，把资本主义社会的一些民生问题，如贫困、失业等，归结为所谓的"自然的原因"。李达指出："从事于农业劳动的劳动生产物的部分越是加大，越是有大部分为地主们所占有。这种寄生阶级的继续增大，即是表示全体农业劳动人口的共同利益的损失。"③ 显然，李达从相同理论出发，把民主革命时期的主要民生问题归结为"社会的原因"，即土地私有制和租佃制。李达的这个结论符合马克思主义的基本观点。这也表明，李达在土地问题的看法上不失马克思主义理论家的本色。

李达从价值规律的被排斥、"土地报酬递减"规律的作用、田地贷借双方地位的不平等、社会经济的滞后等四个方面考究了佃租的实额远远超过理论标准的原因，深刻揭露了土地私有制下地主收入来源的非正当性和寄生性。在此基础上，李达提出一些对策，如发展生产以缩小弱势社会群体队伍，废除土地私有以维护弱势社会群体的权益等，体现出对当时社会弱势群体的深切同情。

---

① 李达：《佃租论》，载《李达全集》第四卷，人民出版社 2016 年版，第 286—287 页。
② 李达：《佃租论》，载《李达全集》第四卷，人民出版社 2016 年版，第 280 页。
③ 李达：《佃租论》，载《李达全集》第四卷，人民出版社 2016 年版，第 282 页。

李达从导致民生困苦与侵犯社会利益的角度剖析了佃租对民生和社会利益的严重危害。一方面，他认为在食物短缺的情形下，谷价一定上涨，佃租势必随之抬高，"这时候便要牺牲消费者的利益，增加社会一般的负担"①。一方面，这意味着高额佃租拖累了农民生活，损害了消费者的利益。另一方面，他指出佃租产生和增加的社会原因，是耕种技术的进步和粮食需求扩大，而地主不稼不穑，把全社会共同努力的成果据为己有，侵犯了社会利益，"不劳而获者即是社会的寄生虫，即是为害于社会的"②。

李达运用马克思主义地租理论，历史地看待人类社会的佃租现象，科学地分析了佃租产生和变化的原因，比较了资本主义地租与封建佃租的性质差异，论证了土地私有对民生、对社会的主要弊端和危害。不难看出，李达的《佃租论》是对马克思主义地租理论的丰富和发展。

（五）土地国有化是改善民生的关键

列宁是最早明确界定土地国有概念的马克思主义经典作家。他说，"土地国有化就是全部土地收归国家所有。所谓归国家所有，就是说国家政权机关有权获得地租、有权规定全国共同的土地占有和土地使用的规则"③。列宁把国家对土地的所有权分解为占有权、支配权和使用权。这表明土地国有化是实现耕者有其田的基本条件。李达立足于国内现实，着眼于民生的改善，明确指出："农业劳动者和佃农的生活问题，成了很大的社会问题；同时土地问题也发生出来，所谓土地国有的要求，已成了普遍的趋势。"④

李达在《土地所有权之变迁》一文中，根据人与土地的关系把社会划分

---

① 李达：《佃租论》，载《李达全集》第四卷，人民出版社 2016 年版，第 292 页。
② 李达：《佃租论》，载《李达全集》第四卷，人民出版社 2016 年版，第 292 页。
③ 《列宁全集》第 16 卷，人民出版社 1988 年版，第 302 页。
④ 李达：《土地所有权之变迁》，载《李达全集》第四卷，人民出版社 2016 年版，第 217 页。

为无所有权、共同团体共有共用、共同团体所有而归私家使用、个人私有、土地国有等五个时期，从徭役繁重夺去农时、赋税苛重影响耕者的生产积极性、贫富不均推动土地买卖、诸侯及豪强兼并土地等角度分析了井田制遭破坏的原因，还从土地向不分配转化、享有政治特权者使家族间贫富不均等方面考察了地主土地私有制形成的原因，论证了私有制是剥削的源泉。李达的结论表明，废除土地私有制对于改变农民的生活与命运具有重要作用，因为农民没有土地，就无法生产，否认农民的土地所有权，必然否认农民占有自己产品的权利，正如美国学者乔治指出的那样，"承认土地的个人所有就是否定其他个人的自然权利。这个错误必然表现为财富的不平等分配"①。

李达强调，"所以现在的土地私有状态，一定要转移到人人都能生存的新式的共有状态"②。这里的"新式的共有状态"就是土地国有，从而指出了土地国有取代土地私有的必然性。他在《土地问题研究》一文中，还明确提出了实现土地国有化，进而改善民生的一整套原则和方法：以土地国有为原则，没收军阀土豪的土地，依据农民需要没收或收买地主的土地，不没收自耕农的土地；土地所有权不得买卖；由政府调查土地，由国家授予农民永久的土地使用权；国家向农民征收地税，向地主征收累进税；力行农业社会化；由国家保留部分公用地，建立新式农场，为农业社会化做准备；等等。李达的上述观点表明，土地国有只是手段，保证农民永久的土地使用权，实现"人人都能生存"才是目的。

众所周知，孙中山提出的新三民主义主张耕者有其田，土地公有，农民使用，国家向农民征收地税。李达的土地国有思想带有一定的新三民主义痕迹，但是二者有很大的区别。其一，新三民主义对于地主的土地是按价收买，而不是没收。李达意识到了此点主张的空想性，认为在农民迫切需要获

---

① ［美］亨利·乔治：《进步与贫困》，吴良健、王翼龙译，商务印书馆1995年版，第288页。

② 李达：《土地所有权之变迁》，载《李达全集》第四卷，人民出版社2016年版，第218页。

得土地的情况下，国家无法拿出巨额资金收买众多的土地。后来中国社会的走向证明李达的观点是切合实际的。其二，李达更加注重农民的利益，除强调农民土地使用权的永久性外，还主张把农民的需要作为处理地主土地的决定性因素。这也说明李达研究土地问题的出发点是追求人民利益的最大化。

俄国十月革命后颁布的《土地法令》规定废除地主土地所有制，实行土地国有化。"若是俄国底都会和工业地底无产阶级，对于富裕农民而不能把农村底贫农引为自己的同志，这时候，才能够说俄国社会主义革命机会尚未成熟"[1]。显然，李达认为十月革命之所以取得胜利，主要在于布尔什维克党把农民作为阶级同盟军，实行了正确的土地政策，获得农民的积极支持。

李达对土地所有权演进的考证，具有以下特点：首先，运用唯物辩证法，揭示出土地所有权演进的一般规律。李达强调，土地所有权的变迁中，"至于可以引导到进化的一般领向的大体法则，却是没有不同"[2]。即是说，虽然各国的物质条件、生活状态、人文环境和民族性不同，导致各国土地所有权演进的时间、程序和途径有差别，但是，由土地国有最终过渡到大同世界的普遍的总的趋势都是一致的。其次，李达强调，土地所有权随着社会生活出现变迁和发展，"社会进化之原动力实为生产力，生产力继续发达，则经济组织继续进化，政治法制及其他意识形态亦随而继续进化，此社会进化之原理也"[3]。显然，他遵循生产力是推动人类社会发展的根本动力这一基本原理，认定土地所有权变迁的根本动因是社会生产力的发展。最后，根据唯物史观，他认为土地私有和土地国有都是历史的范畴，都有一个产生、发展、消亡的历史过程。这些特点表明李达正确地运用了马克思主义的立场、观点和方法，科学地考察了土地所有权的变迁。

---

① 李达：《劳农俄国研究》，载《李达全集》第二卷，人民出版社 2016 年版，第 302 页。

② 李达：《土地所有权之变迁》，载《李达全集》第四卷，人民出版社 2016 年版，第 209 页。

③ 李达：《现代社会学》，武汉大学出版社 2007 年版，第 92 页。

　　综上所述，正如毛泽东所言："土地问题不解决，经济落后的国家不能增加生产力，不能解决农民的生活痛苦，不能改良土地。"[①] 中国共产党人把土地问题的解决与革命目标的实现结合起来，根据革命的现实需要，不断调整土地政策，逐步实现党在不同革命阶段的纲领和策略，最终通过土地革命或土地改革大大推动人民解放和民族独立。纵观中国近代革命史，农民问题是中国革命的基本问题，而土地问题的解决则是贯穿革命全过程的一条主线。李达适时把握住革命发展规律，比较准确地运用马克思主义地租理论探究土地问题的实质，借助土地问题的分析较早地初步认清了当时的基本国情，再结合列宁的土地国有思想提出了彻底解决土地问题的初步方案。李达深刻认识到，彻底解决中国近代的产业发展问题和土地问题，必须以社会革命为根本手段。这种手段，离不开马克思主义理论的宣传与教育，也离不开中国共产党领导的妇女运动的发展。由此，在李达民生思想中，教育和妇女问题成为一个绕不开的话题。

　　[①] 《毛泽东文集》第一卷，人民出版社 1993 年版，第 43 页。

第四章
文化和社会视域下李达民生思想的主要内容

五四运动时期，马克思主义在中国广泛而系统地传播开来，工人运动也不断发展。但是，在当时，中国人民的受教育状况与革命形势的发展很不相适应。教育经费都被军阀财阀们挪借，官办学校难以生存，而以提高人民文化知识水平为目标的私立学校又极少。这使得人们思想闭塞、文化程度较低，而广大妇女的境遇更糟。当时，以男子为中心的社会制度和以男尊女卑为特征的道德习惯仍然十分流行，广大妇女受教育的权利几乎完全被剥夺。另外，受外国资本主义入侵的影响，中国社会经济结构发生深刻变动，人民生活日益艰难，迫使众多妇女极力寻求职业教育和经济独立，进而谋求自身的解放和发展。有鉴于此，李达不懈追求民生的根本改善，长期致力于马克思主义理论的宣传和教育，进而对中国共产党领导的妇女运动作深入研究，逐步形成自己的教育思想和妇女解放思想。李达这些思想中的民生基调，着眼于深刻的思想改造和社会改造，从文化和社会视域构建起李达民生思想的又一主要内容。

一、"育乐是充实生存的要件"

当时，年长失学者不知有多少，无力求学者不知有多少，不甘受机械教育者也不知有多少，"至于为旧制度旧礼教所束缚所窒息永远不知求学的女子尤其不可胜数"①。李达立足于解决绝大多数人民的生活问题，结合中国工人运动、妇女运动的实际，锲而不舍地开展马克思主义宣传教育，并从理论上、实践上积极探索其方式和途径，为中国共产党人发展人民教育事业留下了宝贵的理论财富。

（一）教育是民生的重要内容

李达把教育看作民生不可或缺的一个重要内容。他在阐释民生可以理解为人类求生存时指出，民生的内容，除衣食住行外，还包含着教育和娱乐，"育乐是充实生存的要件"②。他把前者置于经济范畴，把后者置于生存范畴，并论证了教育与衣食住行之间的辩证统一关系，认为教育以衣食住行为前提条件，只有先解决衣食住行的问题，才能进一步谋教育需要的满足；而教育能充实和优化人类的生活，促进社会进步，进一步改善人们的衣食住行。马克思主义认为，人类社会的基本矛盾是生产力与生产关系的矛盾。这一矛盾反映在教育领域则具体化为：教育要为科技发展和就业增加服务，归根到底，要为人民的生产生活服务。人类的社会实践活动也说明，教育能够使人们获得社会所需要的知识与技能，帮助人们实现就业，进而解决人们的衣食住行等生计问题。李达把劳动者争取受教育的权利与他们拥有知识技能、提高思想觉悟，乃至享有幸福的生活联系起来。他指出，一方面，劳动者在奴隶般的状态中，每天过度地工作，不能受教育，永远没有知识、觉悟和幸福；另一方面，劳动者要获得知识、觉悟和幸福，就必须争取受教育的权利，就必须争取把每日三分之一的时间用于教育的权利。他强调，这个教育，包括一般的知识技能教育，但更重要的是思想教育。李达在解析民生的

---

① 李达：《平民女学是到新社会的第一步》，载《李达文集》第一卷，人民出版社 1980年版，第 129 页。
② 李达：《民生史观和唯物史观》，载《李达全集》第四卷，人民出版社 2016 年版，第225 页。

含义时，强调了教育在社会进步中的重要地位及其在改善人们生活中所起的巨大推动作用，实际上也承认了教育是民生的应有之义。

贴近民生兴教育是李达的一个重要思想。李达在《沿着革命的道路前进》一文中回忆，早在辛亥革命爆发前夕，他就萌生了教育救国的理想，认为正是由于中国人知识的落后，国家才积贫积弱，只有发展教育事业，唤醒人们的民族意识，才能国富民强。他于1921年在上海筹办平民女学时，就充分考虑到平民学生的生活实际——大量学生因为经济问题不能求学或中途退学，倡导学校设立工作部，为贫穷学生介绍工作，准拟学生每日半天做工半天学习，使学生获得起码的经济条件，以维持自己的生活和学习。1922年，他在《平民女学是到新社会的第一步》一文中曾称之为"工读互助主义"。当然，这与当时一度流行的工读互助主义运动有着本质区别。五四时期，部分青年受"劳工神圣"思想的影响，宣传"工读互助"，试图走工人与学生相结合的改良道路，建立起一个生产资料公有、工读互助、共同生产、共同分配、无强权也无政府的理想社会。在一些知识青年的推动下，全国逐渐形成较有声势的工读互助主义运动。但是，主要由于思想的和经济的原因，历时不到一年半的工读互助主义运动便昙花一现般地消失了。显然，与工读互助主义运动的空想社会主义性质不同，李达所论及的工读互助类似于后来的"勤工助学"，主张学生在学校的引导下，获得课余劳动之所得，用以创造学习及生活的最基本条件。民主革命时期，这种教育的目标是培养社会主义运动的骨干力量，救民于水火。

李达在从事教育活动的长期实践中，处处为民生着想。1922年，上海出现罢工的风潮，工人为争取改善劳动条件和生活境遇而斗争，李达作为平民女学的校长，积极支持学生们援助罢工的各项行动，如募捐、发传单、贴标语等。这是李达紧密联系民生办教育的实例。家乡的贫穷落后和乡亲们缺少文化，刺痛了李达的心。抗日战争胜利之初，李达从避难的大瑶山区返回家乡。为了把文化知识传授给家乡人民，为了改变家乡贫穷落后的状况，他毅然决定在当地创建一所小学——辅仁小学。李达为了缅怀父亲的养育恩情，以父亲的名字为校名。1946 年 2 月，经过数月的精心筹备，为家乡儿童特别是贫苦儿童兴办的辅仁小学，作为一所新型农村小学，在湘江曲河东岸开学了。新办的辅仁小学缺少办学设施，李达就腾出自己的住房作为教室，用自己节省下来的钱配置了 40 余张课桌、两块黑板、两张讲桌；教学人员不足，李达就自己任校长，还请自己的外甥李澄林、侄子李定香当教员。学校在创办初期共设五个年级；学生总共大约 70 多人，大多来自贫困家庭，学校一律免收学费。方圆十多里的少年儿童不分性别、不论出身都可入学，对于家境特别贫寒的学生，学校还免去他们的书费和课本费。李达常说，辅仁小学的办学目的，不是为国民党反动势力服务，而是为农民子弟服务。李达认为，师生人格平等，教学不能靠体罚，而要靠行动的感化。因此，在教学方法上，他主张学生多学多问、老师耐心说服、整体循序渐进；结合当时农村小学的实际，他主张注重感性教学法，多编些适合农村儿童阅读的通俗易懂的课外读物，多搞些直观的挂图，以拓展学生的视野。为了在学生的幼小心灵里播下爱国主义的种子，辅仁小学教育学生：只有追求国家独立自主，才会有贫苦大众的解放自由，才会有个人的幸福。这些做法获得李达家乡人民的一致赞颂："辅仁小学真是我们穷人的学校。"①为了应付国民党反动势力对这个学校的打压，李达不仅据理力争，还采取了一些防范措施：学校改设四个年级，学生读完四年级后转至他校；要求教师在课堂讲授与作业批改中不授人以柄。这样，学校在极端困难的环境中得以生存下来。1947 年春李达离开家乡到湖南大学当教授后，仍兼任该校校长，并按月汇回办学资金，寄来教学资料。1950 年 2 月，李达还把题写了"辅仁小学"四个字的校牌寄回。当年 9 月，李达将辅仁小学的全部校产转送给了人民政府在当地创办的岚角山完全小学。辅仁小学办了五年，学生数百，培养了一批有用之才，充分体现了李达矢志于教育、造福于民的精神。

可见，从思想到行动，李达既把教育看作民生的一个基本内容，又把改

---

① 参见宋镜明：《李达》，河北人民出版社 1997 年版，第 193 页。

善民生看作发展教育的最终目的。李达的上述言行，反映出教育离不开民生，民生也离不开教育。这一思想对于社会主义建设的实践具有长远的指导意义。

（二）发展平民教育，促进人民的自由平等

五四时期，随着民主思潮渗进教育领域，中国社会出现了一股平民教育思潮。这个教育思潮以受教育的权利平等和机会平等为主要诉求，以教育内容的平民化和教育方法的大众化为基本特征，吸引了大批知识分子投身其中。当时，推行平民教育的社团纷纷涌现，如北京大学平民教育讲演团、北京高师平民教育社、中华平民教育促进会等，它们反对封建主义专制教育和特权教育，主张在广大劳动人民中普及文化知识教育，并积极付诸行动，或以露天演讲为形式，或发行《平民教育》社刊，或开展旨在扫除文盲的识字教育运动，扩大了爱国主义文化教育，增加了平民的文化知识，提高了平民的文化水平。中国共产党创建时期，平民教育思潮出现分化，以李达、邓中夏等早期马克思主义者为代表的平民教育倡导者积极探索社会根本改造的道路，深入到劳动人民中去，以广大工农群众和妇女群众为对象，开展了蓬勃的工农教育和妇女教育活动，不仅传播文化知识，而且配合日益兴起的工人运动、妇女运动和国民革命，宣传革命理论，启发了人民群众反帝反封建的觉悟，产生深远影响。

中国共产党成立后，妇女干部极其缺乏，培养妇女运动骨干力量成为推动革命向前发展的迫切需要。陈独秀与李达商议"在上海创办一个平民女校，以期养成妇运人才，开展妇女工作"[①]。1922 年 2 月，经过 3 个多月紧锣密鼓的准备工作，平民女学在上海成都南路辅德里 632 号正式开课了。这是中国共产党领导创办的第一所女子学校，是"有平民精神的女子养成所"。李达

---

① 参见宋镜明：《李达》，河北人民出版社 1997 年版，第 71 页。

是平民女学的主要负责人，校务主任是他的公开身份。学校创办伊始分设初级班、高级班，共约 30 人，高级班学生有丁玲、王一知、王剑虹、黄淑英、高君曼等；初级班学生有钱希均、张怀德、卢亮、秦德君等。初级班学生文化水平比较低，以年长失学的女子为多，有党员与革命者的家属，也有逃脱包办婚姻追求革命的女同志。高级班学生则都具有较高的文化程度，都是为追求革命真理而来的进步青年。她们到了平民女校，"觉得自己有如出笼的小鸟，到了自由的天地，可以自由飞翔了"①。平民女学为无力求学的女子特设一个工作部，内分编织、织袜、缝纫 3 个组，目的是帮她们"取得工资维持自己的生活，实行工读互助主义"②。李达撰文要求工作部的学生努力做到："第一，须有刻苦耐劳之精神，切不可好逸恶劳，懒于操作。第二，须有严格自制的意志，切不可倚赖他人或仰助学校。"③ 这种办学形式，不仅解决了学生生活困难问题，而且把理论学习与实践操作结合起来，反映了当时平民教育和女子教育发展的必然趋势。

平民女学根据学生的文化程度进行课程设置，高级班开设语文、英文、教育学、数学、物理、化学等课程，初级班开设语文、初级英语、算术等课程。平民女学是专为平民女子设立的一所新型女校，是平民女子求学的地方。李达赞扬说，平民女校"的确是为女子解放而办的第一个学校了"，"实是以前所未有的学校"。④1922 年 3 月，李达发表《平民女学是到新社会的第一步》，强调了历史上特权教育的危害和兴办平民女学的社会意义。他指出，数千年来的中国，一切教育权掌握在有钱有势的人手中，都掌握在男子手中，社会强加的经济和法律的各种限制，剥夺了下层劳动人民及妇女的读书机会，"所以教育变成了特权阶级的特权，学校变成了他们压迫欺骗民众

---

① 徐特立等：《光辉的五四》，中国青年出版社 1959 年版，第 182 页。
② 李达：《平民女学是到新社会的第一步》，载《李达文集》第一卷，人民出版社 1980 年版，第 129 页。
③ 参见宋镜明：《李达》，河北人民出版社 1997 年版，第 73 页。
④ 李达：《平民女学是到新社会的第一步》，载《李达文集》第一卷，人民出版社 1980 年版，第 130 页。

的工具"①。李达抨击了教育的不平等，认为特权教育的本质是反动统治者对人民的愚弄和压迫，只有发展平民教育，使一般平民都享有受教育权，才能使他们有尊严地生活，才能促进社会的自由平等，"假使全国各大都市都能照样的把平民女学创办起来，使这类有觉悟的女子都能够得到求学的机会，那么，我想不上几年，真的女子解放的先锋队到处都要组织起来了"②。平民女学是中国共产党创建时期培养妇女干部的一个革命摇篮。教员都是具有新思想的进步人士，甚至不少是党的早期领导人。刘少奇、李达、陈独秀、陈望道、沈泽民、沈雁冰、邵力子、施存统、恽代英、张太雷等都为平民女学讲过课或做过演讲。平民女学的学生，不仅学习马克思主义理论与科学文化知识，还经常参加支援罢工的社会实践。她们贴标语，发传单，在工人群众中进行宣传。她们把各地支援罢工的募捐所得分发给罢工工人。平民女学的创办反映了我党对妇女解放运动与妇女教育事业的高度重视。平民女学的学生在党组织与李达等人的培养下，有的成长为著名的文学家、作家、教育家，有的成长为坚定的社会活动家。

1922 年 8 月，由毛泽东出任驻校校董兼校务主任的湖南自修大学正式成立，其办学宗旨是"研究各种学术，以期发明真理，造就人才，使文化普及于平民，学术周流于社会"③。它要求打破特权阶级对学校教育的垄断，使学校成为一所平民主义的大学。11 月，李达受毛泽东函邀，欣然出任湖南自修大学学长。时任湖南省长的赵恒惕欲拉李达去省审计院任职，遭拒。这反映了李达为了平民的教育事业不计名利、甘于清贫的高尚品格。此后一年，李达与毛泽东、何叔衡等住在长沙清水塘，以湖南自修大学为阵地，共同担负起宣传马克思主义、培养党的干部的使命。湖南自修大学是一所新型

---

① 李达：《平民女学是到新社会的第一步》，载《李达文集》第一卷，人民出版社 1980 年版，第 128 页。

② 李达：《平民女学是到新社会的第一步》，载《李达文集》第一卷，人民出版社 1980 年版，第 130 页。

③ 宋镜明：《李达传记》，湖北人民出版社 1986 年版，第 62 页。

的大学，李维汉、何叔衡、毛泽民、毛泽覃、郭亮、夏明翰、陈佑魁、夏曦等曾在这里学习或工作过。湖南自修大学要求打破旧的教育制度，成为一种平民主义的大学。它强调学生要树立正确的世界观、人生观，要不断追求进步，明确规定学生要"养成健全的体格，煎涤不良的习惯，为革新社会的准备"①。这是李达切实贯彻的革命骨干培养目标。湖南自修大学设有文、法两科，围绕马克思主义的传播、中国革命问题的探讨组织教学，推行以个人探究、小组讨论为主的学习方法。学校非常注重劳动教育，强调脑力劳动一定要与体力劳动相结合，并在校内设置园艺场和工厂，以供学生开展劳动锻炼。该校规定，本大学"图脑力与体力之平均发展，并求知识与劳力两阶级之接近，应注意劳动"②。这体现了教育制度和教育方法的平民性质。为了加紧培训党的青年干部，湖南自修大学还附设中学、法文专修科、补习学校，公开招生。学员最多时达200余人。李达主持校政和教学，指导学员自修，考查学员成绩，辅导他们学习马克思主义。李达特别重视马克思主义经典著作的组织学习，亲自给学员讲授马克思的《哥达纲领批判》，还编写《马克思主义名词解释》，引导学员们初步懂得了一些马克思主义原理，并以此来分析中国社会现状，加深他们对帝国主义和封建军阀的本质性认识，促使他们感受到社会主义、共产主义的光明前途。

　　湖南自修大学还是当时中国共产党在湖南的重要活动场所。学员大多是党组织严格挑选出来的党团员。他们一边努力学习马克思主义理论，一边积极参加党领导的革命实践。当时，中国共产党领导的相当有影响的学生团体——湖南学生联合会就设在自修大学内，党通过它发起、领导湖南学生运动。湖南学生联合会的学联干事部主任夏曦、会计彭干之、编辑委员夏明翰、庶务毛泽民等，都是这个大学的学员。湖南自修大学得到了当时教育界的普遍赞誉。蔡元培说，湖南自修大学组织大纲"合我国书院与西洋研究所

---

① 《湖南自修大学创立宣言》，《新时代》第1号，1923年4月10日。

② 宋镜明：《李达》，河北人民出版社1997年版，第90页。

之长而活用之"，"可以为各省的模范"。① 李石曾也说："湖南自修大学之成功……为社会自由制度实现之先导。"② 这些看法反映了湖南自修大学在当时中国社会所产生的广泛影响。湖南自修大学是湖南革命的摇篮。李达和毛泽东、何叔衡等一起，在湖南为党组织培养了一批革命骨干，一些学员如毛泽民、毛泽覃、郭亮、陈佑魁、夏明翰、罗学瓒、夏曦等，后来成长为革命的精英，对党的事业作出了重大贡献，并先后献出了宝贵的生命。

1927 年 3 月，毛泽东在武昌创立农民运动讲习所。不久，李达应邀前往讲授社会科学概论，宣传马克思主义理论。新中国成立后，李达担任武汉大学校长，提出高等教育要面向农村、支援农业、为农民服务。可以说，李达一生都是平民教育的积极践行者。

（三）用马克思主义武装群众，谋民生之幸福

马克思主义创始人十分重视运用科学理论的教育来提升工人的觉悟，谋人民命运的改变。马克思、恩格斯在《共产党宣言》中呼吁，"共产党一分钟也不忽略教育工人尽可能明确地意识到资产阶级和无产阶级的敌对的对立"③。在此基础上，列宁完整而又科学地阐明了"灌输论"。他认为没有革命的理论，就没有革命的运动，无产阶级只有组织群众并用科学理论武装群众，才能显示自己的伟大力量，所以，作为工人运动和马克思主义相结合的产物的无产阶级政党，应当实现马克思主义的通俗化、大众化，再以理论家、宣传员、鼓动员和组织者的身份，把科学理论从外面灌输给工人。李达继承和发展了马克思主义经典作家的这个思想，认为"若忽视这种阶级的心理和阶级的自觉，不去助长阶级斗争的运动，社会革命是不可期待的"④。

---

① 蔡元培：《湖南自修大学的介绍与说明》，《新时代》第 1 号，1923 年 4 月 10 日。
② 李石曾：《祝湖南自修大学之成功》，《新时代》第 1 号，1923 年 4 月 10 日。
③ 《马克思恩格斯选集》第一卷，人民出版社 1995 年版，第 306 页。
④ 李达：《马克思还原》，载《李达文集》第一卷，人民出版社 1980 年版，第 36 页。

这反映了李达极其重视科学理论在争取革命胜利、谋得人民幸福中的指导作用。

李达认为，科学社会主义理论只有依靠思想教育，为群众所掌握和运用，才能成为正确认识世界的工具，才能成为有效改造世界的雄厚物质力量。他指出，共产党要推进党的建设和革命事业，"就必须用科学的宇宙观和历史观，把精神武装起来，用科学的方法去认识新生的社会现象，去解决实践中所遭遇的新问题，借以指导我们的实践"[①]。在这里，"科学的宇宙观和历史观""科学的方法"指的是马克思主义。可以说，李达指明了马克思主义教育在科学理论与革命实践相结合中所起的桥梁作用。

李达积极探索向劳动人民灌输马克思主义的途径。李达把领导民主革命看作无产阶级的神圣使命，指出全靠无产阶级自己觉悟起来，革命才能成功。他分析比较了东西方的无产阶级革命，指出社会主义革命未能在欧美发达资本主义国家首先胜利的原因，主要在于欧洲社会主义运动没能有效提高无产阶级的思想觉悟。然而，中国无产阶级应该怎样提高劳动者的觉悟呢？李达认为，多数有待觉悟的工农群众，"应该由少数有阶级觉悟的人来启发他们，引他们到觉悟的途上去"[②]。在这里，"少数有阶级觉悟的人"就是中国共产党员，他突出了共产党员应当肩负的宣传科学理论的使命，主张共产党作为无产阶级的柱石和头脑，应努力使党员深入到人民群众中去传播革命理论，"撒布共产主义种子使他发酵起来"[③]，因为"共产党的天职，以组织训练无产阶级为己任的"[④]。他阐述的"组织训练"的一个主要目的，就是唤起劳动人民的阶级自觉，同时净化共产党内的非无产阶级思想。李达的上述主张推动了马克思主义的中国化、大众化，促进了共产党的早期思想建设，也加

---

① 李达：《社会学大纲》，载《李达文集》第二卷，人民出版社 1981 年版，第 7 页。

② 李达：《评第四国际》，载《李达文集》第一卷，人民出版社 1980 年版，第 134 页。

③ 李达：《评第四国际》，载《李达文集》第一卷，人民出版社 1980 年版，第 135—136 页。

④ 李达：《评第四国际》，载《李达文集》第一卷，人民出版社 1980 年版，第 135 页。

速了民主革命的胜利进程和人民当家作主的早日实现。

李达作为中国近现代史上卓越的马克思主义理论家，以马克思主义为指导，以改变人民的命运为目的，在哲学、经济学、政治学、法学、教育学、史学诸多学科领域均有很深的造诣。即使在脱党后的 20 多年时间里，他仍然坚守马克思主义理论阵地，笔耕不辍。他为人们留下了近 800 万字的著译、论文和书信，其中包括中国人自己写的结合本国革命实际并系统论述唯物史观的首部专著《现代社会学》、被毛泽东誉为"中国人自己写的第一本马克思主义哲学教科书"的《社会学大纲》、系统论述马克思主义经济学原理并在延安获得毛泽东推介的专著《经济学大纲》、中国学者以唯物史观为指导撰写的首部世界通史《社会进化史》、中国第一部系统论述马克思主义货币学原理的专著《货币学概论》、中国首部系统论述马克思主义法学的专著《法理学大纲》，等等。李达的大部分理论成果产生于民主革命时期，例如，从 1919 年 6 月到 1923 年 9 月，仅短短四年多，他就发表了 32 篇马克思主义译著。李达译介的大量马克思主义著作，对思想界影响颇大。近代学者郭湛波曾说，"中国研究马克思及辩证唯物论，要以陈独秀、李大钊、李达为最早，最有贡献。……在今日介绍成绩最佳，影响最大，当然是李达"[1]。甚至，李达的思想对毛泽东、刘少奇以及张闻天等革命领袖都产生了一定影响。

李达积极投身于马克思主义的宣传、教育实践，为人民谋幸福。1920 年秋，李达在由党发起、组织、创办的上海外国语学社讲授日文。从 1920 年 7 月到 1921 年 4 月，中国共产党早期组织在各地纷纷建立起来。为了从思想和组织上统一它们并创建一个全国性的无产阶级政党，迫切需要创办一些宣传马克思主义的、党性极强的刊物。1920 年 11 月，李达主持创办了《共产党》月刊，自己亲任主编。这是中国共产党创建时期在宣传马克思主义方面最重要的政治理论刊物之一。这个刊物的一大特点是在宣传建党思想方面最为突出。在《共产党》月刊（第 1—6 期）刊发的 53 篇文章中，探讨

---

① 郭湛波：《近五十年中国思想史》，山东人民出版社 1997 年版，第 281 页。

建党理论的即达 38 篇。李达本人在刊物上发表了文章 2 篇、短讯和消息 30 篇、短言 6 篇，共计 38 篇，超过该刊文章总数的三分之一。该刊着重宣传了列宁的建党学说和无产阶级政党的基本知识，介绍了国际无产阶级的建党经验，旗帜鲜明地批判了无政府主义和修正主义。在纪念俄国十月革命三周年之际创办《共产党》月刊，是建立统一的全国性无产阶级政党的"第一个实际步骤"。《共产党》月刊为 16 开本，每期 50 页左右，现存 1 至 6 期。该刊的版式和编辑体例由李达设计，前三期由正文、短言和世界消息三个栏目构成。为了增强针对性和时效性，该刊从第四期开始又增加了新栏目"国内消息"。这个刊物最早在神州大地上树立起共产党的旗帜，明确宣告他们的两大使命，"一是经济的使命，一是政治的使命"①，号召中国人民反抗列强的宰割和军阀政客的压迫，"举行社会革命，建设劳工专政的国家"②。李达及时给毛泽东寄发《共产党》月刊。毛泽东赞颂该刊"颇不愧'旗帜鲜明'四字"③，还推荐其刊的部分文章在湖南《大公报》上发表。李达与毛泽东围绕《共产党》月刊所载文章交换看法，这成为他们二人出版思想交流的逻辑起点。由于李达卓有成效的编辑出版工作，《共产党》月刊在当时广受欢迎。由李大钊建立的马克思学说研究会，专门发文通告进步学生和全体会员积极订阅这个刊物。北京的共产党早期组织不仅倡导自己的成员认真学习其刊载的内容，还把它介绍给劳动补习学校中的工人学习。该刊当时以多种方式广泛发行，成为进步人士接受马克思主义启蒙的必读教材，其发行量最大时超过 5000 份，在宣传马克思主义方面产生了极大影响。

1921 年 7 月，党的一大选举李达为中央局宣传主任。此后，他更是殚精竭虑地负责党的宣传教育工作。为出版发行马克思主义著作，李达在上海

① 李达：《〈共产党〉第五号短言》，载《李达文集》第一卷，人民出版社 1980 年版，第 746 页。

② 李达：《〈共产党〉第六号短言》，载《李达文集》第一卷，人民出版社 1980 年版，第 748 页。

③ 中共中央文献研究室：《毛泽东书信选集》，人民出版社 1983 年版，第 15 页。

成都南路辅德里 625 号主持了中国共产党历史上首个出版机构即人民出版社的建立，社址既是中共中央局宣传主任的办公室，也是李达的寓所。李达作为人民出版社的创办者和负责人，成为党出版事业发展史上的拓荒者。人民出版社的宗旨是"特刊行各种重要书籍（注：即马克思主义的启蒙读物），以资同志诸君之研究。……一面为信仰不坚者祛除根本上的疑惑，一面和海内外同志图谋精神上的团结"①。人民出版社的宗旨和要求在很大程度上体现了党创建时期李达的出版理念，即积极刊行各种倾向性极为明显的马克思主义著作，揭示革命的时代潮流，团结和引导马克思主义者一起奋斗。李达克服经费急缺、人手有限等种种困难，仅用了短短一年的时间，就促使 10 多种革命理论读物和经典著作在人民出版社成立初期顺利出版，其中包括《共产党宣言》（陈望道译）、《工钱劳动与资本》（袁让译）、《资本论入门》（李汉俊译）、《劳农会之建设》（李立译）、《讨论进行计划书》（沈泽民译）、《列宁传》（张亮译）、《共产党礼拜六》（王静译）、《共产党的计划》、《俄国共产党党纲》、《劳动革命史》等。上述译著的出版在当时大大推进了马克思主义大众化。

1922 年 2 月，他开始主办党的第一所平民女学，为党培养妇女干部，推动了妇女解放。1922 年 7 月，党的二大召开，党在全国人民面前提出了近代史上首个彻底的民主革命纲领。同年 11 月，他担任湖南自修大学学长，继续宣传马克思主义。为了宣传党的二大精神，毛泽东和李达于 1923 年 4 月以湖南自修大学校刊的名义，创办了《新时代》月刊，由李达任主编。这是继《共产党》月刊、《妇女声》半月刊之后，由李达主编的又一个马克思主义理论刊物。该刊担负着促成革命统一战线、宣传党的革命纲领的重要使命。李达在《〈新时代〉发刊辞》中提出了该刊的宗旨，那就是为了引导志同道合者从事革命和研究革命，"国家如何改造，政治如何澄清，帝国主义如何打倒，武人政治如何推翻……本刊必有一种根本的研究和具体的主张

---

① 李达：《人民出版社通告》，《新青年》1921 年第 5 期。

贡献出来"①。这表明李达从《新时代》月刊的创刊之日起，就把它与那些作为"文字杂货店"的普通校刊严格区分开来，强调它运用马克思主义研究中国革命和改造中国社会的出发点，突出了它的革命宗旨和鲜明主张。《新时代》月刊上刊发了一系列由李达执笔的旗帜鲜明的译文和论文，具有很强的针对性和理论性，其中包括《为收回旅大运动敬告国人》《何谓帝国主义》《旧国会不死　大盗不止》《马克思学说与中国》《中国商工阶级应有之觉悟》等，理论斗争的矛头直指帝国主义和封建主义，宣传了党的民主革命纲领，阐明了党的革命统一战线政策。《新时代》月刊每一期印行 2000 份，在半年多的时间里，共出版了四期。这个数量在当时十分惊人。1923 年 11 月，由于湖南军阀赵恒惕的打压，《新时代》被迫停刊。但它在李达的主持下，对传播马克思主义、宣传党的二大反帝反封建的会议精神，起到了不可估量的作用。

1923 年 9 月，由于种种原因，李达脱党，但仍始终不渝地坚持马克思主义的宣传教育工作。1927 年，李达在武昌中央农民运动讲习所讲授马克思主义理论。1928 年，他参与创办昆仑书店，在大革命失败后带头出版马克思主义书籍。1929 年，李达参与发起组织进步团体"本社"，意谓要保持革命的本分和纯洁性，不忘本，不做损害共产党的事。1930 年夏秋，他先后到上海法政大学、暨南大学任教授，利用讲坛宣传马克思主义。九一八事变后，李达在暨南大学作革命演讲，遭特务们毒打，右臂和锁骨被打断。住院月余，右臂仍动弹不得。1932 年 6 月至 7 月，他受党组织委托，在泰山给冯玉祥讲授列宁主义和唯物史观，宣传革命。1933 年 5 月，他再次为冯玉祥讲学。此后，他在北京多所大学任教，被进步学生和进步刊物誉为"红色教授"。李达在国民党的白色恐怖下，不屈地宣传马克思主义理论。

李达十分重视出版事业在科学理论与中国革命实践相结合中的桥梁作用。1932 年年初，他又独自创办笔耕堂书店。此后至 1937 年，笔耕堂书店

---

① 李达：《〈新时代〉发刊辞》，载《李达文集》第一卷，人民出版社 1980 年版，第 749 页。

先后再版与出版了李达自己翻译的《唯物史观解说》[（荷）郭泰著]、《现代世界观》[（德）塔尔海玛著]、《理论与实践的社会科学根本问题》[（苏联）卢波尔著]和《辩证法唯物论教程》[（苏联）爱森堡等著]等马克思主义哲学著作。特别是他自己撰写的《社会学大纲》，在短期内再版了四次。1939年，李达在第四版的序言中阐明了出版的目的及意义，即为了彻底实现民族的解放，"就必须用科学的宇宙观和历史观，把精神武装起来……去解决实践中所遭遇的新问题，借以指导我们的实践"[①]，并确信该书的出版能够适应这种需要。李达的《社会学大纲》出版后，得到毛泽东的极度重视。毛泽东在紧张的战争环境下，仍然将该书读了10遍，并详细地作了眉批；他还向抗日军政大学和延安哲学研究会推荐这部哲学名著，誉之为"中国人自己写的第一本马克思主义哲学教科书"；他还高度评价李达的出版功绩，誉其为"真正的人"。

1947年春，李达开始在湖南大学任教。国民党特务机关对他百般刁难，禁止他公开讲演、在家会客和过问政治，还强令他讲授自己不熟悉的法理学，幻想以此来阻止李达宣传马克思主义。李达坚定地说："要我不宣传马克思主义办不到！法理学中，不是同样可以宣传马克思主义吗？"[②]李达置个人安危于不顾，坚持用马克思主义观点讲授法理学课程，逐渐成为我国马克思主义法学的带路人。完全可以说，20世纪三四十年代，李达的教学实践是他毕生致力于马克思主义教育活动的重要组成部分。正如毛泽东所说，"大革命失败后到今天的二十多年里，你在国民党统治区教书，还是一直坚持了马列主义的理论阵地……人民是不会轻易忘记的"[③]。李达作为马克思主义宣传家、教育家，教育了一批又一批革命者和进步人士。历史证明，李达为党的早期宣传工作及马克思主义教育工作作出了很大贡献，提高了人民的

---

① 李达：《社会学大纲》，载《李达文集》第二卷，人民出版社1981年版，第7页。

② 参见武汉大学出版社编：《为真理而斗争的李达同志》，武汉大学出版社1985年版，第184页。

③ 吕芳文、余应彬主编：《一代哲人李达》，岳麓书社2000年版，第105页。

思想觉悟，推动了革命向前发展。

在民主革命时期，李达传播马克思主义谋人民之生存幸福的活动，以1923年9月他脱党为界，可分为两个时期：前期，从1919年6月发表首篇介绍马克思主义的文章《什么叫社会主义?》到脱党，以宣传为主，教育为辅；后期，从脱党到新民主主义革命取得胜利，以教育为主，宣传为辅。马克思主义宣传与马克思主义教育既有联系又有区别：一方面，两者都以实现人的自由而全面的发展为终极目标，宣传是一种开放的广泛的教育，教育是一种系统而有深度的宣传；另一方面，在特点上，宣传具有广泛性、开放性、形式多样性，教育则呈现系统性、完整性、形式单一性。于是，李达脱党前的马克思主义宣传活动，与妇女运动、工人运动相结合，与共产党的纲领政策相结合，与无产阶级革命相结合，社会影响很大；李达脱党后的马克思主义教育活动，面向进步学生和知识分子，社会影响相对较小，从这一点看来，李达脱党"是在政治上摔了一跤，是个很大的损失"[①]。然而，在学术方面，李达在脱党的20多年里，潜心于马克思主义理论的研究和教育，取得了丰硕的学术成果，成为当时马克思主义社会学、经济学的知名教授，被进步学生和进步刊物誉为"红色教授"，初步奠定了他作为马克思主义理论家教育家的学术地位。

（四）新中国的高等教育要积极融入民生

随着新中国的成立，年青的一代为了谋求更好的生存与发展条件，不断提升自身教育水平，积极争取接受高等教育，努力提升自身综合素质。高等教育成为新的历史条件下民生问题的重要内容，其服务民生的地位和作用越来越突出。1949年12月，李达重新加入中国共产党，并任中南军政委员会委员、文化教育委员会副主任、湖南大学校长等职。1953年2月至1966

---

① 转引自王炯华等：《李达评传》，人民出版社2004年版，第341页。

年 8 月，他任武汉大学校长，被选为中国科学院学部委员、中国哲学学会会长、中国科学院武汉分院院长。李达长期从事高等教育的党政管理，对高等教育与民生建设的关系有不少独到的见解。

李达在新中国成立之初全面主持湖南大学工作的三年中，积极贯彻党的教育政策，以"为人民办高等教育"为宗旨，推行"进步思想、健全体魄、科学知识"三位一体的办学方针。他认为，政治与业务是有机统一的，新中国的建设者必须具备"德才资"。德要求全心全意为人民服务，才资是建设新中国的专业本领。追求全心全意为人民服务的奋斗目标，没有专业本领是徒劳的，但"德是根本，没有德，才资都没有用，有时还有害"①。换言之，仅注重技术素质而忽视政治素质的单纯技术观点是错误的、有害的，会大大抑制工作热情的充分发挥，不可能做到全心全意为人民服务。因此，培养高质量的国家建设人才，必须推行"进步思想、健全体魄、科学知识"三位一体的办学方针。李达在创建新湖大的过程中，倡导教师群体紧密结合业务学习开展思想政治理论学习，紧密结合业务教育开展爱国主义教育。他指出，教学的过程中必须培育爱国主义精神，教学如果脱离了爱国主义教育，就会沦为不切实际的空谈，就会与教育的人民性格格不入。他认为高等教育办学必须解决的首要问题，就是弄清为谁而教、为谁而学的问题。培育掌握最新科学技术、全心全意为人民服务的高级人才，是"人民大学教育的目的"②。他还强调，人文社会科学类专业教学必须贯彻人民的办学方向、科学的教学内容、民族的教学形式；自然科学类专业教学必须为经济建设服务，为国防建设服务。他明确指出，必须彻底革新旧的教学方法，要努力做到以自学为主，自学学习、教师讲授与集体学习相结合；要走群众路线，加强教师与学生、教师与教师之间的相互联系，努力做到师生互助，教学相长；要做到理论与实际相结合，既要死书活读，联系社会实际问题与人民利益

---

① 李达：《改进我们的教学工作》，《人民湖大》1950 年 10 月 7 日。
② 李达：《在湖南大学学生会第三届代表大会开幕典礼上的讲话》，载《李达全集》第十六卷，人民出版社 2016 年版，第 256 页。

诉求领悟书本知识，又要死书活用，利用书本知识回应社会实际问题与人民利益诉求。

1950 年，担任湖南大学校长的李达，批评旧中国的一些从事自然科学的研究者"不大关心民生疾苦"，指出他们只顾搞好科研工作，完全不过问政治，并未注意到科学对劳动人民生活的影响，虽然自认为是与反动政治力量不发生关联的超阶级的，却"都直接间接地替统治阶级做了帮凶"。由此，他严肃地指出，新中国的自然科学工作者，要抛弃旧社会的习气和作风，"必须要把方向转换，朝着广大的劳动人民！要认清时代的潮流……同时更要认清自己对于新社会所负的使命——为新民主主义社会的劳动人民服务"①。李达认为，社会主义制度确立后高等教育工作者与民生的关系必然发生质的变化，因为只有社会主义国家的科学研究者，"才能真正为人民服务……为广大人民谋取更多的幸福"②。

李达在担任湖南大学校长期间，尤其重视以人民利益为旨归的高校思想政治理论教育。当时湖南大学成立了由李达牵头的政治课委员会，组织全校师生系统学习共同纲领、《毛泽东选集》、中共党史、社会发展史以及时事政策。李达亲自主编《社会发展史》，带头授课，强调学习社会发展史，就是要学习"毛泽东思想的中国社会观"③。李达指出，只有学习毛泽东思想的中国社会观，才能理解近代以来中国社会发展的客观规律，才能自觉地为建设新中国而奋斗。李达还强调学习社会发展史，必须树立辩证唯物主义观点、劳动观点、阶级观点、群众观点、组织观点。④ 这一时期，李达在工作之余，发表了《读〈怎样分析农村阶级〉》《〈实践论〉——毛泽东思想的一个基础》

---

① 李达：《自然科学与政治》，载《李达全集》第十六卷，人民出版社 2016 年版，第 30 页。

② 李达：《自然科学与政治》，载《李达全集》第十六卷，人民出版社 2016 年版，第 31 页。

③ 李达：《学习社会发展史》，载《李达文集》第四卷，人民出版社 1988 年版，第 8 页。

④ 参见李达：《学习社会发展史》，载《李达文集》第四卷，人民出版社 1988 年版，第 14—27 页。

《怎样学习〈实践论〉?》《〈实践论〉解说》《怎样学习党史》《读毛泽东同志在 1926 年至 1929 年的四篇著作》《读〈为争取千百万群众进入抗日民族统一战线而斗争〉》等论文，并印发给全校师生学习。李达说，"所谓政治学习，就是要学习马列主义与毛泽东思想……正确了解社会发展的规律"①。通过深入的思想政治理论学习，全校师生初步树立了辩证唯物主义的社会观和为人民服务的科学人生观，认识到中国共产党伟大、光荣、正确，认识到中国共产党人是真正为人民谋幸福的。

李达严格遵循党的政治路线和高等教育方针，努力地培养国家建设人才，"保证在发展生产的基础上逐步提高人民物质生活和文化生活的水平"②。1953 年 10 月，李达在武汉大学新学年开学典礼上的讲话中指出，高等教育是为国家培养合格人才、合格干部的重要一环，高等学校必须具备的课程是马克思主义关于自然和社会发展规律的科学，在此基础上，对于"适应国家经济建设计划所要求的不同部门的不同建设人才"，"在广博的基础知识之上进行不同类型的专业教育，使其理论与实际相结合，全面发展与专业训练相结合，以培养出对各种建设事业胜任的专家"③。李达认为这既是高等教育的办学方向，也是综合大学的基本方针。显然，在李达看来，新中国高等教育必须面向社会主义民生建设培养人才。

李达主政武汉大学的 13 年间，特别重视师资队伍建设，致力于打造优质师资力量。"所谓大学者，非谓有大楼之谓也，有大师之谓也"④。长期从事教育工作的李达深谙此理。1955 年，高等教育部提出德、智、体全面发展的教育方针。李达据此着重指出："贯彻全面发展的教育方针的关键，在于教师

---

① 李达：《"湖大"人民工作的方向》，载《李达全集》第十六卷，人民出版社 2016 年版，第 11 页。

② 李达：《教学工作是学校一切工作的中心》，《新武大》1953 年第 98 期。

③ 李达：《教学工作是学校一切工作的中心》，《新武大》1953 年第 98 期。

④ 转引自刘述礼、黄延复编：《梅贻琦教育论著选》，人民教育出版社 1993 年版，第 10 页。

树立全面负责的思想。"①他认为，提升高等教育质量的核心问题是提升高校教学质量，如果高校教师的思想政治素质都能够得到提升，都能全面负责，都能关怀大学生在政治、业务、身体等方面的全面发展，高等教育质量的提升就会有坚实保证。李达指出"要办好学校，就要有几个名教授，办好一个系，就要有几个拔尖的人"②，学科带头人是提升教学质量、打造教学品牌、培养高素质人才的核心因素。他把师资培养工作置于极其重要的位置，主张"把中级骨干充实起来，希望三至五年之内，十至八年之内，涌现一批名教授，要培养一批人才出来"③。李达善于发现、培养、选拔高校教学科研人才，全力以赴地充实师资队伍。高等教育部副部长、科学院学部委员、著名化学家曾昭抡教授于 1957 年被错划为右派分子后，很多高校畏而远之，不敢聘用他。李达力排众议，大胆地聘请曾昭抡教授来武汉大学任教。在那个年代，这是需要很大的勇气与非凡的魄力的，也体现了李达办好高等教育事业的强烈惜才之心。曾昭抡教授来到武汉大学之后，担任教研室主任，创办新专业，招收研究生，对青年教师起到了"传、帮、带"的重要作用，使一大批中青年学术骨干脱颖而出，对武汉大学化学专业的发展产生了深远的积极影响。这无疑离不开李达慧眼识才、真心爱才、不拘一格用才的办学思路。

李达在关心、帮助中青年教师成长的同时，十分尊重、礼遇老教授，在政治上对他们充分信任，在工作上为他们努力创造条件，在生活上给他们种种照顾，充分发挥中青年教师、老教授在教学与科研方面的积极性。中青年教师的培养是提升高校整体实力的长远之计。武汉大学哲学系在新中国成立之初的院系调整中，被并入北京大学哲学系，原哲学系的教学科研人才一个不留地调出武大，从而给武汉大学哲学专业的重建与发展带来极大的困

---

① 转引自徐正榜、陈协强编：《名人名师武汉大学演讲录》，武汉大学出版社 2003 年版，第 257 页。

② 李达：《在第九次校务委员会上的讲话》（1963 年 4 月 29 日），《武汉大学学报（社会科学版）》1981 年第 1 期。

③ 李达：《谈办好高等学校问题》，载《李达文集》第四卷，人民出版社 1988 年版，第 725 页。

难。1956 年，当时兼任中国哲学学会会长的李达决定重建武汉大学哲学系。他采取三个办法来加强哲学系的师资队伍建设：亲自到北京大学、中国人民大学去聘请青年教师；依靠本校派到这两所高校且已回校的哲学专业青年教师；继续派青年教师到这两所高校学习。[①] 哲学系重建之初，为打造一支优质的师资力量，李达亲自登门到北京大学聘请了萧萐父、陈修斋等一批青年教师，这为武汉大学哲学学科的长远发展打下了厚实的基础。李达作为党的主要创始人之一和资深的理论家、宣传家、教育家，年近古稀，带着一身病痛，亲自为邀请中青年教师到武汉大学工作而奔波，并关心他们的成长。陈修斋教授回忆："他在我家坐下不久，就感到胃痛难忍……他一面就着茶水吃了几片，压压胃酸，一面忍痛和我谈话……而态度还是那样的和蔼、诚恳、亲切。"[②]李达每次到北京开会，"无论怎么忙，总要把在北京学习、进修的武大同志找到他那里去畅谈"[③]，有时他还亲自跑到北京大学研究生宿舍看望正在进修的本校青年教师。李达非常尊重那些学术有专攻的老教授，经常登门造访，找他们促膝谈心，征询他们的办学建议。正是李达的真心爱才、善于用才，主动解决众多教师的后顾之忧，才使武大教师得以专注于教学科研工作，在教学、科研方面硕果累累。

李达倡导积极开展哲学社会科学研究，为社会主义建设服务，最终"提高劳动人民的物质生活和文化生活的水平"[④]。1959 年，李达先后发表《积极发展哲学社会科学的理论研究工作》《掀起理论学习的高潮》《沿着理论联系实际的方向前进》《哲学社会科学工作者努力的方向》等文章，对积极发展哲学社会科学的研究提出了自己的看法。首先，他结合中国革命史，阐述了

---

① 参见陶德麟：《李达同志与武汉大学哲学系的重建》，载《珞珈哲学论坛》第 1 辑，武汉大学出版社 1996 年版，第 73 页。

② 陈修斋：《百感交集怀李老》，《武汉大学学报（哲学社会科学版）》1981 年第 1 期。

③ 《纪念和学习李达同志——哲学系教师座谈纪要》，《武汉大学学报（哲学社会科学版）》1981 年第 1 期。

④ 李达：《社会主义革命与社会主义建设的共同规律》，载《李达文集》第四卷，人民出版社 1988 年版，第 562 页。

哲学社会科学的重要性。李达指出，对中国革命事业的胜利起着决定性作用的是中国共产党党内的一些哲学社会科学的巨匠，他们创造性地运用、宣传和发展了马克思主义，从而正确地指导了革命的实践。其次，他总结了一套加强哲学社会科学理论研究的方法。其中，关于高校的主要有继续执行党的"百花齐放，百家争鸣"的政策、努力扩大研究队伍等；关于研究者的主要有努力钻研党的一切纲领性文件及领袖著作、扭转重理论轻实际的教条主义倾向、克服重实际轻理论的经验主义倾向、充分全面系统地掌握有关资料等。他强调，要"善于从纷繁庞杂的现象中找出本质、抓住主流，善于从新生事物的萌芽状态中看出它们的发展前途"[①]。最后，他提出了哲学社会科学理论研究中关于当代民生的一系列重大课题，如两个过渡的问题[②]、人民公社问题、商品生产和价值规律问题等。李达的这种以新中国的高等教育为平台，运用马克思主义立场、观点和方法对当代重大民生问题展开理论研究的思想，对于促进中国特色社会主义建设具有长远的指导意义。

李达把高等教育与农业、农民、农村问题联系起来，主张高等教育要为农业服务，要面向农村、支援农业、热爱农民。党的八届十中全会明确提出，要加强科学技术研究，特别是农业科学技术的研究，大力培养相关人才。1963 年元旦，李达在面向全校师生的广播讲话中指出，高等教育的办学思想应该是"贯彻党的教育方针，提高教学质量和科学水平，培养各种合乎规格的人才，并且贯彻勤俭办学的方针，直接地或者间接地为贯彻发展国民经济的总方针，建设社会主义的新农村和现代化的大农业而努力"[③]。这充分体现了李达通过办好高等教育提高广大农民生活水平的强烈愿望。

---

① 李达：《哲学社会科学工作者努力的方向》，载《李达全集》第十九卷，人民出版社 2016 年版，第 49 页。

② 注：即由集体所有制向全民所有制过渡的问题、由社会主义向共产主义过渡的问题。

③ 李达：《团结一致　增强信心　鼓足干劲　迎接新的胜利》，《新武大》1963 年第 371 期。

综上所述，李达作为马克思主义理论家、教育家，积极探索马克思主义教育的内在规律，"他毫不动摇地坚持讲授，传播马克思主义的革命理论，对于寻找出路的青年无疑是大有益处的。用马克思主义武装起来的青年知识分子勇敢地投身于伟大的民族民主革命运动，成为中国革命的重要力量之一。应当说这也是与李达的宣传教育分不开的"①。他还作为新中国高等教育管理的开拓者之一，认真贯彻和执行党的教育方针，努力按照教育规律办事，为发展社会主义的高等教育，也为高等教育全面融入民生作出了很大贡献。李达毕生为人民的教育事业孜孜不倦。他在长期的马克思主义教育实践中，突出包括众多劳动妇女在内的广大人民在社会主义运动中的地位和作用，对于发动广大劳动妇女积极投身于社会主义运动、实现她们的自由与发展作出了重要的理论贡献。

二、"妇女问题，即是广义的社会问题"

在《社会之基础知识》一文中，李达指出："社会问题，是现代市民社会组织内部的矛盾所酿成的大多数人民的生活问题。"②李达论及的社会问题有广义和狭义之分。他认为，社会问题就狭义来解释，就是劳动问题，劳动问题再加上妇女问题，就是广义的社会问题。他进一步把妇女问题分为妇女劳动问题和普通妇女问题，认为前者以要求劳动的自由为主旨，重心是经济问题，与男子的劳动问题基本相同；后者以要求消除社会生活中的男女不平等为主，属于人格问题。李达明确指出，探讨妇女问题的本意，是在一定的经济基础条件下，让男女"共同携手参与改造事业，和那共同的社会的敌人

---

① 宋镜明：《李达的教育实践和办学思想》，《武汉大学学报（社会科学版）》1984年第3期。

② 李达：《社会之基础知识》，载《李达文集》第一卷，人民出版社1980年版，第543页。

奋斗，建设男女两性为本位的共同生活的社会"①。在近代中国，与绝大多数人民生活问题密不可分的妇女问题主要是指妇女解放的问题。马克思主义经典作家高度评价妇女解放在社会变革中的作用，指出："没有妇女的酵素就不可能有伟大的社会变革。社会的进步可以用女性（丑的也包括在内）的社会地位来精确地衡量。"②这说明，妇女解放的进度切实反映了社会发展的程度，也与人民的幸福生活息息相关。

当时，中国广大劳动妇女身受政权、族权、神权、夫权四根绳索的束缚，受教育的权利被完全剥夺，处于社会的最底层。而俄国十月革命胜利后，苏维埃政权废除了歧视妇女、妨碍婚姻自由的法律，实现了男女真正平等。与自诩为"民主国家"的英法等国的妇女运动相比，俄国的妇女运动起步晚、奏效快且彻底得多。这引起李达的极大关注。他相继翻译和撰写了不少关于妇女解放的著作，如《列宁的妇人解放论》（译）、《劳农俄国的妇女解放》（译）、《〈女性中心说〉中译本序言》、《告诋毁男女社交的新乡愿》、《社会主义的妇女观》（译）、《介绍几个女社会革命家》、《女性中心说》（译）、《说明本校工作部之内容》、《平民女学是到新社会的第一步》、《〈产儿制限论〉中译本译者绪言》、《产儿制限论》（译）、《女权运动史》等，探究了妇女问题的根源和妇女解放运动的进程，介绍了欧洲国家特别是俄国妇女解放运动的历史，并结合中国近代妇女解放运动的实际情况，运用马克思主义的立场、观点和方法来分析探讨妇女问题尤其是中国妇女问题，阐明了一系列关于妇女问题及妇女解放的基本思想。

（一）妇女问题有着深刻的社会历史根源

李达从发展生产力和变革生产关系着手，探讨了妇女问题的经济根源。

---

① 李达：《女性中心说》，载《李达全集》第二卷，人民出版社 2016 年版，第 90 页。

② 《马克思恩格斯全集》第 32 卷，人民出版社 1974 年版，第 571 页。

他说:"妇女问题发生于私有财产制度确立之后,这无论中国与外国都是相同的。"① 根据马克思主义"经济基础决定上层建筑"的基本原理,大体来说,原始社会的氏族组织需要男女共同应付环境,是以男女两性为中心的,男女地位平等,然而,随着畜牧农耕经济取代渔猎采集经济,人类进入文明时代,生产方式出现变化,私有财产形成,阶级分化和社会革命也得以产生,用于畜牧农耕的劳动力以男子为多,实际上把女子排斥在社会生产之外,女子由于社会分工的不同逐渐从社会退居家庭,在经济上逐渐降至纯粹劳动力性质的隶属地位,不断"商品化",进而失去社会地位和独立性,男子则日益垄断社会生产事业,逐渐取得了统领性权力,男子社会中心地位最终得到确立;② 此后,男子凭借手中掌握的经济权,创制了奴隶制度、婚姻制度和家族制度,使自己逐渐成为治者,女子则完全成为被治者。正如恩格斯所说:"随着家长制家庭,尤其是随着专偶制个体家庭的产生,情况就改变了。家务的料理失去了它的公共的性质。它与社会不再相干了。它变成了一种私人的服务;妻子成为主要的家庭女仆,被排斥在社会生产之外。"③ 而那些有权力的男性支配者,"定出了奴隶制度,家长制度。从前所传的血族女系制度,被这些新制度根本推翻了。……既有了父系的私有财产制度,男子劳力所得的东西,当然归之男子,家族财产继承权,也归于男子了"④。李达尝试对"女权不竞"现象进行学理性阐释。他运用唯物史观,把妇女受压迫的实质归结为基于财产私有的不平等,从而阐明了妇女受压迫的经济根源。

李达从社会地位变化的角度揭示了妇女问题的制度根源。李达在《女子解放论》一文中梳理了从古到今妇女社会地位"变化隐伏"的四个阶段:"男阀跋扈与女子之征服"阶段、"男子中心社会之确定"阶段、"女子之商品化"

---

① 李达:《女权运动史》,载《李达全集》第二卷,人民出版 2016 年版,第 391 页。
② 参见李达:《女子解放论》,载《李达全集》第一卷,人民出版社 2016 年版,第 15—19 页。
③ 《马克思恩格斯选集》第 4 卷,人民出版社 1995 年版,第 72 页。
④ 李达:《女子解放论》,载《李达文集》第一卷,人民出版社 1980 年版,第 12 页。

阶段、"女子沦于悲惨的遭遇"阶段。李达运用唯物史观，力图从人类经济生产方式和社会组织的历时性演变中阐释妇女问题。他还指出，残害女子以包办、买卖的旧式婚姻制度为最，"天下最忍心害礼惨无人道的事，要算这是第一了！此种野蛮婚制，若不根本废除，人生岂有生趣"①。在这些陈腐的制度下，"男子有权有势有实力，俨然变成了个独裁君主，女子什么权利自由，被剥夺得干干净净"②。由于这些制度的存在，世界成了男子绝对主导的世界，社会成了男权社会。

李达在揭示传统伦理道德局限的基础上论述了妇女问题的文化根源。他认为，中国是一个农业国家，男性本位的社会制度，男尊女卑的道德习惯，几千年间一直流行，而女子的受压迫源于精神的自由被束缚，"女子视男子为神灵、为圣贤，为智识的宝库。知识感情意志，全都模仿男子的。自己没有知情意，以男子的知情意为知情意，事事都向男子请教。男子把她做蠢物看待，鄙薄她无知识，自己立于教授的地位"③。正是这种三纲五常、三从四德等封建礼教的遗留习气造成女子理性缺欠、感情脆弱、意志柔和，造成女子的才智和能力没有发挥的机会。

李达还着眼于近代经济结构的变动，探讨了妇女问题的社会根源。他指出，产业革命以后，家庭生产日趋没落，下层劳动妇女迫于生计，"不能不群趋都市以谋生，惟女子所操之工作及其所受之工银，较男劳动者尤为低劣，且因劳动法尚未颁布之故，女工所感受之苦痛，特别重大，此亦中国妇女劳动问题之特性也"④。在中国近代，妇女劳动问题，"也就显出了半殖民地的半封建的特殊性"⑤。换言之，中国近代广大妇女除身受政权、族权、神权、夫权这四根绳索的束缚外，还承受帝国主义压榨之苦，灾难深重。

---

① 李达：《女子解放论》，载《李达文集》第一卷，人民出版社 1980 年版，第 18—19 页。
② 李达：《女子解放论》，载《李达文集》第一卷，人民出版社 1980 年版，第 13 页。
③ 李达：《女子解放论》，载《李达全集》第一卷，人民出版社 2016 年版，第 23 页。
④ 李达：《现代社会学》，武汉大学出版社 2007 年版，第 132 页。
⑤ 李达：《现代社会学》，武汉大学出版社 2007 年版，第 132 页。

（二）妇女解放是全面的解放

李达指出："解放女子，并不是破坏家庭，不过使妇人加入共同生活，要他变为共同生产者的一员，完成社会的真价值。"① 总体看来，他关于妇女解放的思想主要涉及人身、经济、政治、精神和社会制度等方面。

实现婚姻自由是妇女人身解放的社会前提。旧中国广大妇女人身的不自由集中反映在婚姻制度上，李达指出："中国数千年只有买卖婚姻，掠夺婚姻，残忍无人道的东西"②，"婚姻的结合，由两造父母主持，一个是买主，一个是卖主。彼此交换条件议好的时候，这桩就算成了。好像买卖牛马似的"③。如何反抗这种压制人性的婚姻制度？李达主张男女正当交际、自由恋爱，"家庭中最大的幸福，在夫妇间有真挚的恋爱。夫妇间所守的道德，也只有恋爱。必定先有恋爱，方可结为夫妇，必定彼此永久恋爱，方可为永久的夫妇。……而且彼此恋爱，个人相互间的幸福愈益增进，可构成社会的真价值"④。在此基础上，他甚至大胆提出，无恋爱的旧式婚姻，无感情维系，便无道德支撑，离婚、再婚都是应当被允许和无可厚非的。1921 年，李达又发表《告诋毁男女社交的新乡愿》一文，引导男女青年认清旧婚姻制度的陈腐和丑恶，共同反抗旧制度和旧道德。

争取经济独立是妇女物质解放的必要手段。李达在《女子解放论》中阐述了物质自由和精神自由的辩证关系，一方面，"女子所以屈从男子的，因为精神上的自由被束缚的缘故。精神上的自由所以被束缚的，因为物质上的自由先被束缚的缘故。如今要将女子解放，须先使他恢复物质上的自由"⑤；另一方面，一旦物质自由发展到一定的节点，精神自由的需求自然被激发和

---

① 李达：《女子解放论》，载《李达文集》第一卷，人民出版社 1980 年版，第 22 页。
② 李达：《女子解放论》，载《李达文集》第一卷，人民出版社 1980 年版，第 18 页。
③ 李达：《女子解放论》，载《李达全集》第一卷，人民出版社 2016 年版，第 22 页。
④ 李达：《女子解放论》，载《李达文集》第一卷，人民出版社 1980 年版，第 19 页。
⑤ 李达：《女子解放论》，载《李达文集》第一卷，人民出版社 1980 年版，第 23 页。

被满足，这时，妇女自由才有望完全实现。李达还指出，妇女物质解放的关键是职业问题，即劳动问题，"女子既然从事劳动，一则得免家庭的拘束，二则由劳力所得，有独立的收入，可以自营生活。所以渐渐的不为男子所左右，并且与男子立于相对的地位了"①。因此，他鼓励妇女勇敢地摆脱对男子的依赖，冲破家庭的羁绊，积极争取工作的权利和机会，努力获得经济独立，让社会自然承认女子应有的价值与地位。

积极参政议政是妇女政治解放的基本内涵。旧中国的广大妇女几乎失去了所有参政议政的机会。李达极为重视劳动妇女基本政治权利的获得，他在《女子解放论》中指出，广大妇女普选权的拥有是世界妇女运动的大势所趋，"所以现在的女子，当从速觉悟，预备与男子共同运动，求得普通选举权。男子亦宜先自觉悟，与女子互相提携；谋平民的福利"②。他在《女权运动史》中扼要地介绍了欧洲女权运动的进程，着重阐述了自己关于女性参政的观点，最后断言"真正的妇女解放……竟在劳农俄国首先实现了"③，从而为中国妇女的政治解放指明了方向。1922年7月，党的二大召开，李达被指定为妇女问题组的召集人。由此，他的妇女解放思想在会议通过的《关于妇女运动的决议》中有所体现。该决议案号召共产党人"帮助妇女们获得普遍选举权及一切政治上的权利与自由"④。这样，李达等先进知识分子终于找到了推进妇女解放运动的现实切入点。

男女同等教育成为妇女精神解放的最重要条件。李达关于妇女解放的一个具体主张是男女同校同学。他分析了中国广大妇女不能获得受教育权的社会原因，认为进入阶级社会后，男子成为治者，女子则成为被治者，使得女子的人格被贬低、人类的进化迟滞、人生的幸福减少。他在指出妇女受压迫

---

① 李达：《女子解放论》，载《李达文集》第一卷，人民出版社1980年版，第15页。
② 李达：《女子解放论》，载《李达全集》第一卷，人民出版社2016年版，第24页。
③ 李达：《女权运动史》，载《李达文集》第一卷，人民出版社1980年版，第184页。
④ 中央档案馆编：《中共中央文件选集》第一册，中共中央党校出版社1982年版，第57页。

的基础上，主张通过男女共同教育，从思想上、经济上入手，使女子知道自己是一个"人"。为此，他从六个方面分析了男女共同教育的必要性和重要性，如合乎自然径路、教育不可有差别、经济合算、互增学问趣味、集思广益、共同进步等。李达主张男女共同教育的落脚点是解决社会问题，使劳动人民早日过上幸福生活。他这种提倡男女同等受教育、正当交往的开明教育思想，有益于促成当时男女之间人为壁障的瓦解，有益于增强妇女的主体意识和维权意识。在中国共产党领导下的新中国，男女同校最自然不过，男女平等业已实现。对比当年李达等人曾经为之奔走呼号的事实，马克思主义的科学性和社会主义制度的优越性不言而喻。

社会制度的根本改造对妇女解放具有全局性意义。李达在 1919 年发表的《女子解放论》一文中，从唯物史观出发，已经意识到变更社会制度对改变"女权不竞"的重要作用。当时，李达提出从七个方面创造条件以推动妇女解放，如婚姻制度的改善、男女普通选举的实行、男女共同教育、女子经济的独立、女子精神的独立、家庭恶习的废止、娼妓的禁绝等。李达认为，上述条件是在"考察欧美，参酌国情"的基础上总结出来的，在西方国家不是已经做到，就是正在实行，并非不切实际的空想。1921 年，李达在《绅士阀与妇女解放》一文中开始思考怎样才能从根本上切实改善妇女的地位。对此，李达认为，从政治、经济、教育上改变"女权不竞"状况的改良性"绅士阀运动"，是"就表面上两三种结果努力运动，也只是枉费心力罢了"[1]，并不能从根本上解决问题，而必须注意到"劳动者和资本家间所有的阶级差别"[2]。在他看来，妇女解放不可能脱离人类解放而独自开展，要实现全人类的解放，必须改变剥削制度，除此别无他法。至此，李达已然认识到，旧社会中国妇女背负着社会制度和经济制度的双重桎梏，

---

[1] 李达：《绅士阀与妇女解放》，载《李达全集》第二卷，人民出版社 2016 年版，第42 页。

[2] 李达：《绅士阀与妇女解放》，载《李达全集》第二卷，人民出版社 2016 年版，第46 页。

为实现妇女解放，必须"彻底地改造现存国家和社会，庶几可以撤废于劳动妇人最有害的赁银奴隶制度及与现时产业组织和私有制度有密切关系的性的奴隶制度"①。

（三）产儿制限促进妇女解放

产儿制限论作为一种来源于西方马尔萨斯主义的人口理论，在新文化运动时期曾引起不少知识分子的关注。关于产儿制限的内涵，瑟庐说，"不过用科学的方法，使做母亲的有决定产生子女数的自由"②。简言之，产儿制限就是指通过科学的避孕措施控制妊娠，实现优生优育，以提高妇女的生活质量，增强全社会人口的整体素质，即当代人口学中的计划生育。

一位西方女权主义者曾指出："我们已看到束缚女人的生殖和家务的角色是没有保障她获得同等尊严的原因。"③ 即是说，女性被边缘化是连续生育的现实产物。在中国近代，李达较早认识到产儿制限与妇女解放的紧密关系。为了宣传产儿制限的真正意义，唤醒那些产儿制限的反对者，1922年10月，李达翻译了日本学者安部矶雄著的《产儿制限论》，并亲自撰写《〈产儿制限论〉中译本译者绪言》，由商务印书馆出版。这部译著很大程度体现了李达通过产儿制限促进妇女解放的思想。

李达从分析中国妇女的生活质量和社会地位入手，认为中国妇女普遍承受着多育、常育的沉重负担，而无节制的生育从身体和精神上摧残着广大妇女，剥夺了她们享受文化生活的机会、经营社会生活的余裕和经济独立的可能，是女性居于劣势地位的一个重要原因。他批评了那种限定妇女管理家庭

---

① 李达：《绅士阀与妇女解放》，载《李达全集》第二卷，人民出版社2016年版，第46页。

② 瑟庐：《产儿制限与中国》，《妇女杂志》1922年第8卷第6号。

③ ［法］西蒙娜·德·波伏娃：《第二性（全译本）》，陶铁柱译，中国书籍出版社1998年版，第488页。

或教育子女的贤妻良母主义，肯定产儿制限有利于妇女挣脱家务的羁绊，使妇女有更多机会享受文化生活，认为"我们若是发明种种便宜方法，能使妇人每天只耗二三小时经营家务，那么，妇人一定能够享受比现在更高尚的生活了"①。他还对那些年过四旬仍在生育、有七八个子女的妇女表示极大的同情，指出："无觉悟的妇人或者不知道自己的不幸，而从文化生活的见地说来，却是再不幸没有的事了。"② 在李达看来，产儿制限对妇女解放起重要作用。

李达赞成产儿制限，但认为产儿制限仅仅是妇女解放的临时补救方法，只有社会主义才是妇女问题的根本解决之道，随着"将来社会主义的社会若能实现，儿童归社会公育，妇女受社会保护，妇人生子的苦痛便减除了；一般人民的智识增高，都能理解善种学的旨趣，粗制滥造的子女当然不会产出了；生产分配的制度改变，思想道德都随着进步，谁也不会把妇女当作育儿机械看了"③。他说："马克思派社会主义者所以不赞成产儿制限，是因为不肯用这种消极的姑息的手段，忘却根本的改革社会的目的。"④ 他把实现社会主义看作解决包括妇女生育问题在内的众多社会问题的前提条件。在半殖民地半封建的旧中国，实现人民解放和国家独立是妇女解放的根本前提。由此，李达的上述观点在当时是符合中国的基本国情的。在社会主义初级阶段，计划生育是我国必须长期坚持的一项基本国策，它也有利于提高广大妇女的社会地位。李达的产儿制限论对于特定时期抑制人口的过快增长具有重要的理论价值。

---

① ［日］安部矶雄：《产儿制限论》，载《李达全集》第三卷，李达译，人民出版社2016年版，第55页。

② ［日］安部矶雄：《产儿制限论》，载《李达全集》第三卷，李达译，人民出版社2016年版，第56页。

③ 李达：《〈产儿制限论〉中译本译者绪言》，载《李达文集》第一卷，人民出版社1980年版，第144页。

④ 李达：《〈产儿制限论〉中译本译者绪言》，载《李达文集》第一卷，人民出版社1980年版，第144页。

（四）与社会主义运动相结合是妇女获得解放的根本途径

中国共产党创建时期，李达对中国妇女问题的关注，不再仅仅拘泥于过去那种呼吁解决婚姻自由、经济独立、教育平等、社交公开等具体问题，而是上升到以马克思主义为根本指导，以社会主义为根本前途，在民族独立、人民自由、社会解放和两性互助中彻底解决妇女问题的高度。他这一时期的妇女解放思想，揭示了中国妇女受压迫的根源、妇女解放的条件、中国妇女解放运动的方向与途径等一系列问题，闪烁着马克思主义妇女解放理论的光辉，代表了早期中国共产党人的妇女观，带有鲜明的中国风格、中国气派，洋溢着那个时代的气息。

李达首先分析了近现代世界妇女解放运动兴起的缘由。他认为，妇女追求解放的根本原因在于机器大生产时代的来临，由于机器大生产取代传统手工劳动——经济生产方式出现变迁，成为自由的个体劳动者的妇女得以完全独立于家庭与社会，进而获得追求平等自由的权利。[①] 李达进一步指出，妇女解放运动"是由经济组织的变迁和社会制度的演进产生出来的"[②]。为了进一步探讨妇女解放的理路，李达还细致地梳理和分析了欧美主要国家女权运动的历史，比较了法国、英国与苏俄的妇女解放运动，得出结论：真正的妇女解放"竟在劳农俄国首先实现了"[③]，因为在苏俄"凡有关屈辱意义的法律，如拒绝妇女底权利，妨害自由离婚，处罚私生子等法律，现在都废止了"[④]。李达批判式地展望了西方国家妇女解放运动的前景："因为多年经验的结果，晓得绅士阀女权运动无效，就愿献身鼓吹共产主义，她的思想发展的径路，对于这一点，也给了有兴趣

[①]　参见李达：《唯物史观解说》，载《李达全集》第一卷，人民出版社2016年版，第444—445页。

[②]　李达：《女权运动史》，载《李达全集》第二卷，人民出版2016年版，第389页。

[③]　李达：《女权运动史》，载《李达全集》第二卷，人民出版2016年版，第416页。

[④]　李达：《女权运动史》，载《李达全集》第二卷，人民出版2016年版，第413页。

的暗示。"① 李达由此得出结论：社会主义运动与妇女解放运动存在着某种深层关联。

为探求中国妇女解放运动的发展途径，李达深入考察了欧洲主要国家的女权运动史，指出女权运动的思想根源是"个人主义思想在妇女界发出的思想的革命"②，经济根源是"使女子适合现时经济组织的社会的改造"③。革命与改造的结果，是实现妇女思想上、经济上独立，实现男女平等。李达进一步研究了妇女问题与劳动问题的关系，指出："妇女问题的中枢本是职业问题，而职业问题若用广义解释，即是劳动问题。劳动问题解决了，妇女问题自然会消灭。所以女权运动，毕竟要变为劳动运动。"④ 他把妇女问题与劳动问题结合起来，必然要把妇女解放与人民解放结合起来，必然要把男女共同解放与全社会解放结合起来。于是，李达得出了一个基本结论，"马克思主义者努力创造新社会的运动，确是根本解决社会问题的方法"⑤。换言之，使妇女运动与无产阶级革命运动相结合，走社会主义道路，是妇女解放的根本途径。这个结论反映出李达作为中国近代妇女解放运动的倡导者和推动者，同时作为党的早期重要领导人之一，在妇女解放问题上秉持着历史唯物论。

正如有学者所指出的那样，李达研究妇女问题，考察欧洲女权运动历史，宣传马克思主义妇女解放理论，"其落脚点还在于推动中国妇女解放运动，并使之与中国共产党领导的中国革命运动相结合，成为这一伟大革命运动的重要组成部分"⑥。李达分析了中国妇女解放运动的发展演变趋势，指

---

① 李达：《绅士阀与妇女解放》，载《李达全集》第二卷，人民出版社 2016 年版，第 43 页。

② 李达：《女权运动史》，载《李达文集》第一卷，人民出版社 1980 年版，第 147 页。

③ 李达：《女权运动史》，载《李达文集》第一卷，人民出版社 1980 年版，第 147 页。

④ 李达：《女权运动史》，载《李达文集》第一卷，人民出版社 1980 年版，第 148 页。

⑤ 李达：《〈产儿制限论〉中译本译者绪言》，载《李达文集》第一卷，人民出版社 1980 年版，第 144 页。

⑥ 丁俊萍：《李达在党的创建时期对中国妇女解放运动的贡献》，《妇女研究论丛》2010 年第 6 期。

出：中国本是农业国家，数千年来完全属于农耕文明的社会；男尊女卑的道德习惯和以男性为中心的社会制度已经流行了数千年；中国妇女在历史上所受的苦痛和压迫，与欧美国家妇女在历史上所受的相比有过之而无不及；近代以来，由于列强的侵略和社会经济的变迁，中国女子已经无法继续苟且偷安地生活下去了；艰难的生活无时不在逼迫女子去追求职业教育与经济独立。"所以中国女权运动自然要盛行起来"，"也必是要受同样的社会进化的原则所支配"。[①] 李达认为，追求妇女解放的先进中国人可以从欧美国家女权运动的发展史中，"知道社会进化的定律，能够于过去的历史中，寻求根本解决的目的和手段"[②]。从李达对马克思主义妇女解放理论的研究与介绍中，从他对欧美国家妇女解放运动的考察尤其是对德国与俄国的妇女解放运动的讴歌中，人们不难看出，他所说的关于根本解决中国妇女问题的途径，就是广大妇女在中国共产党的领导下，把中国的妇女解放运动与中国人民对社会主义道路的选择结合起来，与新民主主义革命事业结合起来，与被压迫的男子一道，共同致力于改造旧社会、建立新社会。这是中国共产党创建时期李达妇女解放思想及其实践的一个最鲜明特点。

李达在努力宣传马克思主义妇女解放理论的同时，从党领导的革命运动的大局出发，积极投身于妇女教育和妇女运动的实践之中。中国共产党成立之初，上海作为中国近代工业的重要发源地和主要基地，工人比较集中，女工自然相当多，但是她们的文化程度普遍较低。为适应妇女运动发展的需要，必须提高女工人的思想觉悟。1921 年 10 月，陈独秀和李达商议创办上海平民女学。1922 年 2 月，女学开学上课。这是中国共产党建立的第一所培养妇女干部的学校。李达作为学校的主要负责人，也兼课，主讲马克思主义。上海平民女学的学生每星期合上一次大课，主要讲马克思主义理论、时事和妇女运动的知识。陈独秀、李达、恽代英、张太雷、刘少奇、邵力子、

---

① 李达：《女权运动史》，载《李达文集》第一卷，人民出版社 1980 年版，第 149 页。
② 李达：《女权运动史》，载《李达文集》第一卷，人民出版社 1980 年版，第 149 页。

沈雁冰等人都在女校讲过课或演讲过。李达指出，平民女学是为无力求学、年长失学和不愿接受机械教育的女子设立的，"是到新社会的第一步"。这所新型学校培养了中国共产党的第一批妇女干部，还有著名的教育家、文学家。平民女校的创办在当时确实具有前瞻性，使得许多有觉悟的女子获得了受教育的机会。它不仅是一所新型女校，而且是共产党培养妇女运动骨干的摇篮。它在共产党的妇女运动史、工人运动史和教育史上都产生了深远的影响。

1921 年 12 月，由李达兼任主编的《妇女声》半月刊在上海法租界贝勒路 375 号正式创刊，这是中国共产党主办的第一个妇女刊物。李达为这个刊物付出了很大心血，经常帮忙校对、改稿，直接领导出版和发行等具体工作。刊物的每一篇文章，都倾注着李达的心血。《妇女声》在创刊宣言中明确而坚定地举起了该刊的旗帜："取得自由社会底生存权和劳动权"。这是它对处于社会最底层的广大妇女发出的响亮号召。《妇女声》以"宣传被压迫阶级的解放，促醒女子加入劳动运动"为宗旨，公开宣传世界各国妇女运动的新情况、科学社会主义理论和党的妇女运动路线，积极鼓励有觉悟的知识女性与广大劳动妇女携手"抛弃过去的消极主义，鼓起坚强的意志和热烈的精神，在阶级的历史和民众的本能中寻出有利的解放的手段，打破一切掠夺和压迫"①。《妇女声》辟有通讯、评论、译述、杂感、诗歌、谈话等栏目，采用新式标点符号，以通俗易懂的白话文为主。其主要撰稿人有王会悟、王剑虹等，一些社会名流和著名的专家学者如陈独秀、邵力子、沈雁冰、沈泽民等也经常在刊物上发表文章。《妇女声》刊载的《中国妇女运动新趋向》《本年世界妇女运动概况》《湖南女工之觉悟》《我对"产儿限制论"的意见》《平民女学是到新社会的第一步》《节制生育与保持恋爱》等文章，积极宣传国际妇女运动的新消息和新经验，鼓励和启发广大被压迫妇女反对剥削压迫，

---

① 转引自宋素红：《简论中国妇女报刊的产生与发展（1898—1949）》，《郑州大学学报（哲学社会科学版）》2003 年第 5 期。

反抗封建礼教；通过广泛宣传马克思主义妇女观和党的妇运主张，号召和引导广大妇女投身于社会主义运动。《妇女声》是党在成立之初联系妇女运动的实际，面向广大妇女开展宣传教育的一个重要阵地。它切实遵循马克思主义妇女观，猛烈抨击社会对广大妇女的偏见与歧视，极力为近代妇女运动呐喊，提高了妇女觉悟，促进了妇女解放，在当时产生了很大的社会影响。主编李达以《妇女声》为宣传阵地，努力探索中国近代妇女解放运动的内在规律，逐渐成为马克思主义妇女观在中国最早的研究者和传播者之一。他通过《妇女声》为近代的妇女解放指明了正确的道路，也为当代现实妇女问题的解决提供了指导和借鉴。从此，李达成为中国近代妇女解放运动的倡导者和推动者，也成长为党的早期妇女工作的重要领导人之一。

综上所述，李达努力探索中国近代妇女运动内在的规律，成为中国马克思主义妇女观最早的研究者和传播者之一。他的妇女观丰富和发展了中国共产党的妇女解放思想，为近代的妇女解放指明了正确的道路，也为当代现实妇女问题的解决提供了指导和借鉴。同时，李达是中国近代妇女解放运动的倡导者和推动者，也是党早期妇女工作的重要领导人之一，他为妇女解放运动所做的大量卓有成效的工作，不仅推动了中国共产党的创建，而且推动了党领导的早期妇女运动的发展。李达在理论上和实践上为中国共产党人解决妇女问题、推动妇女解放作出了巨大的贡献，从而大大丰富了自己民生思想的内涵。

第五章
李达民生思想的主要特点、理论价值及局限

李达对民生问题的思考和探索，涉及中国新民主主义革命、社会主义革命和建设等不同历史时期，反映了中国一代马克思主义者的思维逻辑和奋斗历程。对李达民生思想的研究不仅仅是为了还原相关的历史情境和梳理这一思想的主要内容，更重要的是要通过考察李达民生思想的独特气质，来分析这一思想的理论价值与局限，更好地促进马克思主义民生理论与中国特色社会主义事业的结合，更有力地推动中国特色社会主义民生建设向前发展。

一、李达民生思想的主要特点

李达在中国由半殖民地半封建社会转变为独立自主的社会主义国家的历史条件下，在积极参与由中国共产党领导的革命和建设的实践过程中，在吸收古今中外众多先进民生理论并借鉴国际无产阶级政权民生建设经验的基础上，逐步形成和发展了一系列解答民生问题的思想。李达民生思想带有浓厚的中国气息，体现出强烈的时代感，具有自己鲜明的特点。

（一）从历史观的高度思考民生

历史观也叫作社会历史观，就是人们对社会历史的总的看法和根本观点，属于世界观的一部分。历史观的最基本问题是社会存在与社会意识的

关系问题。依据对该问题的不同见解，产生两种根本对立的历史观，即唯物史观和唯心史观。一般而言，历史观主要有以下几种：从阶级的视角去研究人类历史，形成阶级史观或革命史观；重点考察人类社会从农业社会向工业社会的发展演变过程，形成（近）现代化史观；把人类历史看作人类文明不断演进的历史，被称为文明史观；把人类历史看作一个不可分割的整体来研究，产生全球史观；片面强调少数英雄人物不可或缺的和绝对性的历史作用，衍生出英雄史观；君主专制时期，倡导君主的合法性和确定性，产生正统史观；根据不同历史时期相异的社会发展状况和社会变迁来研究人类历史，称为社会史观。民生史观即由社会史观衍化而来。

民生史观是指以民生为中心对历史的根本看法和观点，它最初是整理和归纳孙中山民生思想时使用的一种表述。孙中山逝世后的一段时间，其思想引起了中国学术界的更多关注。李达作为中国共产党的主要创始人和早期重要领导人之一，也是一位卓有建树的马克思主义理论家、宣传家。他先后发表了《民生史观》《民生史观和唯物史观》等文，以历史唯物论为指导，以孙中山的民生主义为张本，阐释了自己的民生史观。

李达通过对民生与社会、社会组织及其变革、社会进化关系的阐释，展示了新民生史观的基本内涵，其主要观点包括：

首先，民生是社会的中心。关于民生的概念，李达指出，一方面，"民生就是人类求生存的意思"；另一方面，"民生即是食衣住行四大需要，又可以作经济解释"。①换言之，他把民生分为抽象的和具体的两个层次，抽象的是指人类的生存，即涵盖人民的生活、社会的生存、国民的生计、群众的生命等，属于生存范畴；具体的是指经济的生活，即维持生存的衣食住行需要、充实生存的教育娱乐需要，大体上属于经济范畴。李达进一步从民生的角度界定社会的含义，指出，一个人的吃、穿、住、行、教育及娱乐等都直接或间接地与社会发生不间断的联系，都对社会产生或大或小的影响，所

---

① 李达：《民生史观和唯物史观》，《现代中国》1928 年第 1 卷第 4 期。

以，"社会是总括人类以民生为中心而发生的一切经常相互关系的系统"①。马克思曾强调：社会"是人们交互作用的产物"②。比较起来，不难看出两者的共同之处：都把具有一定数量和质量的人看作社会的主体，都以人为中心来考察人类历史，也都把社会看作人们相互交往、交互作用的产物。

其次，民生是社会组织及其变革的中心。李达认为，民生是经济基础、上层建筑等社会组织的中心，而社会的中心组织即生产资料所有制也以民生为基础，因为人类衣食住行的生活需求，各有无数的经常相互关系的错综复合，依据经济界的法则，把一切人都联络起来。李达还指出："社会变革，就是社会组织的全部由低级变到高级的意思。"③他强调，以上层建筑为对象的政治变革和以经济基础为对象的经济变革，必须并进，社会革命才有实现的可能，"经济上被压迫之阶级苟不先取得政权以改造经济组织，社会革命必无由实现也"④。他从社会变革着手考察民生问题的解决途径，体现了当时先进中国人的共识。

马克思曾说："生产关系总合起来就构成所谓社会关系，构成所谓社会，并且是构成一个处于一定历史发展阶段上的社会，具有独特的特征的社会。"⑤李达关于社会组织及其变革是以民生为中心的观点，把社会关系归结于生产关系，又把生产关系归结于生产力水平，从而把人类社会看成一个自然历史过程。这既带有浓厚的人本色彩，又真实反映出人类社会不断演进的客观过程。

最后，民生是社会进化的中心。李达从经济、政治、法律、道德等方面考察了社会的进化。他以生产关系的变革为基础把民生的进化分为古代、封建、近代、未来四个阶段，承认私有是产生剥削的制度前提，从而证实了生

---

① 李达：《民生史观》，《现代中国》1928年第1卷第1期。
② 《马克思恩格斯全集》第27卷，人民出版社1972年版，第477页。
③ 李达：《民生史观》，《现代中国》1928年第1卷第1期。
④ 李达：《现代社会学》，武汉大学出版社2007年版，第76页。
⑤ 《马克思恩格斯文集》第1卷，人民出版社2009年版，第724页。

产关系的变革对民生改善的深刻影响。李达还把政治的进化分为神权、君权、民权和将来四个时代，通过民生推动政治发展的史实，论证了政治的进化以民生为中心。在这里，他从侧面证明了人类历史不是无数偶然事件的杂乱堆积，而是一个由低级阶段向高级阶段的不断发展的自然进程。李达从法律的实质及其基本经济职能的角度考察了以民生为中心的法律进化，从而表明：经济基础制约着民生，而民生又制约着上层建筑。他还论证了以民生为中心的道德进化，认为社会道德"若要求完全实现，和民生是很有关系的"[①]。换言之，物质生活条件制约着人们道德理性的养成。

通过对民生与社会进步关系的分析，李达论述了生产力的发展是社会进步的最终源泉和决定力量，而不断发展的生产力要求生产关系、社会关系与之相适应，进而要求价值观念和道德理性与之相适应。他从民生的概念入手，把民生与社会发展联系起来；又从马克思主义基本原理出发，把民生史观与历史进化论、社会革命论联系起来，论证了民生是社会历史的中心，或者说，他站在历史观的高度来展望民生，从而将自己的民生思想置于现实的社会历史环境之中，使民生史观闪烁着理性的光芒。

（二）紧紧联系发展生产力的思想

马克思主义经典作家在《1844 年经济学哲学手稿》《德意志意识形态》等著作中集中阐述了科学的生产力观点，主要有：社会化的机器大生产是"人的本质力量的公开的展示"[②]，生产力是人类社会"全部历史的基础"[③]，"人们所达到的生产力的总和决定着社会状况"[④] 等。总之，一定的生产力水平决定了一定的生产关系状况和其他社会关系状况，并最终决定了建立在一定

---

① 李达：《民生史观》，《现代中国》1928 年第 1 卷第 1 期。
② 《马克思恩格斯全集》第 3 卷，人民出版社 2002 版，第 307 页。
③ 《马克思恩格斯选集》第 4 卷，人民出版社 1995 版，第 532 页。
④ 《马克思恩格斯选集》第 1 卷，人民出版社 1995 版，第 80 页。

生产关系之上的政治上层建筑以及其他各种社会意识形式。由此，一定的生产力水平也就决定了一定的民生状况，并归根到底决定了反映这种民生状况的民生思想。李达作为马克思主义理论家，其民生思想与发展生产力的思想始终紧紧联系。

李达在阐述社会主义特征中所蕴含的民生理念时，紧紧联系生产力的发展。他断言，"社会主义，是打破经济的束缚，恢复群众的自由"①。这里的"自由"首先是物质上的自由，而物质生活的相当改善，必须以社会生产力的发展为前提。他实际上是强调，为实现社会主义和共产主义理想中的社会发展与人的发展，必须不断发展生产力。李达还明确指出，为建成社会主义和共产主义，在发展国民经济的基础上，提高劳动人民的物质生活和文化生活的水平是各国必须遵循的共同规律②。他把社会主义建设的根本任务与根本目的紧密结合起来，不仅明确了科学社会主义的价值取向，而且触及了科学社会主义本质中的生产力内涵。

李达着眼于民生，在阐明革命的目的和归宿的基础上，指出革命胜利后人民政权的首要任务是发展生产力。他强调，"革命的目的是在于解决大多数人民的生活问题"③。什么是革命呢？他结合经济基础和上层建筑的变革界定了社会革命的概念，"社会革命者何，即社会全体超升一进化阶级之谓，换言之，即社会由旧而且低之生产关系进至新而较高之生产关系，并变更其上层建筑之全部者是也"④。然而，根据唯物史观的基本原理，革命的真正意义在于生产力的大解放大发展。基于此，李达阐述了马克思主义创始人关于革命胜利后的首要任务是发展生产力的观点，即无产阶级掌握政权后，首先必须"从资本阶级夺取一切资本，把一切生产工具集中到无产

---

① 李达：《什么叫社会主义？》，载《李达文集》第一卷，人民出版社 1980 年版，第 1 页。

② 参见李达：《社会主义革命与社会主义建设的共同规律》，载《李达文集》第四卷，人民出版社 1988 年版，第 562 页。

③ 李达：《中国产业革命概观》，载《李达文集》第一卷，人民出版社 1980 年版，第488 页。

④ 李达：《社会之变革》，载《李达文集》第一卷，人民出版社 1980 年版，第 268 页。

阶级的国家手里，用大速度增加全部生产力"①。事实上，只有通过革命胜利后生产力的飞速发展和人民生活水平的大幅提高，才能证明革命的进步性和正义性。

由于近代中国具有半殖民地半封建特点的产业革命衍生了严重的民生问题，李达指出，解决绝大多数人民生活问题的方法，在于发展产业，而发展国家资本主义是解决产业劳动者问题、手工工人问题、商业店伙问题、失业者问题的必要的政策措施。显见，李达民生思想既滥觞于现实社会落后的生产力，又在为改变生产力的落后状况苦苦寻找出路。如前所述，李达把合理解决土地问题作为发展农业经济的前提、推动新式产业的基础和改善农民生活的途径，这种试图通过土地问题的解决，把生产力的发展与民生的改善结合起来的思考和探索，既具有独到的理论价值，又切合中国社会的实际。

李达从生产力的发展和生产关系的变革着眼，探讨了妇女问题的经济根源、制度根源和社会根源，又阐明社会主义道路是妇女获得解放的根本途径，从而为这个"广义的社会问题"找到了科学的解决办法。社会主义制度之所以能够为妇女解放创造最基本的条件，归根到底在于它能够极大地解放和发展生产力，为妇女解放提供雄厚的物质基础，并从根本上促进妇女的经济独立乃至其余各方面的独立。李达紧紧联系生产力的发展，从变革生产关系出发，致力于恢复妇女的人格尊严、提高妇女的生活质量。

李达认为，教育是民生的应有之义，更是改善民生的主要路径，所以，高等教育的办学思想应该是："贯彻党的教育方针，提高教学质量和科学水平，培养各种合乎规格的人才、并且贯彻勤俭办学的方针，直接地或者间接地为贯彻发展国民经济的总方针，建设社会主义的新农村和现代化的大农业而努力。"②换言之，教育作为民生的一个重要内容，要为生产力的发展服

---

① 李达：《讨论社会主义并质梁任公》，载《李达文集》第一卷，人民出版社1980年版，第73页。

② 李达：《团结一致　增强信心　鼓足干劲　迎接新的胜利》，载《李达全集》第十九卷，人民出版社2016年版，第452页。

务，要为民生的改善服务。显见，他紧紧联系生产力的发展，把教育与民生看作一个不可分割的整体。

综上，李达既从生产力发展的角度探讨了民生问题的根源，又把生产力的发展看作解决各种民生问题的最根本条件，其民生思想的形成与发展也牢牢植根于现实社会的民生土壤之中，由此，李达民生思想的各方面内容都与发展生产力的思想紧紧联系。

（三）与科学社会主义思想相融通

科学社会主义是马克思主义的基本组成部分。对于社会主义，人们通常可以从以下三个方面进行理解："一是指关于无产阶级进行解放斗争，用社会主义代替资本主义的科学社会主义理论；二是指为实现社会主义而进行的社会主义运动；三是指以无产阶级专政、公有制、按劳分配为特征的社会主义社会制度。"[①] 简言之，社会主义是理论、运动和制度的有机综合体。作为马克思主义理论家、宣传家和教育家的李达，毕生理论探索的主题之一便是科学社会主义。从某种意义上讲，李达民生思想与其社会主义思想就如同一只鸟儿的两个翅膀，互为载体，也相互融通。

如前所述，李达结合民生阐明了社会主义的奋斗目标和价值追求。他认为，社会主义运动的根本目的是帮助人民在物质上远离贫穷，在政治上实现自由平等，在生活上走向富裕，在人格上获得尊严。完全可以说，中国共产党人宣传科学社会主义理论和从事社会主义运动的一切活动，自始至终都以民生为最高价值追求。李达作为中国共产党的主要创始人和早期的重要领导人之一，把民生奉为社会主义最鲜明的旗帜，使他关于社会主义认识中的三个维度（即理想、制度和运动）都具备厚实的民生底蕴。

[①]　丁俊萍：《中国共产党解放和发展生产力思想研究》，武汉大学出版社 1999 年版，第 388 页。

　　革命是近代先进的中国人救国救民的共识，李达指出，革命的目的在于解决大多数人民的生活问题。他在《社会革命底商榷》一文中强调，"社会革命底目的，在推倒有阶级有特权的旧社会，组织无阶级无特权的新社会"，使"个人和全体都能够自由发达"。^①由此，他把革命的前途与民生的目标统一于社会主义运动的实践之中，既明确了革命者的精神动力和社会主义的价值取向，也使人民的生活有了指望。显见，李达的社会革命理论中体现出来的民生内涵，同样深深扎根于李达的社会主义思想中。

　　李达指出，土地问题不解决，农民的生活问题便不能解决。他强调，"所以现在的土地私有状态，一定要转移到人人都能生存的新式的共有状态"^②，还明确提出了实现土地国有化以改善民生的具体方案：土地国有，没收军阀土豪的土地，依据农民需要没收或收买地主的土地，不没收自耕农的土地，国家保障农民拥有永久的土地使用权。这种通过没收的方式，在实现土地国有的基础上保障农民永久的土地使用权，是社会主义运动中的通常做法。不难看出，李达主张走社会主义道路，在解决土地问题的基础上改善农民生活。

　　李达注意到，俄国二月革命后，妇女运动中的积极分子都加入了布尔什维克党，努力发动群众，积极酝酿无产阶级革命，最终建立起"男女平等的社会主义共和国"。他探讨了俄国妇女运动短时期内取得巨大成就的原因，"因为俄国妇女们底运动，始终一贯都是带着革命性质的"^③，"伊们最初的目的，就在结合国内和伊们处同样境遇的男子们，共同向专制政府及大地主贵族资本家作战"^④。显然，在李达看来，无产阶级革命时代的妇女解放运动应当而且必须是社会主义运动的重要组成部分，真正意义上的

---

　　①　李达：《社会革命底商榷》，载《李达文集》第一卷，人民出版社1980年版，第52页。

　　②　李达：《土地所有权之变迁》，《现代中国》1928年第1卷第2期。

　　③　李达：《女权运动史》，载《李达文集》第一卷，人民出版社1980年版，第181页。

　　④　李达：《女权运动史》，载《李达文集》第一卷，人民出版社1980年版，第180—181页。

妇女解放只有在男女平等的社会主义国家才能实现。由于李达主张妇女解放运动与社会主义运动相结合，并且把社会主义制度看作妇女真正获得自由解放的根本保证，李达民生思想与其社会主义思想有着水乳交融的一面。

教育是民生之基，李达毕生从事马克思主义理论的教育，既促进了科学社会主义思想的传播，又为彻底改变人民的生活和命运作出了宝贵的理论贡献。民主革命时期，他曾引领着平民教育与社会主义运动的结合。新中国成立后，他又以高等教育为平台对社会主义建设探索过程中的重大民生问题如人民公社问题、商品生产和价值规律问题等，展开理论研究。由他在教育领域的理论和实践观之，李达民生思想与其社会主义思想无疑是相融通的。

李达指出：工农大众的觉悟随着社会基本矛盾的加剧而日益提高，"最后必进而要求将私人所有权化为社会所有权，而创制以社会共有制为本位之法律，近日社会主义革命之酝酿，就法律上言之，实根据此种要求而起者也"[1]。言下之意，社会矛盾的激化和民生困苦的日增呼唤着社会主义法律的出现，也只有社会主义法律才能切实保障人民享有真正意义上的自由平等。他深入分析了"五四宪法"的基本精神：一方面，宪法的最高价值追求是在保障公民权的基础上体现民生的社会权；另一方面，由于民生是社会主义的旗帜，社会主义国家必须努力满足人民生存和发展的一切需要。李达对社会主义法律与民生的辩证关系的考察，从法学领域反映出李达民生思想与其社会主义思想是不可分割的。

综上，李达既揭示了社会主义在理想、运动、制度这三个维度中的民生底蕴，又把民生看作社会主义的活力源泉、旗帜和归宿，他关于社会主义运动的实践也承载着其民生思想的形成与发展，由此，李达民生思想的各方面内容都与其社会主义思想相融通。

---

[1] 李达：《现代社会学》，武汉大学出版社 2007 年版，第 104 页。

（四）发展教育是贯穿始终的一条红线

李达很早就萌生了"教育救国"的思想，虽然他后来选择了马克思主义从根本上来改变人民的命运，但教育仍然是他一辈子为之奋斗的事业。1920 年秋，李达在上海外国语学社讲授日文，宣传马克思主义。1921 年10 月，他创办平民女学，积极培养无产阶级妇女运动干部。1922 年 11 月，他出任湖南自修大学学长，继续践行平民教育理念。1923 年 11 月，湖南自修大学被反动当局强令解散后，李达到湖南法政专门学校担任学监兼教授。后来，法政专门学校更名为湖南大学法科，李达继续任教授。1927年，李达在武昌中央农民运动讲习所讲授马克思主义理论。1930 年夏秋，他先后在上海法政大学、暨南大学任教授，利用讲台宣传马克思主义。九一八事变后，李达在暨南大学作革命演讲，虽遭特务毒打受伤，但不曾屈服。1932 年 6 月，他受党组织的委托，赴泰山给冯玉祥讲授列宁主义和唯物史观。1933 年 5 月，他再次为冯玉祥讲学。此后，他在北平大学、中国大学、朝阳大学、广西大学等多所大学任教，被进步学生和进步刊物誉为"红色教授"。1939 年，李达受冯玉祥之邀到重庆为其主持研究室工作，讲授唯物辩证法。他还曾多次应邀给八路军驻桂林办事处的工作人员讲课。1940 年秋，他受聘中山大学教授。1946 年 2 月，李达为家乡儿童创办了辅仁小学，自己担任校长。1947 年春，李达开始在湖南大学任教。他无视反动派的阻挠，坚持用马克思主义讲授法理学课程，由此成为中国马克思主义法学的带路人。新中国成立后，李达先后担任湖南大学校长、武汉大学校长，兼任中央人民政府政务院文化教育委员会委员、中南军政委员会下辖的文教委员会副主任等职。李达一生的教育活动，在性质上属于中国社会主义运动的实践。正是在实践的基础上，李达民生思想得以形成并发展。

在中国共产党创建时期，李达在《讨论社会主义并质梁任公》中提出，要实现社会主义，必须"网罗全部劳动者失业的劳动者，组织社会主义的工会，为作战之训练"、"培养管理支配生产机关的人才"。① 他强调革命理论及生产管理知识等方面教育在实现及建设社会主义过程中的重要作用。不久，他在《"五一"运动》一文中指出，"工作八小时，休息八小时，劳动八小时"，是劳动者"最守本分的要求"，而这个斗争目标的真正意义，不仅仅是要改善工人的劳动条件，更重要的是使工人获得受教育的余暇，"积极的努力准备奋斗的手段"。② 李达在考察欧洲女权运动史时，把妇女教育作为一个重要视角。他分析比较了欧洲主要国家妇女教育在女权运动中的地位与作用，指出：法国的妇女运动经过启蒙运动及大革命的洗礼，教育方面最有效果；英国的近代妇女运动是从倡导男女平等教育与女子个性自由开始的；用立法手段使妇女获得从教等职业上的平等权是德国妇女运动的一个特点；而真正意义上的妇女解放，率先在劳农俄国实现，得益于运用马克思主义教育武装妇女群众。

李达在《民生史观和唯物史观》一文中阐述了教育与民生的关系：教育本身就是民生的一个重要方面，也是提升民生的路径，而民生是教育的价值目标。他一辈子撰写了近 800 万字的论著，采用中国作风、中国气派全面地研究与介绍马克思主义，究其实质，是对广大人民进行系统的科学社会主义理论教育。显见，教育既是李达民生思想得以形成的载体，又是李达民生思想的重要内容，更成为李达谋求改变人民命运不可或缺的手段。

从小立志救国救民的李达毕生从事教育事业，其教授的内容就是后来彻底改变亿万中国人民命运的马克思主义，而李达民生思想的各方面内容也与教育紧密相关。理论和实践都表明，发展教育是贯穿李达民生思想始终的一条红线。

---

① 参见李达：《讨论社会主义并质梁任公》，载《李达文集》第一卷，人民出版社 1980 年版，第 74 页。

② 参见李达：《"五一"运动》，载《李达文集》第一卷，人民出版社 1980 年版，第 75—77 页。

（五）与法学思想相互渗透

"李达是我国少有的马克思主义法学家"[①]。在《劳动立法运动》《现代社会学》《民生史观》《社会学大纲》《法理学大纲》《谈宪法》《中华人民共和国宪法讲话》等集中体现李达法学思想的论著中，他重视法律对劳动人民权益的保障作用，从民生出发探讨了法律的起源和变迁，以此确定了法理学的落脚点和最高研究任务。

李达民生思想中广泛渗透着法学思想。他在《劳农俄国研究》一书中，积极评价苏维埃政权颁布的法令在保障农民土地所有权和维护群众权益中的重要作用。他在考察欧洲主要国家女权运动产生和发展的历史时，把女权运动分为参政运动、劳动运动两个阶段，并强调参政运动中妇女普选权的获得、劳动运动中妇女立法权的争取，亦即女权运动的成效最终还是通过法律的程序体现出来。如前所述，面对中国半殖民地半封建性的劳动问题，他主张采用劳动立法来维护劳动者的生命权和生存权。在《社会学大纲》中，李达分析了社会主义宪法内在的维护人民权益的特质，如从政权性质的规定上昭示人民主体地位、从根本上保障人民经济平等和政治民主的实现等。强烈的法律意识使李达十分重视法律知识的教育。1928 年，他翻译出版了日本学者穗积重远著的《法理学大纲》，宣传法理学知识。1947 年，李达在湖南大学讲授法理学课程，写就《法理学大纲》一书，用马克思主义理论开拓出中国法学的新境界。

李达法学思想打上了深深的民生烙印。他在《民生史观》一文中分析指出，法律起源于人的生活需要，以复杂的人类经济生活作为变迁和发展的动力，最后落脚于"各个人都能生存，各个人都能自由平等"的实现。在《法理学大纲》中，李达联系民生阐明了法理学的哲学基础、研究方法和研究任务等基本问题。首先，因为法律现象属于世界万有现象的一部

[①]　舒扬：《李达法学思想初探》，《法学杂志》1985 年第 3 期。

分，科学的世界观本身就包含着科学的法律观，从世界观到法律观的推移就是从普遍到特殊的推移，由此，他强调，法理学必须接受马克思主义理论的指导，把法律制度当作建立在经济基础之上的上层建筑来理解，才能构成科学的法律观。这实际上阐明了法律与民生互动的特殊发展规则。其次，李达指出：法学的起点不是逻辑思维，而是民生，法律本身即是摄取与民生紧密相关的经济生活的内容而形成的社会关系规范，法理学研究必须探求法律与经济生活的现实关系。最后，他阐明了法理学研究的民生导向，即促进法律的改造，使法律适应于现实社会，"免除中国社会的混乱、纷争、流血等长期无益的消耗"①，把人民从痛苦的生活中解救出来。

综上，李达重视法律教育作为"充实人们生活的要件"的地位，其法理学研究也以民生为逻辑起点和价值目标，其法学思想追求对劳动人民权益的保障，可见，李达民生思想与法学思想的各方面是相互渗透的。

二、李达民生思想的理论价值

与毛泽东、刘少奇、周恩来等政治型的马克思主义理论家相比，李达主要是一位学术型的马克思主义理论家。于是，从李达民生思想的学术性入手，特别是从其在李达思想中的地位入手，来认识李达民生思想的价值与意义，考察其与时代实践的契合度，比较符合这一理论形成发展的实际。

（一）李达思想的重要组成部分

李达民生思想集中反映了李达思想的价值追求。"价值的实质，是客体

---

① 李达：《法理学大纲》，法律出版社 1983 年版，第 14 页。

的存在、属性及其变化同主体的尺度和需要相一致、相符合或接近"①。即是说，在多大程度上反映人民的利益及需求是一定的思想理论成果的根本价值尺度。李达早在日本留学期间就认识到，要实现人民的幸福和自由，"只有由人民起来推翻反动政府，像俄国那样走革命的道路。而要走这条道路，就要加紧学习马克思列宁主义的理论，学习俄国人的革命经验"②。为此，他毕生从事马克思主义理论的研究与宣传。为人民谋生存谋幸福，成为他一生从事科学理论研究和社会实践活动的根本指向，也就成为李达思想的价值追求。李达民生思想着眼于从根本上改善民生，反映了当时的民生现实，探讨了一系列重大民生问题的根源和解决办法，提出了未来民生的美好愿景。这一思想最直接、最集中、最深刻地体现了李达思想的价值目标，也就自然成为李达思想的重要组成部分。

李达社会主义思想是他民生思想的重要载体。李达关于社会主义认识中的理想、运动和制度三个维度都承载着民生思想。理想方面，李达结合"解决大多数人民的生活问题的方法"，阐述了走社会主义道路的必然性，指出："就中国现状而论，国内新式生产机关绝少，在今日而言开发实业，最好莫如采用社会主义。"③运动方面，李达一生系统研究与介绍马克思主义，就是一个宣传科学社会主义的过程，李达民生思想正是在这一过程中形成与发展起来的，而新中国成立后李达在高等教育管理中形成的民生思想，本身就属于社会主义民生建设实践的理论成果。制度方面，李达无论是民主革命时期对社会主义公有制、分配制度的介绍，还是新中国成立后阐释社会主义宪法的基本精神时对基本政治制度的宣传，都是基于制度本身能够从根本上保障人民的权益。

---

① 肖前主编：《马克思主义哲学原理》下册，中国人民大学出版社1994年版，第658页。

② 李达：《沿着革命的道路前进——为纪念党成立40周年而作》，载《李达全集》第十九卷，人民出版社2016年版，第420页。

③ 李达：《讨论社会主义并质梁任公》，载《李达文集》第一卷，人民出版社1980年版，第65页。

马克思主义哲学是李达民生思想的世界观和方法论基础。李达高深的哲学造诣促进了其民生思想的形成与发展。其一，李达始终采用科学的方法论来分析和探讨民生问题。他对辩证唯物论、唯物辩证法、辩证唯物主义认识论、唯物史观等知识的深入而系统的把握，使得其与同时代的绝大多数理论家相比，对民生问题的探讨更为深刻和全面。其二，李达的哲学论著并未局限于纯粹的哲学层面，而是用相当的篇幅来论述民生问题，如《现代社会学》，不仅系统阐述了唯物史观的基本原理，并且专章论述了社会问题——绝大多数人民的生活问题，在分析中国社会问题的根源及特性之后，指出根本解决办法，即"第一在树立政治的经济的独立；第二在以加速度发展其本国产业，力谋与先进国之文化相齐，以构成世界文化，形成世界大同社会之基础"[1]。最后断言，"社会进化之极致必达于共产社会"[2]。而《社会学大纲》更是详细介绍了社会主义经济制度下的民生政策及其成效。显见，李达的深厚哲学功底为他探究民生问题提供了最有力的武器。

经济学是李达民生思想得以形成和发展的重要工具。李达主张把经济学研究作为解决民生问题的起点，他在《中国产业革命概观》中开宗明义地指出，"要晓得现代的中国社会究竟是怎样的社会，只有从经济里去探求"[3]，"我们要获得中国社会改造的理论，唯有在中国产业革命中去探求"[4]。在这里，李达试图从经济运行规律出发，认识革命的必要性，解决革命的理论问题。李达着眼于革命的目的，进一步主张建立符合中国社会实际的解决民生问题的产业体系。他指出："中国革命的目的是在于解决大多数人民的生活问题，而解决大多数人民的生活问题的方法，就在于发展产业。"[5]至于"采

---

① 李达：《世界革命》，载《李达文集》第一卷，人民出版社 1980 年版，第 360 页。
② 李达：《现代社会学》，载《李达全集》第四卷，人民出版社 2016 年版，第 188 页。
③ 李达：《中国产业革命概观》，载《李达全集》第五卷，人民出版社 2016 年版，第 3 页。
④ 李达：《中国产业革命概观》，载《李达全集》第五卷，人民出版社 2016 年版，第 5 页。
⑤ 李达：《中国产业革命概观》，载《李达全集》第五卷，人民出版社 2016 年版，第 91 页。

用什么主义发展中国产业，这是半殖民地的中国革命的特殊性所命定的，也是半殖民地的中国社会问题的特殊性所命定的"①。在《经济学大纲》中，李达也阐明了研究经济学的目的，即帮助"在这种特殊的经济状况下挣扎着的中国国民"寻求生路，从而把探求"中国经济的特殊的发展法则"与中国人民自求生存、自求解放联系了起来。由此，李达不仅最早运用马克思主义经济学比较系统地阐述了中国近代经济史，而且为认识和解决近代民生问题指明了方向。

史学是李达民生思想得以形成和发展的又一重要工具。李达的史学思想，"实际上也是他哲学思想的一部分。因而，从《现代社会学》《社会学大纲》等著作中，我们可以发现他史学理论的大端"②。1928年，李达发表《民生史观》《民生史观和唯物史观》，从历史观的高度阐述了民生的重要性，即民生是社会历史的中心。1935年，他的《社会进化史》一书出版，这是中国人运用马克思主义史学原理撰写的第一部世界通史。该书从世界史的角度考察了亚细亚生产方式、奴隶制、封建制等主要问题，以开阔的眼光反映了中国社会民生演进的历史总趋势。1941年，他发表《中国社会发展迟滞的原因》一文，主要依据生产力的发展来分析历代社会的民生状况，进而探讨中国封建社会发展迟滞的原因。显见，李达运用马克思主义史学理论形成和发展了自己的民生思想。

法学、教育学是李达民生思想涉及的重要领域。李达在法学、教育学领域的探索伴随着其民生思想形成和发展的各个时期。在新民主主义革命时期，这种探索重在理论方面，主要是为社会主义运动提供理论启示。新中国成立后，李达对高等教育的管理实际上是民生建设实践的重要一环。

李达对法学的研究主要涉及法理学和宪法学两个方面。他在《法理学大纲》一书中，论述了最具人文精神的科学世界观是建立马克思主义法理

---

① 李达：《中国产业革命概观》，载《李达全集》第五卷，人民出版社2016年版，第91页。

② 丁晓强、李立志：《李达学术思想评传》，北京图书馆出版社1999年版，第120页。

学的基础，从而构成贯穿全书的一条红线；以民生为中心，论述了法理学的对象、任务、范围和研究方法；联系特定的民生背景，阐明了西方主要法理学流派产生、发展和衰落的过程，全面指出其利弊得失，实事求是地评判了西方各派法理学；立足于民生，深入考察了法律现象，比较科学地揭示了阶级社会中法律的本质，指出阶级关系是法律关系中最根本的关系，即法律是国家的统治阶级用以保障那维护自身根本利益的经济结构的种种规则的总和。"五四宪法"颁布后，李达撰写了《谈宪法》《学习中华人民共和国宪法》等大量论著，揭示了考察宪法的方法，即必须坚持马克思主义，把彻底保障人民权益作为出发点和归宿；论述了"五四宪法"在改善民生方面的历史意义和基本的人文精神，说明了该宪法的社会主义性质和人民主权特点；在阐发马克思主义宪法学原理的基础上，着重研究宣传了这部宪法在保证人民权益方面的地位和作用。无疑，李达在实现马克思主义法学的中国化和开拓中国的马克思主义法理学的过程中，形成和发展了自己的民生思想。

教育特别是高等教育管理是李达倾注了大量心血的职业，他在实践中形成了比较完善的人民教育理论。他早年主张教育平等，倡导平民教育，创办上海平民女学，实际上是为革命而办学，用革命的精神来办学；后来主张教育要以教学为中心，实行教学与科研相结合、科研与民生实践相结合；倡导努力改善师生关系，形成尊师爱生的和谐局面；强调学生要发奋读书，做到又红又专，以便更好地为工农大众服务；主张要改善党对教育的领导，党的干部要努力使自己逐步由管理教育的外行变为内行；还特别强调，"不能为了教育而教育"，教学内容要面向民生、服务民生，要为人民办好教育。李达的上述教育思想，既是对马克思主义教育的宝贵探索，本身也是其民生思想的重要内容。

综上，李达对多学科方法的娴熟运用，拓展和深化了他对民生问题的探索，生动地展现了他的民生思想，而这一思想又集中反映了他在众多领域的理论成果的价值归宿，从而属于李达思想的重要组成部分。

（二）拓展了马克思主义经典作家民生理论的新视野

马克思主义是科学的世界观和方法论，马克思主义经典作家的民生理论都深刻反映出以人为本的精神。马克思主义又是在实践中不断发展的理论。"如果不把唯物主义方法当作研究历史的指南，而把它当作现成的公式，按照它来剪裁各种历史事实，那它就会转变为自己的对立物"[①]。马克思主义不是教条，而是行动的指南，在运用和发展马克思主义时，必须求真务实。李达坚持马克思主义与中国国情实际相结合、与时代实际相结合，拓展了马克思主义经典作家民生理论的新视野。

1926年，李达的《现代社会学》问世，这是"中国人自己写的最早的一部联系中国革命实际系统论述唯物史观的专著"[②]，书中用《帝国主义与中国》专节论述列强侵华，指出被侵略的中国已沦为"国际的半殖民地"；在《世界革命与国民革命》一节中，论述了中国革命的动力与对象，还着重分析了无产阶级必须掌握革命领导权的原因，强调无产阶级虽然与资产阶级一同感受帝国主义、封建主义的压迫，"而后者较前者尤感利害切肤之痛，其革命精神亦特别激昂"[③]。该书还在《国民革命之归趋》一节中指出："国家资本主义乃社会主义之过渡，非即社会主义，故民族革命而苟能成功，必归着于国家资本主义也。"[④] 这实际上论证了在民主革命胜利后和建立社会主义制度前，存在一个实行国家资本主义的过渡期的必然性。从李达以后的思想看，他始终重视国家资本主义在改善民生中的重要作用。

认清中国国情，是解决中国民生问题的基本依据。李达是最早运用马克思主义经济学系统地分析中国基本国情的理论家。他著写《中国产业革命概观》、《社会之基础知识》和《民族问题》等文，在认真考证中国近代

---

① 《马克思恩格斯选集》第4卷，人民出版社1995年版，第688页。

② 李达：《现代社会学》，武汉大学出版社2007年版，再版前言。

③ 李达：《现代社会学》，武汉大学出版社2007年版，第183页。

④ 李达：《现代社会学》，武汉大学出版社2007年版，第184页。

经济结构的基础上指出："中国一面是半殖民地的民族，同时又是半封建的社会。"① 李达的这个论断，为认清中国近代社会的民生问题提供了最基本的依据。

通过比较正确地分析中国基本国情，李达指出了中国近代民生问题的特殊性及特殊的解决方案。他在《中国产业革命概观》中指出，中国农民在封建剥削下，原本尚可勉强维持基本生活，但是自从帝国主义入侵之后，传统农业经济逐渐被破坏，"农民的苦痛也日见增加"②，他进一步从倾销商品、掠夺原料、自然经济破产、买办盘剥、外贸逆差、赔款及外债等方面详细论述了帝国主义对农民压迫剥削的深重。而帝国主义者"完全使用宰制殖民地的法律和行动，来压迫在他们工厂中作工的中国工人，中国的工人终日在他们鞭扑枪弹之下工作，生杀予夺之权都操在他们的手里，无时不感受生命的危险，和失业的威胁"③，于是，中国近代民生问题也就显示出半殖民地半封建的特性。李达依据这个特殊性明确了革命的方向，认为要解决绝大多数人民的生活问题，"必须打倒帝国主义的侵略，廓清封建势力和封建制度，树立民众的政权，发展国家资本，解决土地问题"④。显见，李达较早初步阐明了中国革命的一系列基本理论问题，为实现革命的目的，也为从根本上解决民生问题作出了独有的贡献。

李达在《经济学大纲》一书中，遵循马克思主义政治经济学原理，深入研究了近代中国社会经济的现状和特点，科学探讨了它的发展出路。他认为，任何社会的经济形态，都是生产力与生产关系这对矛盾的统一。

---

① 李达：《社会之基础知识》，载《李达文集》第一卷，人民出版社 1980 年版，第558 页。

② 李达：《中国产业革命概观》，载《李达文集》第一卷，人民出版社 1980 年版，第408 页。

③ 李达：《中国产业革命概观》，载《李达文集》第一卷，人民出版社 1980 年版，第492 页。

④ 李达：《中国产业革命概观》，载《李达文集》第一卷，人民出版社 1980 年版，第495 页。

一方面，由于这个矛盾的发展而转变为新的形态，这是一切社会经济形态的共同的一般性发展法则；另一方面，必须作具体的研究，"树立一般与特殊的正确关系，才能发现这一形态的特殊发展法则"①。在这一理念的驱动下，他具体分析了中国近代经济的特殊性，即"还停滞在由封建经济到资本主义经济的过渡状态中，但是深深地烙上了国际帝国主义殖民地的火印"②。以此为基础，他进一步指出了改造近代经济的出路，即"必须有正确的客观的理论做实践的指导……才能提起中国经济改造的问题"③。但是，要获得这种科学的指导性理论，必须掌握一般性的经济进化的客观法则，"同时具体地考察中国经济的特殊的发展法则，以期建立普遍与特殊之统一的理论"④。显然，李达把马克思主义的一般性经济运行法则与近代中国经济发展的特殊性法则结合起来，也把中国近代经济的发展出路与中国人民的民族解放事业结合起来，阐明了通过民族化特殊形式实现社会主义理想的必然性。李达上述观点，已经初步论及马克思主义中国化的时代性任务，这是他关于根本解决中国近代民生问题的又一重大理论贡献。

李达在《法理学大纲》一书中，基于民生阐述了法理学研究的最大任务，即努力改造法律，使法律为现实社会的民生服务。所谓的"法律改造"，就是用保障公有制的社会主义法律来取代保障私有制的资本主义法律。而"近日社会主义革命之酝酿，就法律上言之，实根据此种要求而起者也"⑤。显见，他探究了法理学研究与无产阶级革命之间的紧密联系，使二者统一于建立新民主主义民主政治的理论依据和实践依据之中，统一于马克思主义宣传教育的手段之中，也统一于为人民谋生存谋幸福的目标之中。李达还找到了

---

① 李达：《经济学大纲》，载《李达全集》第十三卷，人民出版社 2016 年版，第 11 页。
② 李达：《经济学大纲》，载《李达全集》第十三卷，人民出版社 2016 年版，第 17 页。
③ 李达：《经济学大纲》，载《李达全集》第十三卷，人民出版社 2016 年版，第 18 页。
④ 李达：《经济学大纲》，载《李达全集》第十三卷，人民出版社 2016 年版，第 18 页。
⑤ 李达：《现代社会学》，武汉大学出版社 2007 年版，第 104 页。

达成这个任务的方式，那就是坚持科学的世界观和方法论——辩证唯物主义与历史唯物主义，建立普遍性和特殊性在法律上的统一，亦即应用世界法律发展的普遍原理来认识中国的法律和特殊的中国社会关系。在这里，他强调了结合中国国情和时代实际，开拓马克思主义法学理论的新视野，促进人的发展和社会发展。

新中国成立后，李达在结合毛泽东思想的研究与宣传着力阐述民生思想的同时，也运用毛泽东思想指导实际工作，形成和发展自己的高等教育思想。在《掀起理论学习的高潮》一文中，他结合中国实际，提出了广泛拓展哲学社会科学的研究课题和科学编写高等教育中各种社会科学的教材问题。他认为，广大社会科学工作者应当而且必须开展广泛的课题研究：经济学领域，包括社会主义扩大再生产问题、商品生产和价值规律问题、社会主义的生产配置问题、提高社会主义劳动生产率的途径问题等；历史学领域，包括中国百余年来的经济史、政治史、军事史、文化史、古代史、各少数民族史乃至世界各国史等；法学领域，关于新中国人民民主专政的历史经验；哲学领域，有社会主义社会上层建筑和经济基础形成发展的规律问题、人民群众和个人的历史作用问题、客观因素和主观因素的历史作用问题、在实际工作中正确应用唯物辩证法问题、关于辩证逻辑问题等。他指出，所有这些课题，意义重大，迫切需要开展创造性的研究，以撰写出切合中国实际的理论著作，尤其在高等教育领域，"还应当就上述各门科学的课程编写出理论水平较高的、密切联系中国实际的教材"[①]。由于李达在哲学社会科学领域的广泛涉猎和深厚学术造诣，他的上述观点既坚持了马克思主义的指导地位，又具有求真务实、与时俱进的特点。

李达运用马克思主义分析和探讨中国近代民生问题，得出不少符合中国国情和时代特征的结论，不仅丰富了自己的民生思想，而且拓展了马克思主义经典作家民生理论的新视野。

---

① 李达：《掀起理论学习的高潮》，《七一》1959 年第 7 期。

（三）超越和发展了孙中山的民生思想

如前所述，李达以孙中山的民生主义为张本，形成了自己的民生史观。但是，李达是一位坚定的马克思主义者，这决定了他的民生史观肩负着传播马克思主义的使命，必然以马克思主义为指导。总体看来，李达的民生史观属于马克思主义中国化的早期成果。这主要表现在以下几个方面：

首先，李达的民生史观吸收了马克思主义以人为本的精髓。马克思主义坚持人民利益高于一切，其理论前提或者说人类历史的前提，是现实的个人，是他们的实践活动和他们的物质生活条件。在《民生史观和唯物史观》一文中，李达探究了民生史观和唯物史观的关系。事实上，以历史唯物主义为基本内容之一的马克思主义始终是李达民生史观的指导思想。李达民生史观的最大特点，是在逻辑起点乃至终极目标上全面体现了马克思主义人本精神。

马克思曾指出："人们为了能够'创造历史'，必须能够生活。但是为了生活，首先就需要吃喝住穿以及其他一些东西。"[1]不难推断，马克思主义以人民的生活需要为逻辑发展和推演的起点，把人类的全部历史看作从事实践活动的现实的人的历史，即不断进行物质生产、阶级斗争和科学实验的人的历史。马克思主义尊重人民的主体地位，承认人民群众是推动历史前进的主力军，是社会财富的创造主体，也是社会发展的实现者和享有者。如前所述，李达翔实论证了民生在社会、社会组织及其变革、社会进化中的地位与作用，得出民生是社会历史中心的结论。这体现了他对社会历史的结构与进程的基本看法，即突出了作为历史主体的人，从而有效地纠正了唯物史观在全面系统传入国内之前存在的片面地抽象地注重物质和经济而忽视人的弱点。人民的生活需要是社会历史的中心，这既体现了以人为本，又强调了社会实践活动中人的主观能动性，从而站在人的生存和发展的角度创造性地解

---

① 《马克思恩格斯选集》第一卷，人民出版社 1995 年版，第 79 页。

读了唯物史观。

实现每一个人的全面而自由的发展，使民生得到充分保障，是马克思主义的终极目标。由于生产力的极大提高，人们日益摆脱了受阶级利益制约的社会关系的束缚，而社会分工和私有制的消灭，促使人们从事科学、文学、艺术等活动的自由时间不断增加。李达在《民生史观》中指出，社会发展的总趋势，"必归着于人人皆能生存，人人皆能善其生存"①。20世纪30年代，李达作为一位坚定的马克思主义者，由于受当时新闻自由的限制，在论述民生史观时没有公开使用"共产主义"这个名称。但他相信民生史观的终极目的实际上是实现每一个人的全面而自由的发展，这充分体现了唯物史观以人为本的最高价值追求。

必须看到，正因为特定时期传入的唯物史观尚不系统，李达对民生史观的认知存在某些缺陷。众所周知，《德意志意识形态》全面系统地阐明了马克思主义历史观的基本原理，标志着唯物史观的诞生。但该文经马克思写就后，全书长期没有出版。1932年，《德意志意识形态》的首个完整的、历史考证性的版本才以德文形式问世，1933年出现俄文版，中文版则更迟。它是处于国民革命失败后不久的李达无法读到的。李达曾把唯物史观和阶级斗争学说绝对地联系起来，断言"唯物史观有大部分只能适用于有阶级的社会"②，民生史观却能适应人类的一切社会。这证明李达研究民生史观也或多或少地受到了当时传入的尚不系统的唯物史观影响。

其次，李达在社会历史观上摒弃了孙中山的二元论，坚持了唯物主义一元论，着眼于人的生存和发展创造性地解读了唯物史观。

孙中山指出，民生就是人民的生活、社会的生存、国民的生计、群众的生命，就是政治、经济及各种历史活动的中心。孙中山对民生的定义，既涉及人们的物质、精神生活，也涉及人们的生存需求和求生的意志问题。他

---

① 李达：《民生史观》，《现代中国》1928年第1卷第1期。
② 李达：《民生史观和唯物史观》，《现代中国》1928年第1卷第4期。

把人们吃穿住行的物质需要，归结于如同动物般的"求生存"的本能和欲望，这就陷入了二元论。如前所述，李达的民生史观突出物质资料的生产对于人类社会存在和发展的根本性作用，强调生产关系在人类社会中的基础性地位，承认新的社会存在产生新的社会意识。"物质的变革为因，意识为果，吾人不能以当时之社会意识判断当时之社会变革，犹之不能以果证因也"①。李达坚持社会存在第一性，社会意识第二性，在社会历史观上坚持了唯物主义一元论。这是他与孙中山在历史观上的最主要区别，也表明他力图把民生史观建立在科学的宇宙观之上。

有学者曾这样概括孙中山的宇宙观："物质产生精神，精神也产生物质，但产生物质的精神仍为物质所产生。"②显然，孙中山的宇宙观是唯物主义与唯心主义的综合，是二元论。李达认为社会生活可以分为物质的、精神的两部分，物质生活是基础和本源，精神生活是物质生活的反映，所以，精神依存于物质，而物质并不依存于精神。李达在坚持唯物论的基础上进一步指出，二元论企图调和唯物论与唯心论，旨在建立不偏不倚的、兼采众长的新哲学，其结果，"不属于唯物论，便属于观念论，不能成为一贯的哲学"③。这可以看作李达对孙中山宇宙观的中肯评价，也是李达在民生史观上坚持一元论的认识前提。

再次，李达批判地看待孙中山的多元动力历史观，指出物质资料的生产方式是社会进化的根本动力。

在孙中山的思想体系中，历史动力是多元的：民生是一切社会活动的原动力；民生是社会进化的原动力；民生主义是社会的原动力。孙中山把人的需要看成人类历史的原动力，源于他思想中"精神产生物质"的唯心主义成分。人们维持生存的各种物质的和精神的需要，促使种种社会活动出现。但人的需要只是促成社会活动的主观性动因，而非客观性的动力或原

---

① 李达：《现代社会学》，武汉大学出版社 2007 年版，第 77 页。

② 吴曼君：《民生史观研究》，时代思潮社 1941 年版，第 22 页。

③ 李达：《社会学大纲》，载《李达文集》第二卷，人民出版社 1981 年版，第 74 页。

动力。孙中山反对唯物史观把生产方式看作社会发展的决定性力量，力图从历史的主体即人出发来探求社会的原动力问题。求生存是一种意识，也是一种行为。人的生存需要固然促使人们开展实践活动，但归根到底，还是实践的发展改造了人，并进一步改造了人的需要。民生主义作为一种精神产品，和物质产品一样，都是人类劳动的结晶，不可能成为社会发展的原动力。散杂的民生思想最早也才出现在文明史之初，近代的系统的民生主义属于资产阶级革命的经济纲领。它们都不可能成为数百万年来人类社会发展的原动力。

李达运用唯物史观基本原理，弥补孙中山多元动力历史观的不足，明确指出生产力的发展是人类社会产生和发展的原动力。李达在《社会学大纲》中多次论及社会发展的原动力问题。他注重根据社会基本矛盾分析社会的发展，指出社会发展的原动力存在于适应生产力发展的一定生产关系的特殊性之中。他还主张在社会生活的再生产过程中去探求社会发展法则，因为社会发展的原动力存在于社会的生产过程之中。李达认为阶级社会中基本矛盾与阶级矛盾存在着内容与形式的关系，他指出，社会中的剥削阶级代表旧生产关系，妨害新生产关系的产生，使已经发展的生产力不能继续发展，但被剥削阶级，因为是直接的生产者，是生产力的一部分，致力于破坏旧生产关系及与之相适应的政治制度。所以，生产力的发展是撼动生产关系的根本条件，"同时阶级斗争又为变革社会之唯一动力"[①]。这就从根本上论证了阶级斗争是推动阶级社会前进的直接动力。

最后，李达重拾被孙中山否定的马克思主义阶级斗争学说，发现和弥补了孙中山民生思想的最大缺陷。

孙中山的历史观一旦与中国当时半殖民地半封建社会的基本国情相联系，主要不足是对阶级看法模糊，并否定阶级斗争学说。他把阶级与等级

---

① 李达：《社会之变革》，载《李达文集》第一卷，人民出版社1980年版，第276—277页。

混同起来，认为"帝、王、公、侯、伯、子、男等一级一级的阶梯，就是从前欧洲政治地位上的阶级"①。他还把占有财产的多寡作为划分阶级的唯一依据，认为中国没有大富的特殊阶级，与外国资本家比，中国的大资本家不过是小贫，其他的穷人可说是大贫，所以，当时的中国人只有大贫小贫的区别。以此为前提，孙中山颠倒阶级斗争和社会进步二者的因果关系，强调阶级斗争是社会进化过程中产生的一种病症，"这种病症的原因，是人类不能生存"②。他还否认阶级斗争是推动阶级社会发展的动力，试图用调和论、互助论取代阶级斗争学说，认为在解决人类求生存问题的基础上为大多数人谋利益，社会大多数人的经济利益才能不相冲突而相调和，社会才能进化。

李达通过分析阶级对立的根源，指出在阶级社会，阶级斗争是生产力和生产关系之间矛盾的历史的表现，也是生产力发展和生产关系变革的必要形式。他认为，阶级对立的根本原因在于私有制使一阶级垄断生产资料夺取他阶级的剩余劳动；人类没有对立就没有进步，现存的生产力也凭借阶级对立而发展。他还指出，生产力与生产关系的矛盾对阶级斗争形式起着决定作用，认为若这个基本矛盾相对缓和，阶级斗争仅表现为经济斗争；若矛盾激化，则阶级斗争转化为政治斗争。在近代中国，对中国人民来说，以人为本与阶级斗争的关系是灵魂与肉体的关系，如果离开阶级斗争去谈民生，就好比空中楼阁缺乏现实根基。李达把阶级斗争学说与民生史观结合起来，既是对马克思主义的正确传承，又是对孙中山历史观的改造与发展。

综上所述，李达的民生史观立足于人民主体地位来探究人类历史规律即人的实践活动的规律，把民生问题推向唯物史观与时俱进的发展轨道之中，凸显了马克思主义的人文精神，同时深刻体现出李达民生思想对孙中山民生思想的超越和发展。

---

① 《孙中山选集》，人民出版社 1981 年版，第 727 页。

② 《孙中山选集》，人民出版社 1981 年版，第 817 页。

（四）对毛泽东民生思想有积极影响

李达早年在思考和分析中国社会民生状况、学习和鉴别西方先进文化的前提下，接受了马克思主义。在随后的民生实践中，他主要作为一位卓越的马克思主义理论家、教育家，进一步形成和发展自己的民生思想。而毛泽东是一位伟大的革命家、政治家，他的民生实践改变着中国的社会历史进程，其民生思想集中体现着中国共产党全心全意为人民服务的根本宗旨。李达与毛泽东秉持共同的理想信念，40 余年肝胆相照，为人民的利益不懈奋斗。他们在民生思想上的交流，有基于对中国人民命运的深切关注而殊途同归的选择，更有对马克思主义民生理论的运用和发挥。

1920 年 11 月，李达主持创办了《共产党》月刊。该刊第一次在中国大地上树立起"共产党"的旗帜，阐明早期共产党人的民生主张，明确宣告他们的两大使命，"一是经济的使命，一是政治的使命"[①]，号召中国人民反抗列强的宰割和军阀政客的压迫，"举行社会革命，建设劳工专政的国家"[②]。李达及时给毛泽东寄发《共产党》月刊。毛泽东高度赞扬该刊"颇不愧'旗帜鲜明'四字"[③]。李达与毛泽东围绕《共产党》月刊所载文章交换看法，这成为他们二人民生思想交流的逻辑起点。1922 年 11 月，李达受邀出任由毛泽东创办的湖南自修大学的学长。此后一直到 1923 年 4 月毛泽东奉调离开湖南，这半年是李达与毛泽东交往最多的时期。当时，李达与毛泽东同住在长沙清水塘。毛泽东一想起什么问题，就来找李达，常常是深更半夜前来敲门，把他叫起来商谈。李达与毛泽东为革命共同兴办教育，交流办学思想，在致力于从根本上改变人民命运的社会实践中结下了真挚的友谊。以此为纽带，李

---

① 李达：《〈共产党〉第五号短言》，载《李达文集》第一卷，人民出版社 1980 年版，第 746 页。

② 李达：《〈共产党〉第六号短言》，载《李达文集》第一卷，人民出版社 1980 年版，第 748 页。

③ 《毛泽东书信选集》，人民出版社 1983 年版，第 15 页。

达通过自己的学识和成就在唯物史观、社会革命问题、党的方针诸多方面为毛泽东民生思想提供借鉴与启示。

1926 年 6 月，李达的专著《现代社会学》由现代丛书社首次出版，书中除论述中国的社会性质、革命动力、革命对象、革命领导权外，还论证了在民主革命胜利后，利用国家资本主义向社会主义过渡的必然性。大革命失败后，李达因《现代社会学》"宣传赤化甚力"而遭反动当局"通缉"。即使如此，至 1933 年，这部书仍重版 13 次。著名学者邓初民曾回忆，当时革命者"差不多人手一册"①。《现代社会学》影响如此之大，加上李达与毛泽东有着共同的信仰和真挚的友谊，毛泽东在 20 世纪二三十年代不可能没有阅读过它。1940 年 1 月，毛泽东在《新民主主义论》一文中，科学地分析了当时中国的社会性质及主要矛盾，深刻地揭示了五四运动以后中国革命的基本特点，指出无产阶级的领导是区别新旧民主革命的根本标志，在此基础上，阐明了中国新民主主义革命的性质、动力和步骤，为中国共产党领导人民大众取得新民主主义革命的胜利提供了行动的指南。必须承认，由大革命失败到土地革命战争兴起，由第五次反"围剿"失败到抗日战争兴起，党经历两次失败、两次胜利，积累了丰富的革命斗争实践经验，才会有对基本国情和革命规律的深刻理解与准确把握。同样不可否认，李达的《现代社会学》中联系中国革命实际的历史唯物论为毛泽东新民主主义革命理论提供了不少理论营养。

李达结合国际无产阶级革命和民生建设的经验，对马克思主义哲学进行解说，为毛泽东当年撰写《实践论》《矛盾论》提供了丰富的思想材料，也为毛泽东作出一系列学习、研究和发展哲学社会科学的决策增添了思想动力。1936 年 8 月，毛泽东得到苏联哲学家西洛可夫和爱森堡等著、李达和雷仲坚译的《辩证法唯物论教程》的第三版。半年时间内，他对该书从头至尾作了圈点和勾画，写下了 12000 字左右的批注。这是毛泽东阅读的

---

① 邓初民：《忆老友李达先生》，《人物杂志》1946 年第 9 期。

哲学著作中批注最多的。这些批注中，涉及对立统一规律的最详细，比如译著中在讲解矛盾学说时，仅根据外来经验，"证明了不同质的矛盾要用不相同的方法去解决"①，却没有结合本国革命实际加以论证。毛泽东则据此作了发挥，指出："中日民族矛盾要用联合资产阶级的统一战线去解决。……党内及革命队伍内正确路线与错误倾向间的矛盾，用思想斗争的方法去解决。"②1938 年 1 月至 3 月，毛泽东又对李达的《社会学大纲》爱不释手，也作了近 3500 字的批注。10 月，毛泽东在党的扩大的六届六中全会上号召全党开展马克思主义理论学习竞赛。1939 年 2 月，中共中央成立了干部教育部，对全党的马克思主义理论学习进行领导和组织。随后，在毛泽东的提议下，经中共中央批准，系统研究和科学总结党的历史的《六大以来》一书编辑出版，为党的干部学习和研究马克思主义提供了好教材。1941 年 3 月以后，毛泽东又读了《辩证法唯物论教程》中文版第四版，在文中作了不少批注，最后十分感慨地写道："中国的斗争如此伟大丰富，却不出理论家！"③9 月，中共中央成立以毛泽东为组长、王稼祥为副组长、中央委员为成员的中央学习组。当月，毛泽东发出亲自起草的通知，规定了中央学习组的研究方针，即以理论与实际联系为目的；指明了关于实际方面的教材，即六大以来的党的文件；也具体指明了关于理论方面的四种教材，分别是列宁的《共产主义运动中的"左派"幼稚病》、艾思奇译的《新哲学大纲》第八章"认识的过程"、李达译的《辩证法唯物论教程》第六章"唯物辩证法与形式论理学"、河上肇《经济学大纲》的"序说"。当时，中央学习组的学习以研究思想方法论为主，可以说是延安整风的前奏。把上述事情联系起来考察后，一条清晰的脉络呈现出来，那就是，李达蕴含民生理念的哲学译著为毛泽东建党思想提供了不少启示，为民主革命时期中国共产党的局部执政提供了理论支持，进而为党以后的全国执政积累了重要的经验。

---

① 《毛泽东哲学批注集》，中央文献出版社 1988 年版，第 73 页。
② 《毛泽东哲学批注集》，中央文献出版社 1988 年版，第 74 页。
③ 《毛泽东哲学批注集》，中央文献出版社 1988 年版，第 445 页。

　　抗日战争全面爆发之后，中国共产党领导的战斗力强大的军队，在外线单独开展抗日游击战争，得到广大人民群众的支持，有力地配合了国民党正面战场的作战。由此，抗日游击战争上升为一个战略性的问题。第二次国共合作和抗日游击战争的开展有何哲学依据？毛泽东从李达的《社会学大纲》中找到了答案。李达这部名作的一个不足之处在于，只结合俄国共产党的民生建设经验，而未能结合当时中国共产党的革命实践来解说马克思主义哲学，这主要是因为作者在脱党期间没有直接参与革命的实践。毛泽东作为党的领袖指导着中国革命的伟大实践，其对李达哲学译著的批注正好弥补了译著本身的这一缺陷。李达在《社会学大纲》中，高度肯定了俄国苏维埃政权在维护人民根本利益和改善民生的关键时刻作出的一系列正确选择，如十月革命后苏俄与德国果断签订布列斯特和约，退出第一次世界大战，为苏维埃政权的巩固赢得喘息之机；苏联在推行第一个五年计划期间，适时提出"抓住技术"的口号，在最短时间内促使本国技术赶上先进资本主义国家等。李达把俄国苏维埃政权的民生建设经验上升到唯物辩证法的高度，联系可能性与现实性的对立统一，解说了两种实在可能性的选择问题，提出：必须"把所选择的一种实在的可能性当作链子中的特殊的一环来确定"[1]，"决不能因要抓住一个环而拆散整个的链子"[2]，即不能因为目前利益而牺牲永久利益，不能因为局部利益而牺牲整体利益。1938 年 1 月，毛泽东在阅读此处时批注："西安事变时抓住两党合作，七七事变后抓住游击战争。"[3]之后，毛泽东带领中国共产党人，在实践中坚决坚持抗日民族统一战线和游击战争这两大策略。毫无疑问，由国际无产阶级民生建设的实践经验升华而来的李达哲学思想为此提供了哲理上的支撑。

　　抗日战争的相持阶段，国民党仍然单纯依靠政府和军队进行片面抗战。与之形成鲜明对比的是，中国共产党在各抗日根据地大力推行民主政治建

---

①　李达：《社会学大纲》，载《李达文集》第二卷，人民出版社 1981 年版，第 206 页。

②　李达：《社会学大纲》，载《李达文集》第二卷，人民出版社 1981 年版，第 206 页。

③　《毛泽东哲学批注集》，中央文献出版社 1988 年版，第 263 页。

设。以陕甘宁边区为例，实行民主选举，凡年满 18 岁的，除卖国贼、经法院判决剥夺公权者、精神病人外，不分阶级、党派、职业、性别、民族，皆享有选举和被选举权，采取普遍、直接、平等、无记名的投票选举各级参议员，形成乡、县、边区三级参议会，再由各级参议会选出边区各级政府工作人员；实行民主集中制的政府组织形式，参议会、政府、高等法院等政治机构都统一于边区参议会所选出的 13 人组成的边区政府委员会，于是人民的民主权利统一于政府委员会；建立"三三制"政权，即共产党员、进步人士、中间分子各占三分之一，组成各级参议会。这种民主政治建设使党在人民群众中树立了良好的形象，扩大了抗日民主政权的影响力和号召力，大大调动了人民参加抗战的积极性，实际上走的是一条依靠人民的全面抗战路线，为彻底战胜日本帝国主义提供了坚强保证。事实证明，"为民主即是为抗日。抗日与民主互为条件"①。这一命题的哲学依据，毛泽东曾在李达译著中找到过。在苏联进行社会主义民生建设的过程中，一些人不能抓住这个时代的特性，反对"用非常的速度"向前发展生产力，以为这种高速度过于极端。李达在《辩证法唯物论教程》中指出，这种错误意见的哲学根源在于，那些人"对于过程及其各个阶段上量的发展之特殊的规定性，没有理解"②。毛泽东在阅读此处时批注："如果中国实行民主制度，全国各方面的发展将不可限量，故必须量与质之联结。"③显见，李达蕴含民生理念的哲学译著为毛泽东制定革命策略提供了方法论启示。

中国共产党在抗战时期即已实施国家资本主义的经济政策，也促进了新民主主义经济的发展。社会主义革命时期，这一政策在很大程度上得到强化。究其原因，离不开中国共产党人对苏俄新经济政策成功经验的借鉴和发展，也离不开他们对国家资本主义经济理论的研究和运用。李达在《新经济

---

① 《毛泽东选集》第一卷，人民出版社 1991 年版，第 274 页。

② 李达：《辩证法唯物论教程》，载《李达全集》第十卷，人民出版社 2016 年版，第144 页。

③ 《毛泽东哲学批注集》，中央文献出版社 1988 年版，第 54 页。

政策》一文中，分析了国家资本主义在苏俄实施的必要性，高度肯定了苏俄对马克思主义经济理论的创造性发展，也批评了那些忽视苏俄国家资本主义的社会主义前途的论调。他在《现代社会学》中又指出，"以弱小民族产业之幼稚……即使民族革命实现，亦仅能开始实行资本主义"[①]，无产阶级政权应当根据本国国情来决定具体的经济政策，强调在生产力尚未充分发展的情况下，如果抛开国家资本主义的经济形式就直接向社会主义过渡，势必导致社会生产力衰退和人民生活水平的下降。李达是最早提出中国无产阶级革命胜利后还要发展国家资本主义的马克思主义理论家，他的这一主张后来逐渐成为以毛泽东同志为主要代表的中国共产党人的共识。

李达在《辩证法唯物论教程》中，通过分析苏联向社会主义过渡时期的社会矛盾及其解决办法来解说事物的对立统一规律，并比较了十月革命前后俄国阶级矛盾的不同解决方法，指出十月革命前俄国的阶级矛盾用革命的方法解决，而革命胜利后的阶级矛盾要用"国内的工业化及农业的集体化"解决。毛泽东在此批注："不同性质的矛盾，要用不同的方法去解决"[②]，"苏联过渡期的主要矛盾是社会主义与资本主义的矛盾……只有由于工业化及农业社会化，才能将此主要矛盾解决，但有用内部力量解决此矛盾之可能"[③]。毛泽东对唯物辩证法中对立统一规律的深刻把握和关于过渡时期社会主要矛盾的分析，是他后来主张"用内部力量"即通过"和平赎买"的政策改造民族资本的重要理论来源。李达还引用斯大林的话为苏俄实施国家资本主义找到了哲学依据，即认为在新经济政策中的两个对立面，即自由贸易和国家统制相互依存，不可或缺。毛泽东在旁边批注："国家统制与商人自由之对立的统一，此类例子可举出许多，都有这样不可分的两方面互相联结。"[④]毛泽东把国家资本主义经济中国家和商人看作相互联系的矛盾的两个对立面，这是

---

① 李达：《现代社会学》，武汉大学出版社 2007 年版，第 184 页。
② 《毛泽东哲学批注集》，中央文献出版社 1988 年版，第 73 页。
③ 《毛泽东哲学批注集》，中央文献出版社 1988 年版，第 69 页。
④ 《毛泽东哲学批注集》，中央文献出版社 1988 年版，第 75 页。

他运用国家资本主义的形式来改造资本主义工商业的理论前提。显然，无论是国家资本主义还是"和平赎买"的政策，毛泽东由理论到政策的探索过程，都受到了以民生为导向的李达哲学思想的影响。

1959 年，"共产风"刮遍全中国，表现之一是破坏等价交换的原则，无视价值规律的存在，无偿调拨社员个人的财产。李达反对降低共产主义的标准，强调共产主义社会还远未到来，而社会主义社会是一个较长时期的历史阶段，商品生产和商品交换仍将长期起作用。他撰文指出："在整个社会主义阶段，商品的生产和交换是继续发展的，只有进到共产主义阶段，才能取消。"[①] 那时，毛泽东一直关注着李达，李达在《人民日报》《光明日报》《理论战线》等报刊上发表的每一篇文章，他都要仔细阅读。实际上，毛泽东后来在一定程度上赞同了李达的上述观点。1960 年前后，毛泽东曾多次号召全党要学习社会主义条件下的商品经济。

从上述史实中不难看出，李达民生思想对毛泽东民生思想有积极影响。

（五）为改革开放以后中国共产党的民生理论提供启示

李达民生思想根植于中国国情的实际和社会实际，是求真务实的。李达坚持历史唯物论来分析农业农村农民问题，提出了切实的解决方案。他的这方面理论探索集中体现在《告中国的农民》[②]，《土地所有权之变迁》，《佃租论》（上、下篇），《土地问题研究》，《中国产业革命概观》，《我们对复兴农村的意见》等文章中。他指出，"农民问题是一般民生问题中的主要问题"[③]。李

---

① 李达：《正确认识由社会主义向共产主义过渡的问题》，载《李达全集》第十九卷，人民出版社 2016 年版，第 14 页。

② 该文于 1921 年 4 月发表在《共产党》月刊第三号上，作为该期第一篇文章就开了个大天窗，页面上赫然写着"此面被上海法捕房没收去了"这几个大字，没有注明作者，但据王炯华考证，此文为李达所作。参见王炯华等：《李达评传》，人民出版社 2004 年版，第 73—76 页。

③ 李达：《土地问题研究》，载《李达全集》第四卷，人民出版社 2016 年版，第 301 页。

达出生于农村，对农民困苦生活了解真切，他断言土地问题是农民问题的中心。李达的上述观点反映出早期共产党人对农业农村农民问题的高度重视，也是运用马克思主义解答中国现实民生问题的生动体现。

李达民生思想体现了对人民利益的坚决维护，对人民诉求的真诚呼应。在中国近代，社会贫富分化十分严重，社会矛盾日益尖锐。经过艰难的探索，先进的中国人寻找医治社会弊病的良方最终着落在无产阶级革命和社会主义道路上。李达在《社会主义的目的》一文中提出，民生是社会主义的旗帜，社会主义的目的是促使人民在经济上达到富裕、在政治上实现平等。这反映了李达既有正确的政治方向又坚决维护人民利益，也是向往社会主义的早期共产党人的共性。

李达民生思想重视科学技术在社会主义民生建设中不可替代的作用，具有科学性。他在《社会学大纲》中指出，"科学和技术的成果，在未来社会中被利用于生产过程之时，就能缩短劳动日，造出良好的劳动条件，使劳动大众的生活向上"①。他还充分肯定苏联在"一五"期间提出的"抓住技术"的口号，认为苏联"如能于最短期间使技术赶上先进资本主义诸国，社会主义经济的建设就有可能性，否则有崩溃的可能性"②。李达认为，在社会主义条件下，科学技术在经济社会的发展中具有举足轻重的地位与作用。

李达民生思想立足于马克思主义的立场、观点和方法，富有创造性。他重视法律对劳动人民权益的保障作用，其法理学研究也以民生为逻辑起点和价值旨归。他从解决民生问题出发阐述了法理学研究的最重要任务，即促进法律的改造，使法律适应于现实社会，把广大人民从悲惨的生活境遇中解救出来。为了达成这个任务，他不断创新马克思主义法学理论，逐渐成为中国近代马克思主义法学研究的开拓者和带路人。

显然，李达民生思想具有鲜明的理论风格。

---

① 李达：《社会学大纲》，武汉大学出版社 2007 年版，第 303 页。

② 李达：《社会学大纲》，武汉大学出版社 2007 年版，第 165 页。

李达民生思想坚持以马克思主义为指导，与中国共产党领导的革命和建设进程相结合，把人民作为历史的主体，把人民的意愿作为解释历史的基础，把人民的利益作为评价历史的根本标准，是中国共产党在领导中国人民进行革命和建设的过程中所创立的民生理论的一部分。李达民生思想的理论为改革开放新时期中国共产党的民生理论所吸收，使得二者呈现一脉相承的关系。

党的十一届三中全会以后，经济体制改革不断深化，个体经济与私营经济得到发展，中外合资、中外合作、外商独资等非公有制经济也随之发展起来，以公有制为主体多种所有制经济共同发展的基本经济制度逐步确立，但由于地区、行业、利益群体等方面的差异，人们的收入差距不可避免地出现了扩大现象。邓小平同志深知能否消除贫富差距是社会主义与资本主义的根本标志之一，他反复强调逐步实现共同富裕的思想。1986 年 3 月，他进一步指出，"我们坚持走社会主义道路，根本目标是实现共同富裕"①。1990 年年底，他再次强调："社会主义最大的优越性就是共同富裕，这是体现社会主义本质的一个东西。"②他在 1992 年年初的南方谈话中对共同富裕作了总结性的理论概括，并把它列入社会主义本质的最高层次内容。他即使退休了，仍在关心、思考这个问题。1993 年 9 月，他在与弟弟邓垦的谈话中指出："分配的问题大得很。我们讲要防止两极分化，实际上两极分化自然出现。要利用各种手段、各种方法、各种方案来解决这些问题。"③显见，邓小平同志把消除贫富分化的问题与社会主义的前途命运、与人民的根本利益联系起来了。

在建立和完善社会主义市场经济体制的过程中，农业发展相对滞后，农民收入过低，农村的各项事业发展缓慢，历史形成的城乡二元社会经济结构需要根本性的变革，"三农"问题自 20 世纪 90 年代以来一直是困扰社会发

---

① 《邓小平文选》第三卷，人民出版社 1993 年版，第 155 页。
② 《邓小平文选》第三卷，人民出版社 1993 年版，第 364 页。
③ 《邓小平年谱（1975—1997）》（下），中央文献出版社 2004 年版，第 1364 页。

展的重大问题，也是中国共产党民生理论中的一个核心议题。江泽民同志突出强调农业在经济社会发展中的基础地位和战略作用，指出农业的地位和作用，"永远忽视不得，只能加强，不能削弱"①。江泽民同志还从党的执政经验出发强调要保护农民的生产积极性，"建国以来的历史经验证明，什么时候农民有积极性，农业就快速发展；什么时候挫伤了农民的积极性，农业就停滞甚至萎缩"②。显见，高度重视农业农村农民问题已成为中国共产党人治国理政的一条基本经验。

20世纪90年代以来，科学技术迅猛发展，对社会生产力的推动作用日益强劲，人类逐步进入知识经济时代。对此，以江泽民同志为核心的党的第三代中央领导集体高度重视。江泽民同志号召："大力推动科技进步和创新，不断用先进科技改造和提高国民经济，努力实现我国生产力发展的跨越。"③为了进一步解放和发展中国社会的科技生产力，1995年5月，江泽民同志在全国科学技术大会上提出了科教兴国的战略方针。同年年底，促进和带动中国高等教育发展的"211工程"正式启动。1996年，全国人大八届四次会议正式把科教兴国战略的实施确立为一项基本国策。此后，国家注重面向产业发展的科学研究，注重科技成果的转化和推广应用，通过全面深化科技教育体制改革，加快产学研结合。国家还创建了大批高技术产业区和工业园区，推动技术成果产业化，以带动经济发展。如今，中国的科技教育事业日新月异。

党的十四大以来，中国的社会主义市场经济体制逐渐建立和完善。市场经济的一切活动需要法律来规范，市场经济的秩序需要法律来确立和维持。在很大程度上讲，市场经济就是法治经济。1997年9月，党的十五大把依法治国确定为党领导人民治理国家的基本方略，这是中国法治建设的里程碑。1999年3月，全国人大九届二次会议将依法治国写入宪法。2002年，

---

① 《江泽民文选》第一卷，人民出版社2006年版，第259页。
② 《江泽民文选》第二卷，人民出版社2006年版，第209页。
③ 《江泽民文选》第三卷，人民出版社2006年版，第275页。

党的十六大将全面落实依法治国的基本方略作为建设小康社会的重要指标之一。2004 年 3 月，全国人大十届二次会议通过宪法修正案，将"国家尊重和保障人权"写入宪法。同月，国务院颁布《全面推进依法行政实施纲要》，郑重宣告"建设法治政府"。2004 年 9 月，党的十六届四中全会明确提出："依法执政是新的历史条件下党执政的一个基本方式。"① 这次会议还把民主法治列为社会主义和谐社会的首要特征。2006 年，"十一五"规划纲要提出贯彻依法治国基本方略，推进科学立法、民主立法，完善中国特色社会主义法律体系的要求。2007 年，党的十七大对加强社会主义法治建设作出了全面部署。2011 年 3 月，吴邦国庄重宣布，"一个立足中国国情和实际、适应改革开放和社会主义现代化建设需要、集中体现党和人民意志的，以宪法为统帅，以宪法相关法、民法商法等多个法律部门的法律为主干，由法律、行政法规、地方性法规等多个层次的法律规范构成的中国特色社会主义法律体系已经形成"②。这是中国社会主义民主法制建设史上的重要里程碑。2012 年，胡锦涛同志在党的十八大上明确提出全面推进依法治国，把法治确立为治国理政的基本方式。至此，现代法治在中国得以确立，人们的行为规范和生活方式出现重大变革。

党的十六大以来，中国共产党在民生建设方面取得巨大成就，却也面临不少前进中的困难，特别是在劳动就业、收入的调节分配、社会保障体系、居民住房、教育医疗和社会治安等方面，许多关系群众切身利益的问题亟待妥善解决。为此，胡锦涛同志对大力推进以改善民生为重点的社会建设做过多次论述。2002 年 12 月，他指出，要"积极发展教育、科技、文化、卫生、体育等各项事业，深入开展思想道德建设，不断提高公民思想道德素质和科学文化素质，不断推进社会全面进步"③。2005 年 10 月，他在党的十六届五中全会上的报告中，从统筹社会经济发展的高度要求积极促进社会事业的发

---

① 《十六大以来重要文献选编》（中），中央文献出版社 2006 年版，第 281 页。
② 《十七大以来重要文献选编》（下），中央文献出版社 2013 年版，第 262 页。
③ 《十六大以来重要文献选编》（上），中央文献出版社 2005 年版，第 71 页。

展，强调"要抓紧研究和解决社会事业发展相对滞后的问题"①。2007年6月，他在中共中央党校省部级干部进修班上的讲话中，从群众的切身利益出发，要求把社会建设摆在更加突出的位置，提出努力加强社会建设，要以解决人民群众最关心、最直接、最现实的利益问题为重点，使经济发展成果更多体现到改善民生上。同年10月，他在党的十七大报告中又突出强调社会建设的加快推进，提出"努力使全体人民学有所教、劳有所得、病有所医、老有所养、住有所居，推动建设和谐社会"②。

党的十八大以来，以习近平同志为核心的党中央郑重宣告："人民对美好生活的向往，就是我们的奋斗目标。"③这表明，新时代的中国共产党人已把民生建设摆在工作全局中一个极为突出的位置。新时代中国共产党人面对新的民生问题，提出切合实际的对策，在改善民生方面取得了令世人惊羡的巨大成就。

一是狠抓民生之本——就业，实现更充分、更优质的就业。随着我国经济进入新常态，原先的高速增长转变为中高速增长，我国面临的就业形势日趋严峻。我国除了每年有2000多万城镇劳动力等待就业外，每年还要新增1000多万等待就业者。与此同时，2020—2021年间，我国高校毕业生从874万人增加到909万人，预计到2022年将突破1000万人，④大学生群体的就业问题也需要得到切实解决。对此，习近平总书记指出，"党和国家要实施积极的就业政策，创造更多就业岗位，改善就业环境，提高就业质量，不断增加劳动者特别是一线劳动者劳动报酬。……完善制度，排除阻碍劳动者参与发展、分享发展成果的障碍，努力让劳动者实现体面劳动、全面发展"⑤。具体而言，就是要落实"大众创业、万众创新"，以简政放权的改革为

① 《十六大以来重要文献选编》（中），中央文献出版社2006年版，第1043页。
② 《中国共产党第十七次全国代表大会文件汇编》，人民出版社2007年版，第36页。
③ 《习近平谈治国理政》第一卷，外文出版社2018年版，第4页。
④ 《预计2021年将首次突破900万人　高校毕业生就业新空间在哪》，《经济日报》2020年12月14日。
⑤ 《习近平谈治国理政》第二卷，外文出版社2017年版，第364页。

市场主体释放更大空间，通过激励创业政策为广大青年提供更多机会，让人民特别是大学生群体在创造物质财富的过程中同时实现精神追求。在中国共产党成立 100 周年之际，我国已经初步形成政府激励创业、社会支持创业、劳动者勇于创业的新机制。新时代中国共产党人"以创业带动就业"的民生思想既适应我国的基本国情，也符合中国特色社会主义民生建设的一般规律，从而为破除结构性的就业矛盾指明了方向。

二是狠抓民生之源——收入，优化收入分配结构，使之更加合理有序。习近平总书记用"蛋糕"打比方，一方面强调，把"蛋糕"做大是民生改善的首要前提，要想方设法做大"蛋糕"，以利于全国人民都能分到更多的"蛋糕"；另一方面强调，把"蛋糕"分好是民生发展的直接体现，要公平合理地分配已有的"蛋糕"，让每一位社会成员都有更强的获得感，使民生逐步提升，以更高的积极性、主动性、创造性去做大"蛋糕"。近年来，我国城乡居民收入增长较快，但收入差距过大仍是民生工作的焦点问题。据统计，2020 年我国城镇居民人均可支配收入为 43834 元，比上年增长 3.5%；农村居民人均可支配收入为 17131 元，比上年增长 6.9%；城乡居民人均收入倍差约为 2.56。若从收入等级来看，高收入组的人均可支配收入为 80294 元，低收入组的人均可支配收入仅为 7869 元，两者相差约 10.2 倍。[①] 对此，习近平总书记在党的十九大报告中明确提出，要坚持按劳分配原则，完善按要素分配的体制机制，促进收入分配更合理、更有序，并要求加快推进基本公共服务均等化，缩小收入分配差距。这为收入分配领域的进一步改革指明了方向。以此为指导，"十四五"规划提出了"坚持按劳分配为主体、多种分配方式并存，提高劳动报酬在初次分配中的比重，完善工资制度，健全工资合理增长机制，着力提高低收入群体收入，扩大中等收入群体"[②]

---

① 参见国家统计局：《中华人民共和国 2020 年国民经济和社会发展统计公报》，《人民日报》2021 年 3 月 1 日。

② 《中共中央关于制定国民经济和社会发展第十四个五年规划和二〇三五年远景目标的建议》，《人民日报》2020 年 11 月 4 日。

的工作思路，强调收入分配制度改革要始终围绕按劳分配原则的完善这一主线展开，要结合经济体制改革逐步推进，要始终将如何处理公平与效率的关系作为收入分配制度改革的核心主题，力求逐步形成合理有序的收入分配格局，促进民生持续改善与社会和谐稳定。特别值得一提的是，在中国共产党的正确领导下，在中国共产党民生建设理论的科学指导下，经过全国各族人民共同努力，在迎来中国共产党成立100周年的重要时刻，我国脱贫攻坚战取得了全面胜利，现行标准下9899万农村贫困人口全部脱贫，832个贫困县全部摘帽，12.8万个贫困村全部出列，解决了区域性整体贫困，完成了消除绝对贫困的艰巨任务，创造了中国共产党民生建设史上一个彪炳千秋的奇迹。

三是抓好民生之依——社保，建立公平可持续的社会保障体系。经过改革开放以来40多年的努力，我国已经构建起城乡全覆盖的最低生活保障制度与社会救助体系，有效地解决了制度从无到有的问题。但由于生产力发展不均衡不充分、城乡二元结构长期存在，我国的社会保障目前仍存在与城乡居民的经济社会发展需求、社会保障需求不完全适应等问题。具体而言，主要是社会保障的运行机制与管理服务体制不够完善，社会保障制度项目之间不够协调、地区之间不统一，社会保障主体之间的责任分担机制不够明确，我国社会保障制度模式尚待进一步成熟定型。完善社会保障制度体系是持续推进民生事业的基本途径。对此，习近平总书记在党的十九大报告中明确提出，要按照兜底线、织密网、建机制的要求，全面建成覆盖全民、城乡统筹、权责清晰、保障适度、可持续的多层次社会保障体系。具体而言，就是要健全基本养老、基本医疗保险筹资和待遇调整机制，实现基本养老保险全国统筹，推动基本医疗保险、失业保险、工伤保险省级统筹，发展多层次、多支柱养老保险体系，健全重大疾病医疗保险和救助制度，健全分层分类的社会救助体系，健全退役军人工作体系和保障制度，健全灵活就业人员社保制度，完善帮扶残疾人、孤儿等社会福利制度，健全老年人、残疾人关爱服务体系和设施，完善全国统一的社会保险公共服务平台。① 上述规划的落实有助于在消弭身份差异的基础上建设全民统一的比较成熟的社会保障体系，在激发多元力量的条件中构建多层次可持续的保障体系，在打通地区分割的前提下建设全国统筹的基础性社会保障体系，从根本上解决社会保障领域不同群体利益固化、区域发展失衡等矛盾。

不难看出，李达民生思想为中国共产党在中国特色社会主义民生建设中继续创新理论提供了有益的启示。

三、李达民生思想的局限

毋庸讳言，由于新生事物前进道路的曲折性，加上李达对民生问题开展的探索偏重于理论思考，李达民生思想不可避免地存在历史局限性。

第一，由于历史条件的局限，李达民生思想中关于近代中国国情与革命的个别观点不精当、不成熟甚至不正确。例如，1920 年 11 月，李达在《〈共产党〉第一号短言》中号召：“我们要逃出奴隶的境遇，我们不可听议会派底欺骗，我们只有用阶级战争的手段，打倒一切资本阶级，从他们手中抢夺来政权；并且用劳动专政的制度，拥护劳动者底政权，建设劳动者的国家以至于无国家，使资本阶级永远不至发生。”② 这说明，他在党的创建时期对中国近代的半殖民地半封建社会的基本国情了解得不透，把民族资产阶级和买办阶级同列为民主革命的对象，更不能阐明民主革命和社会主义革命的关系。当然，这种早期共产党人在理论探索时必然遇到的困惑，只能结合当时的时代条件和社会发展实际去寻找原因，它丝毫不影响李达思想中清新明亮

① 参见《中共中央关于制定国民经济和社会发展第十四个五年规划和二〇三五年远景目标的建议》，《人民日报》2020 年 11 月 4 日。

② 李达：《〈共产党〉第一号短言》，载《李达文集》第一卷，人民出版社 1980 年版，第 742 页。

的民生基调。更何况，这些不足在后来的《现代社会学》和《中国产业革命概观》等著作中，得到很大程度克服和纠正。

第二，由于在特定时期李达专注于理论研究，没有机会经历中国共产党领导的土地革命与土地改革的实践，他关于土地问题的解决方案不可避免地带有理想主义痕迹，甚至不可避免地带有对苏联经验教条式理解的成分。比如，大革命失败后，他曾主张土地国有政策一步到位，事实上，井冈山《土地法》和兴国《土地法》的成功实施证明，土地革命后在一定时期内保证农民的土地所有权，能够极大地激发农民的生产积极性和革命热情；新中国成立后，他在总结社会主义革命与社会主义建设的共同规律时指出，胜利了的各国无产阶级政权可能采取多种形式来完成土地所有制的改革，"但无论怎样，总必须有步骤地实现农业集体化"①。李达把农业集体化看作各国土地改革的必然归趋，没有看到这个政策并不适应当时的生产力发展水平，且导致农民生活水平下降。但是，人们不能苛求这位勇敢的理论探索者。毕竟在李达看来，土地国有仅仅属于政策层面，而实现"人人都能生存"才是解决土地问题的目的。

第三，由于李达主要是一位理论家、宣传家，重在对马克思主义进行研究与宣传，重在对国际无产阶级政权民生建设经验进行介绍，他在《俄国的新经济政策》《马克思学说与中国》《现代社会学》等文著中论证国家资本主义问题时，侧重于政策的可行性和必要性研究，而对政策实施的深度、广度及时间的长度缺乏深入的探讨。新中国成立初期，国家资本主义曾经作为向社会主义过渡的必要政策来实行。但是，由于"农业合作化以及对手工业和个体商业的改造要求过急，工作过粗，改变过快，形式也过于简单划一"②，这个政策实施的时间很短，导致其发展经济与改善民生的积极作用未能充分发挥。历史证明，中国所处的整个社会主义初级阶段，国家资本主义都是社

---

① 李达：《社会主义革命与社会主义建设的共同规律》，载《李达文集》第四卷，人民出版社1988年版，第562页。

② 《十一届三中全会以来重要文献选读》上册，人民出版社1987年版，第307页。

会主义经济的必要组成部分，并在国计民生中起着不可或缺的作用。

第四，囿于时代环境，李达过于突出意识形态，过于强调机器大生产中科学技术进步对民生的负面作用。他曾指出，严重威胁劳动者生活的，是由机器大量使用造成劳动人口过剩。因为机器使用越多，生产技术上劳动的需要就越少，"这简直是把劳动者驱逐于生产界以外，造成了劳动预备军。劳动预备军越是增加，工钱就越是减少"[1]。他认为机器夺去了劳动者的生活资源，大大加剧了失业问题。一般说来，失业是指人们为满足基本生活需要、延续生命而付出的必要劳动得不到满足的状态。在资本主义社会，失业是制度运作的必然结果。资本积累、资本有机构成提高、资本竞争等多种因素综合作用下，必然造就新的失业。简单地说，资本家改进技术的目的，在于降低成本、抬升利润。所以，制造"机器所费的劳动量决没有它所代替的那样多"[2]。在社会主义的中国，出现所谓的结构性失业，直接原因是产业结构加快调整促使大量新兴产业取代旧产业，主要原因是科技的不断进步；但是，大多数失业是由于劳动者的技能无法胜任岗位所需，可以说，低层次劳动者大量闲置而技能型岗位人才稀缺的现象不是科技进步导致的，只能归因于大量劳动者没有掌握进步的技能。况且，发展高新技术与促进就业并不矛盾，技术进步也能够增加社会就业。例如，软件和信息服务业的迅猛发展，就对软件开发、信息处理和技术服务等人员存在大量需求。应当说，失业不是机器或科学技术而是人把人的工作给挤掉了。由于时代与实践条件的限制，李达过于强调科学技术引起失业的观点，这与历史事实还是有差异的。

第五，随着社会主义中国的具体制度从计划经济体制转化为市场经济体制，法治建设中开发私法资源的重要性日益显现，李达关于阶级性是法律的唯一本质的观点需要注入更多的时代元素。李达在《法理学大纲》中强调，"法律的本质是阶级性，其功用是保障特定的阶级的经济结构"[3]，并认为西

---

① 李达：《社会之基础知识》，载《李达文集》第一卷，人民出版社 1980 年版，第 544 页。

② 《马克思恩格斯全集》第 34 卷，人民出版社 2008 年版，第 630 页。

③ 李达：《法理学大纲》，载《李达全集》第十五卷，人民出版社 2016 年版，第 259 页。

方各派法理学者所宣扬的"法律是道德"的论调，其"道德"二字，只是省略了"特殊阶级的"这个形容词。毫无疑问，李达承认了法律本质的唯一性，即阶级性。身处无产阶级革命时代的李达，着眼于近代中国半殖民地半封建社会的基本国情，把阶级性看成法律的唯一本质，有其社会的时代的必然性。但是，随着党和国家的工作重心从以阶级斗争为纲转移到以经济建设为中心，李达这一观点就凸显出对于社会性、强制性和规范性等法律本质的多样化表现形式的忽视，难以解答国家的立法、司法和执法在理论上实践上出现的一系列问题。此外，李达把私有制与不自由不平等、公有制与自由平等过于绝对地联系起来，忽视了财产权的时代特征。

以上对李达民生思想不足之处的分析并非对李达理论探索的苛求，而是为了从另一个角度考察中国共产党历史上民生理论与时代实践的契合度，以及民生政策的成功与不足，从而为如何正确制定中国特色社会主义民生政策带来启迪。就中国特色社会主义民生建设这样一个全新的事业而言，中国共产党制定和执行的各项政策，"都是新的实践中所发现的诸现象间的新的关联形式"[1]。没有科学的民生理论，就没有正确的民生建设实践。民生理论的与时俱进，是不断发展且具有鲜明时代特征的民生实践的必然要求，也是善于进行理论创新的中国共产党保持先进性的必然要求，更是党制定正确的民生政策和取得重大民生成就的关键。

---

[1] 《毛泽东哲学批注集》，中央文献出版社 1988 年版，第 438 页。

结　语

　　保障民生、改善民生是近代以降中国仁人志士的毕生追求。由于自身的阶级局限性，或理论指向的方向性偏差，他们中的许多人都没有实现自己的理想。中国共产党人以马克思主义为行动指南，把民族独立、人民解放、国家富强、社会和谐作为自己的责任担当，把实现每一个人的自由而全面发展作为自己奋斗的终极目标，紧紧依靠全国各族人民，完成了新民主主义革命，实现了民族独立、人民解放；完成了社会主义革命，确立了社会主义基本制度；进行了伟大的改革开放，开创、坚持和发展了中国特色社会主义。[①]这三件大事，是中国共产党人在人类发展史上创作出的惊天地、泣鬼神的壮丽史诗，是近现代以来中国社会最深刻最重大的变革。李达作为中国共产党的主要创始人和早期重要领导人之一，作为一位杰出的马克思主义理论家，亲历了社会大变革下的民生大改善，他奋斗的足迹成为一代又一代共产党人致力于保障和改善民生的一个缩影。

　　李达站在人民的立场，把人民作为历史的主角，真实反映特定历史时期人民的生活状况、利益要求和内心愿望，对现实的民生问题展开了深刻而全面的探索。

　　从实践上来看，李达身体力行，勇于开拓，在工作与生活中为保障和改善民生尽心尽力。在中国共产党创建时期，工人的工资极低，劳动条件奇差，常受封建把头的体罚和人格侮辱，罢工又遭到残酷镇压，李达作为中央

---

① 参见《十七大以来重要文献选编》（下），中央文献出版社 2013 年版，第 433 页。

局宣传主任，发表了《对于全国劳动大会的希望》《劳动立法运动》等文章，努力争取工人权益，积极发动工人运动；当时，广大妇女群众头顶"三座大山"，身受政权、族权、神权、夫权等四种权力的压迫，挣扎在整个社会的最底层，她们的生存权、发展权和人身自由权得不到丝毫保障，生活暗无天日。李达作为中国共产党早期妇女运动的主要领导人，不仅带头创办了上海平民女学，培养了党的第一批妇女干部和一大批妇女运动骨干，而且创办了《妇女声》半月刊，大大提高了妇女觉悟，促进了妇女解放；在旧中国，广大人民被剥夺受教育的机会，文化水平低下，社会上文盲、半文盲比重相当大，李达作为马克思主义教育家，很早就立志教育救国，他致力于发展党和人民的教育事业，终其一生，为党和人民的教育事业特别是新中国的高等教育管理积累了丰富的实践经验。

从理论上来看，李达形成和发展自己的民生思想，促进了基于中国革命、建设和改革实践的中国共产党民生理论的形成和发展，从而为中国共产党的民生建设作出了很大的理论贡献。李达的《现代社会学》，遵循历史唯物论，坚持把革命理论与中国实际相联系，较早、较科学地论述了近代中国的社会性质、革命动力、革命对象和革命领导权等问题，为中国共产党新民主主义革命理论的形成提供了不少理论营养；苏俄推行新经济政策，积极利用国家资本主义，使得民生建设取得显著成效，在这种情况下，李达分析了国家资本主义在苏俄实施的必要性，突出强调苏俄国家资本主义经济的社会主义前途，并进一步指出中国无产阶级革命胜利后也要发展国家资本主义。正是李达等马克思主义理论家对国家资本主义经济政策的研究和宣传，以及他们对苏俄新经济政策成功经验的借鉴和发展，使得国家资本主义的经济政策在抗日战争时期即已由中国共产党推行，并在社会主义革命时期得到很大程度的强化；20 世纪 50 年代后期，党内"左"的倾向在民生建设上日益严重，李达依据主观与客观、理论与实践的科学关系，反对"人有多大胆，地有多大产"这一错误口号，并据理力争，对中国共产党领导的民生建设实践产生深远的影响。

　　李达在实践上和理论上对于民生问题的贡献是中国共产党人致力于民生建设的历史潮流中的一朵浪花。中国共产党是全心全意为人民服务的无产阶级政党，始终代表着中国最广大人民的根本利益。于是，凡是符合人民利益的思想和行动，与党的性质和宗旨就是一致的；凡是违背人民利益的思想和行动，与党的性质和宗旨就是不相容的。新民主主义革命时期，党逐渐认清基本国情，积极领导工农运动；带领人民打土豪、分田地，保障了人民的经济、政治权益；提倡地主减租减息并开展大生产运动，大大减轻人民负担，努力改善人民生活；在解放区推行土地改革，建立人民政权。新中国成立后，党致力于恢复和发展经济，逐步建立起社会主义基本制度，消灭了剥削；带领人民大兴农田水利。改革开放以来，党坚持以经济建设为中心，奠定了民生改善的物质基础；逐步建立起社会主义市场经济体制，促进了民生的改善；坚持以人为本，民生建设获得大发展。可以说，中国共产党的历史，归根到底，是一部竭力维护人民利益、解决民生问题、改善人民生活、实现民生理想的历史。

　　纵观中国共产党的民生建设史，在实践中不断丰富和发展民生理论，再根据具有鲜明时代特征的民生理论制定和实行民生政策，这是党取得举世瞩目的民生成就的一条基本经验。李达民生思想融入中国共产党的民生理论和改善民生的实践，视人民为历史的主体，视人民的意愿为解释历史的基础，视人民的利益为评价历史的根本标准，是中国共产党在领导中国人民进行革命和建设的过程中所创立的民生理论不可分割的一部分。李达民生思想，根植于中国的国情实际和社会实际，具有民族性和时代性；坚决维护人民利益，真诚呼应人民诉求，具有人民性；重视科学技术在社会主义民生建设中不可替代的作用，具有科学性；立足于马克思主义立场、观点和方法，富有创造性。李达民生思想在改革开放新时期中国共产党的民生理论中得到体现，这一时期中国共产党人的共同富裕思想、"三农"思想、科教兴国思想、依法治国思想、社会建设思想等与李达民生思想有相通之处。

　　当前，我国在民生建设方面取得了巨大成就，但一些问题仍然存在，如

"农业稳定发展和农民持续增收难度加大；劳动就业、社会保障、收入分配、教育卫生、居民住房、安全生产、司法和社会治安等方面关系群众切身利益的问题仍然较多，部分低收入群众生活比较困难"①。对此，如何在新形势下加强党对民生建设的领导？如何进一步丰富和发展中国共产党的民生理论？如何在实践中形成正确的民生政策？如何切实有效地根据理论和政策来解决民生问题？如何从李达民生思想中吸取营养、得到启发，以推进现阶段的民生建设？努力正确地解答上述问题，是本书的主要目的，更需要广大理论工作者坚持不懈地思索、探究下去。

总之，李达民生思想反映出他不愧是一位杰出的马克思主义理论家。毛泽东曾指出，"任何国家的共产党，任何国家的思想界，都要创造新的理论，写出新的著作，产生自己的理论家，来为当前的政治服务"②。当前，中国特色社会主义民生建设实践的发展需要进一步挖掘李达民生思想的当代价值，需要不断地进行理论创新。只有在实践中不断丰富和发展中国共产党的民生理论，才能为中国特色社会主义民生建设取得更大成就提供指导。

---

① 《十七大以来重要文献选编》（上），中央文献出版社 2009 年版，第 4 页。
② 《毛泽东文集》第八卷，人民出版社 1999 年版，第 109 页。

参考文献

一

[1]《马克思恩格斯选集》第 1、2、3、4 卷，人民出版社 1995 年版。

[2]《马克思恩格斯全集》第 1、2、10、27、31、32、34 卷，人民出版社 1957 年后陆续出版。

[3]《马克思恩格斯文集》第 1、2、3、4 卷，人民出版社 2009 年版。

[4]《列宁全集》第 7、12、16、25、27、30、34、39 卷，人民出版社 1958 年后陆续出版。

[5]《列宁选集》第 1、2、3、4 卷，人民出版社 1995 年版。

[6]《毛泽东选集》第一、二、三、四卷，人民出版社 1991 年版。

[7]《毛泽东文集》第一、二、三、四、五、六、七、八卷，人民出版社 1993 年后陆续出版。

[8]《毛泽东书信选集》，人民出版社 1983 年版。

[9]《毛泽东哲学批注集》，中央文献出版社 1988 年版。

[10]《毛泽东年谱（1893—1949）》第一、二、三册，中央文献出版社 2013 年版。

[11]《毛泽东年谱（1949—1976）》第一、二、三、四、五、六册，中央文献出版社 2013 年出版。

[12]《毛泽东经济年谱》，中央文献出版社 1993 年版。

[13]《毛泽东同志论教育工作》，人民教育出版社 1958 年版。

[14]《周恩来选集》上、下卷，人民出版社 1980、1984 年版。

[15]《刘少奇选集》上、下卷，人民出版社 1981、1985 年版。

[16]《邓小平文选》第一、二、三卷，人民出版社 1994、1994、1993 年版。

[17]《邓小平年谱（1975—1997)》上、下册，中央文献出版社 2004 年版。

[18]《陈云文选》第一卷，人民出版社 1995 年版。

[19]《江泽民文选》第一、二、三卷，人民出版社 2006 年版。

[20]《胡锦涛文选》第一、二、三卷，人民出版社 2016 年版。

[21]《习近平谈治国理政》第一、二、三卷，外文出版社 2018、2017、2020 年版。

[22]《中共中央文件选集》第一、二册，中共中央党校出版社 1982 年后陆续出版。

[23]《建国以来重要文献选编》第一、二、三、四、十一、十二、十三册，中央文献出版社 2011 年版。

[24]《建党以来重要文献选编》第一、二、三、四、五、六、七、八册，中央文献出版社 2011 年版。

[25]《十一届三中全会以来重要文献选读》上、下册，人民出版社 1987 年版。

[26]《十六大以来重要文献选编》上、中、下册，中央文献出版社 2005 年后陆续出版。

[27]《十七大以来重要文献选编》上、下册，中央文献出版社 2009、2013 年版。

[28]《十八大以来重要文献选编》上、中、下册，中央文献出版社 2014、2016、2018 年版。

[29]《十九大以来重要文献选编》上册，中央文献出版社 2019 年版。

[30]《中共中央关于制定国民经济和社会发展第十四个五年规划和二○三五年远景目标的建议》，《人民日报》2020 年 11 月 4 日。

二

[1] 本志红：《李达与马克思主义中国化研究》，吉林人民出版社 2015 年版。

[2] 蔡诗敏：《李达法学思想研究》，人民出版社 2019 年版。

[3] 曹浩瀚：《列宁革命思想研究》，中央编译出版社 2012 年版。

[4]《陈独秀文章选编》（上、中册），生活·读书·新知三联书店 1984 年版。

[5] 陈戊国点校：《四书五经》，岳麓书社 2002 年版。

[6] 丁俊萍：《中国共产党解放和发展生产力思想研究》，武汉大学出版社 1999 年版。

[7] 丁俊萍等：《"三个代表"思想源流和理论创新》，中国社会科学出版社 2012 年版。

[8] 丁晓强、李立志：《李达学术思想评传》，北京图书馆出版社 1999 年版。

[9] 丁兆梅：《李达社会主义思想研究》，人民出版社 2014 年版。

[10] 董四代：《传统理想与社会主义现代化》，安徽人民出版社 2005 年版。

[11]（西汉）董仲舒：《春秋繁露》第八卷，上海古籍出版社 1989 年版。

[12] 顾海良主编：《马克思主义发展史》，人民大学出版社 2009 年版。

[13] 郭德宏主编：《中国马克思主义发展史》，中共中央党校出版社 2001 年版。

[14] 郭湛波：《近五十年中国思想史》，山东人民出版社 1997 年版。

[15] 韩喜凯总主编：《民本·安民篇》，齐鲁书社 2001 年版。

[16] 康有为：《大同书》，上海古籍出版社 2014 年版。

[17] 李承贵：《通向学术真际之路——中国现代学术研究方法史论》，江西人民出版社 2002 年版。

[18]《李达文集》第一卷，人民出版社 1980 年版。

[19]《李达文集》第二卷，人民出版社 1981 年版。

[20]《李达文集》第三卷，人民出版社 1984 年版。

[21]《李达文集》第四卷，人民出版社 1988 年版。

[22] 李达：《法理学大纲》，法律出版社 1983 年版。

[23] 李达：《经济学大纲》，武汉大学出版社 1985 年版。

[24] 李达：《劳农俄国研究》，商务印书馆 1922 年版。

[25] 李达：《社会学大纲》，武汉大学出版社 2007 年版。

[26] 李达：《现代社会学》，武汉大学出版社 2007 年版。

[27] 李达：《唯物辩证法大纲》，武汉大学出版社 2007 年版。

[28] 李达：《中华人民共和国宪法讲话》，人民出版社 1956 年版。

[29]《李大钊全集》，河北教育出版社 1999 年版。

[30]《李大钊文集》上册，人民出版社 1984 年版。

[31]《李大钊文集》第二卷，人民出版社 1999 年版。

[32] 李丹：《马克思主义妇女解放理论及其当代价值》，黑龙江大学出版社 2013 年版。

[33]（春秋）李耳，李广宁译注：《道德经》，中国纺织出版社 2007 年版。

[34] 李其驹、王炯华、张耀先主编：《马克思主义哲学在中国（从清末民初到中华人民共和国成立)》，上海人民出版社 1991 年版。

[35] 李延明、吴敏、王宜秋：《近代中国社会形态的演变》，安徽大学出版社 2010 年版。

[36] 梁满仓编写：《中国社会性质问题论战》，新华出版社 1991 年版。

[37] 梁知编著：《国学通鉴》，安徽人民出版社 2000 年版。

[38] 林代昭、潘国华编：《马克思主义在中国——从有影响的传入到传播》，清华大学出版社 1983 年版。

[39] 刘颖：《中国国家资本主义问题研究》，吉林人民出版社 2004 年版。

[40] 罗海滢：《李达唯物史观思想研究》，暨南大学出版社 2008 年版。

[41] 罗琼：《妇女解放问题基本知识》，人民出版社 1986 年版。

[42] 吕芳文、余应彬主编：《一代哲人李达》，岳麓书社 2000 年版。

[43] 潘萍：《马克思主义妇女解放理论研究》，人民出版社 2014 年版。

[44] 曲广娣：《李达法理学思想研究》，中国政法大学出版社 2013 年版。

[45] 瞿晓琳：《新时期邓小平改善民生思想研究》，人民出版社 2011 年版。

[46] 萨孟武：《三民主义政治学》，新生命书局 1929 年版。

[47] 宋镜明：《李达》，河北人民出版社 1997 年版。

[48] 宋镜明：《李达与武汉大学》，山西教育出版社 1999 年版。

[49] 宋镜明：《李达传记》，湖北人民出版社 1986 年版。

[50] 苏小桦：《李达哲学实现路径及贡献》，西南交通大学出版社 2012 年版。

[51] 苏志宏：《李达思想研究》，西南交通大学出版社 2004 年版。

[52]《孙中山全集》第 3 集，三民图书公司 1927 年版。

[53]《孙中山选集》上、下册，人民出版社 2011 年版。

[54]《孙中山全集 1924.1—1924.3》第一、二、五、八、九、十卷，中华书局 2006 年版。

[55] 唐春元：《毛泽东与李达——肝胆相照四十年》，中央文献出版社 2003 年版。

[56] 唐正芒等：《马克思主义中国化历程中的湘籍无产阶级革命家思想研究》，人民出版社 2009 年版。

[57] 陶德麟、何萍编：《马克思主义哲学中国化：历史与反思》，北京师范大学出版社 2007 年版。

[58] 叶汝贤：《唯物史观发展史》，吉林人民出版社 1985 年版。

[59] 挽沉编：《三年后之中国》，光明书局 1939 年版。

[60] 王建初、孙茂生主编：《中国工人运动史》，辽宁人民出版社 1987 年版。

[61] 王杰：《孙中山民生思想研究》，首都经济贸易大学出版社 2011 年版。

[62] 王炯华：《李达与马克思主义哲学在中国》，华中理工大学出版社 1988 年版。

[63] 温乐群、黄冬娅：《二三十年代中国社会性质和社会史论战》，百花洲文艺出版社 2004 年版。

[64] 吴曼君：《民生史观研究》，时代思潮社 1941 年版。

[65] 武汉大学出版社编：《为真理而斗争的李达同志》，武汉大学出版社 1985 年版。

[66] 肖前主编：《马克思主义哲学原理》下册，中国人民大学出版社 1994 年版。

[67] 谢红星、梅雪：《李达与毛泽东的哲学交往》，中国社会科学出版社 2010 年版。

[68] 谢浩范、朱迎平译注：《管子全译》，贵州人民出版社 1996 年版。

[69] 许纪霖：《二十世纪中国思想史论》下卷，东方出版中心 2000 年版。

[70] 虞花荣：《中国共产党妇女解放思想研究》，海潮出版社 2007 年版。

[71] 张静如：《唯物史观与中共党史学》，湖南出版社 1995 年版。

[72] 张静如主编：《中国共产党思想史》，青岛出版社 1991 年版。

[73]（东汉）郑玄注、（唐）孔颖达正义：《十三经注疏　礼记正义》中册，

上海古籍出版社 2008 年版。

　　[74]　知识出版社编:《一大回忆录》,知识出版社 1980 年版。

　　[75]　中共湖南省委党史资料征集研究委员会:《湖南党史人物传记资料选编》第 2 辑,中共湖南省委党史委编辑出版处 1984 年版。

　　[76]　中共中央党史研究室科研局编:《李大钊研究文集》,中共党史出版社 1991 年版。

　　[77]　中共党史人物研究会编:《中共党史人物传》第 3 卷,陕西人民出版社 1981 年版。

　　[78]　中国社会科学院现代史研究室编:《"一大"前后——中国共产党第一次代表大会前后资料选编》(一),人民出版社 1980 年版。

　　[79]　中国现代哲学史研究会等:《纪念李达诞辰 100 周年——中国现代哲学与文化思潮(续集)》,湖南出版社 1991 年版。

　　[80]　周太山:《李达的马克思主义理论教育思想研究》,中国社会科学出版社 2017 年版。

　　[81]　(南宋)朱熹集注,陈戍国标点:《四书集注》岳麓书社 1987 年版。

三

　　[1]　蔡浩明:《李达与马克思主义法理学的中国化》,《法治湖南与区域治理研究》2012 年第 2 期。

　　[2]　常进军、李继华:《李达对中国社会主义道路的理论探索——纪念李达诞辰 120 周年》,《理论导刊》2010 年第 9 期。

　　[3]　陈答才、方立江:《近三十年来李达研究述评》,《中共党史研究》2010 年第 8 期。

　　[4]　陈闻晋、徐琼:《积求是风　育拓新才——李达教育思想和办学实践的新启示》,《武汉大学学报(人文科学版)》2004 年第 2 期。

　　[5]　陈修斋:《百感交集怀李老》,《武汉大学学报(哲学社会科学版)》1981 年第 1 期。

　　[6]　程波:《李达对中国近代法理学的贡献——从马克思主义法学方法意识的

觉醒到"科学的法律观"的运用》,《岳麓法学评论》2012 年第（00）期。

[7] 程梦婧:《中国第一代马克思主义法学家的理论开创》,《法学研究》2020 年第 5 期。

[8] 邓初民:《忆老友李达先生》,《人物杂志》1946 年第 9 期。

[9] 丁俊萍:《李达在党的创建时期对中国妇女解放运动的贡献》,《妇女研究论丛》2010 年第 6 期。

[10] 丁俊萍、吕惠东:《李达对中国共产党创建时期宣传工作的贡献》,《江汉论坛》2013 年第 4 期。

[11] 丁俊萍、吕惠东:《治学先师 真理卫士——李达在武汉大学的 13 年》,《武汉大学学报（人文科学版）》2015 年第 2 期。

[12] 龚燕红、刘世鹏:《李达与瞿秋白的妇女观比较》,《当代教育理论与实践》2012 年第 9 期。

[13] 郭德宏:《论民众史观》,《史学月刊》2009 年第 11 期。

[14] 韩德培:《一位少有的马克思主义法学家》,《武汉大学学报（哲学社会科学版）》1981 年第 1 期。

[15] 胡乔木:《深切地悼念伟大的马克思主义理论家李达同志——在纪念李达同志诞辰一百周年座谈会上的讲话》,《武汉大学学报（人文社会科学版）》2000 年第 6 期。

[16] 胡绳:《传播马克思主义理论的先驱者——纪念李达同志诞辰 100 周年》,《光明日报》1990 年 10 月 28 日。

[17] 李达:《革命过程中的民主革命》,《双十月刊》1928 年第 4 期。

[18] 李达:《教学工作是学校一切工作的中心》,《新武大》1953 年第 98 期。

[19] 李达:《民生史观和唯物史观》,《现代中国》1928 年第 1 卷第 4 期。

[20] 李达:《民生史观》,《现代中国》1928 年第 1 卷第 1 期。

[21] 李达:《社会主义革命与社会主义建设的共同规律》,《理论战线》1958 年第 2 期。

[22] 李达:《十月革命与中国知识分子》,《学习》1957 年第 21 期。

[23] 李达:《土地所有权之变迁》,《现代中国》1928 年第 1 卷第 2 期。

[24] 李达:《土地问题研究》,《双十月刊》1928 年第 3 期。

[25] 李达:《团结一致　增强信心　鼓足干劲　迎接新的胜利——1963 年元旦广播讲话》,《新武大》1963 年第 371 期。

[26] 李达:《完成民主革命!》,《现代中国》1928 年第 2 卷第 3 号。

[27] 李达:《掀起理论学习的高潮》,《七一》1959 年第 7 期。

[28] 李达:《哲学社会科学工作者努力的方向》,《新华半月刊》1959 年第 12 期。

[29] 李达:《正确认识由社会主义到共产主义过渡的问题》,《人民日报》1959 年 5 月 9 日。

[30] 李达:《中国所需要的革命》,《现代中国》1928 年第 2 卷第 1 号。

[31] 李达:《自然科学与政治》,《人民湖大》1950 年第 3 期。

[32] 李达:《佃租论》上篇,《现代中国》1928 年第 2 卷第 1 号。

[33] 李达:《佃租论》下篇,《现代中国》1928 年第 2 卷第 3 号。

[34] 李惠康、朱海:《李达与瞿秋白妇女观之比较》,《湖南科技大学学报（社会科学版）》2012 年第 3 期。

[35] 李立志:《李达对毛泽东的影响》,《上饶师专学报》1998 年第 4 期。

[36] 李振纲:《略论建党前后李达传播科学社会主义的理论贡献》,《河北大学学报（哲学社会科学版）》1991 年第 1 期。

[37] 李志:《李达的女性理论——规范意义及中国女性解放的视角》,《武汉大学学报（人文科学版）》2012 年第 6 期。

[38] 廖雅琴:《早期李达妇女解放思想的再探索——基于唯物史观与世界比较视野》,《湘潭大学学报（哲学社会科学版）》2020 年第 4 期。

[39] 林祖华:《民生概念辨析》,《经济研究导刊》2009 年第 22 期。

[40] 刘伏海:《简论李达的人性观》,《湖南师范大学社会科学学报》1996 年第 1 期。

[41] 刘青、李龙:《李达:马克思主义法学中国化的奠基者》,《马克思主义研究》2019 年第 6 期。

[42] 刘绪贻:《真正的马克思主义者——我所认识的李达同志》,《武汉大学学报（人文科学版）》2007 年第 2 期。

[43] 刘学礼:《"李达与中国共产党的创建和马克思主义在中国的传播"学术

研讨会要述》，《中共党史研究》2011年第2期。

[44] 刘友红：《"李达与马克思主义哲学中国化"专题研讨综述》，《武汉大学学报（人文科学版）》2004年第5期。

[45] 罗志峰：《李达批判性思维的实践及意义考察》，《人民论坛》2012年第27期。

[46] 苗体君：《中共"一大"代表李达脱党原因的新发现》，《湖南师范大学社会科学学报》2007年第4期。

[47] 裴庚辛：《论李达对中国近代经济研究的贡献》，《学习与实践》2015年第9期。

[48] 彭继红：《李达的马克思主义理论教育经验及其当代价值》，《光明日报》2004年7月23日。

[49] 任向阳：《论李达与马克思主义妇女思想中国化》，《甘肃社会科学》2012年第6期。

[50] 任向阳、李斯：《李达早期马克思主义教育思想特点论析》，《湖南师范大学教育科学学报》2013年第2期。

[51] 任向阳、李斯：《论建国后李达与马克思主义教育思想中国化》，《求索》2012年第10期。

[52] 萨孟武：《布尔札维克主义马克思主义与孙文主义》，《新生命》1928年第1卷创刊号。

[53] 瑟庐：《产儿制限与中国》，《妇女杂志》1922年第8卷第6号。

[54] 舒扬：《李达法学思想初探》，《法学杂志》1985年第3期。

[55] 宋镜明：《李达的教育实践和办学思想》，《武汉大学学报（社会科学版）》1984年第3期。

[56] 宋镜明：《李达与马克思主义法学》，《三峡大学学报（人文社会科学版）》2001年第6期。

[57] 宋镜明：《坚信马列　忠于真理——学习和继承李达同志的革命精神》，《武汉大学学报（社会科学版）》1990年第6期。

[58] 宋镜明、李斌雄：《论李达在建党时期的历史地位》，《马克思主义研究》2011年第7期。

[59] 宋素红：《简论中国妇女报刊的产生与发展（1898—1949)》，《郑州大学学报（哲学社会科学版)》2003 年第 5 期。

[60] 谭双泉：《李达早期社会主义观——为纪念李达诞辰 100 周年而作》，《湖南师范大学社会科学学报》1991 年第 3 期。

[61] 谭献民：《李达论社会主义与发展生产力》，《湖南社会科学》1991 年第 4 期。

[62] 唐春元：《李达与法学》，《零陵师专学报》1986 年第 1 期。

[63] 汤涛：《李达与中国妇女解放运动刍议》，《世纪桥》2010 年第 20 期。

[64] 汪信砚：《李达开创的学术传统及其意义》，《哲学研究》2010 年第 11 期。

[65] 汪信砚、郎廷建：《马克思主义经济学中国化的开启之作——李达的〈中国产业革命概观〉探论》，《湖北社会科学》2015 年第 4 期。

[66] 颜鹏飞、刘会闯：《李达与马克思主义经济学中国化》，《武汉大学学报（人文科学版)》2014 年第 3 期。

[67] 杨胜群：《一代先驱、哲人李达——纪念李达诞辰 120 周年》，《党的文献》2011 年第 2 期。

[68] 尹世杰：《略论李达的经济思想》，《武汉大学学报（哲学社会科学版)》2012 年第 4 期。

[69] 曾桂林：《李达研究的回顾与前瞻》，《淮阴师范学院学报（哲学社会科学版)》2002 年第 1 期。

[70] 曾庆意：《李达在早期社会主义论战中的贡献》，《衡阳师专学报（社会科学)》1991 年第 2 期。

[71] 张昌尔：《学为人师，行为世范——在纪念李达同志重建武汉大学哲学系 50 周年大会上的讲话》，《武汉大学学报（人文科学版)》2007 年第 2 期。

[72] 张泉林：《充满革命和求实精神的法学理论著作——重读李达同志的〈法理学大纲〉》，《法学评论》1986 年第 5 期。

[73] 赵士发、葛彬超：《李达对中国式现代化问题的创造性探索及其重要意义》《武汉大学学报（人文科学版)》2012 第 6 期。

[74] 周可：《以马克思主义哲学中国化范式开展法学研究的成功范例——李达法学思想研究》，《山东社会科学》2014 年第 9 期。

[75] 周太山:《论李达民主革命时期的马克思主义理论教育思想》,《景德镇高专学报》2012 年第 4 期。

[76] 朱绍文:《河上肇博士的经济思想与科学精神——纪念河上肇博士诞生一百周年》,《经济研究》1979 年第 10 期。

四

[1] [美] 爱德华·W.萨义德:《知识分子论》,单德兴译,生活·读书·新知三联书店 2002 年版。

[2] [美] 埃利希·弗洛姆:《马克思关于人的概念》,载复旦大学哲学系现代西方哲学研究室编译:《西方学者论〈一八四四年经济学—哲学手稿〉》,复旦大学出版社 1983 年版。

[3] [日] 安部矶雄:《产儿制限论》,李达译,商务印书馆 1922 年版。

[4] [美] 费正清编:《剑桥中华民国史(1912—1949 年)》上卷,杨品泉等译,中国社会科学出版社 1994 年版。

[5] [日] 高畠素之:《社会问题总览》,李达译,中华书局 1921 年版。

[6] [荷] 郭泰:《唯物史观解说》,李达译,中华书局 1921 年版。

[7] [日] 河田嗣郎:《土地经济论》,李达、陈家瓒译,商务印书馆 1930 年版。

[8] 《河上肇全集续》第 7 册,日本岩波书店 1983 年版。

[9] 《河上肇集》,日本筑摩书房 1977 年版。

[10] [日] 河上肇:《马克思主义经济学基础理论》,李达等译,上海昆仑书店 1930 年版。

[11] [美] 亨利·乔治:《进步与贫困》,吴良健、王翼龙译,商务印书馆 1995 年版。

[12] [澳] 尼克·奈特:《李达的〈社会学大纲〉与中国马克思主义哲学》,姜锡润译,《马克思主义哲学研究》(辑刊)2005 年第 00 期。

[13] [日] 石川祯浩:《中国共产党成立史》,袁广泉译,中国社会科学出版社 2006 年版。

[14] ［法］西蒙娜·德·波伏娃：《第二性（全译本）》，陶铁柱译，中国书籍出版社 1998 年版。

[15] ［苏］B.Γ.布罗夫：《李达与中国的马克思主义社会学》，孙爱娣、肖兵译，《国外社会学》1986 年第 6 期。

[16] Nick Knight，*LI DA and Marxist Philosophy in China*，Boulder, Co: Westview Press Inc, 1996.

[17] Harry Williams, *LI DA and Marxist Philosophy in China*（*Book Review*）, Journal of Contemporary Asia, 1997（3）.

附　录
李达民生思想年谱

1909 年（19 岁）

是年秋，李达打听到京师优级师范学堂（北京师范大学的前身）招收新生，于是经汉口坐船到上海，辗转天津，抵达北平，一路感受到了殖民地的屈辱。进入京师优级师范学堂后，李达增长了知识，也发现了那里学政腐败、观念保守，遂萌生教育救国的理想。

1911 年（21 岁）

是年秋，京师优级师范学堂暂时停办，返回故乡。

1912 年（22 岁）

在祁阳中学教书半年，随后就读于湖南工业专门学校。是年，受孙中山"大办实业，以利国富民强的主张"的影响，放弃"教育救国"的理想，主张"实业救国"，改学理工科，参加"统考"，准备赴日留学。

1913 年（23 岁）

以优秀成绩考取湖南留日官费生，名列第二。在日期间，学会了日语、英语和德语。

1914 年（24 岁）

因用功过度，身患肺病，贫病交加，不得不辍学回国。回国后，在老家与人合伙经营药店，兼顾养病。

1917 年（27 岁）

是年春，再度前往东京，考入日本第一高等学校，学习理科。在日本期间，饱尝欺侮，忍辱负重地学习知识，还与其他中国留学生一道，开展反日救亡运动。

1918 年（28 岁）

是年，从日本报纸上获悉十月革命的消息，感到无限喜悦，开始留心这方面的消息，知道了马克思列宁主义。

6 月，返回东京，放弃物理、数学的学习，专门学习马克思主义。

1919 年（29 岁）

6 月 18 日、19 日，在上海《民国日报》副刊《觉悟》上先后发表《什么叫社会主义?》《社会主义的目的》，署名"鹤"。

这两篇文章明确地把社会主义同作为终极理想的共产主义区别开来，又同"全然不承认有国家的组织""一任个人自由"的无政府主义区别开来，力图帮助人们了解马克思主义的科学社会主义，是较早在中国阐述科学社会主义的文章，可以清楚地看出李达真诚地追求马克思主义的热情和革命精神。

10 月，在《解放与改造》第 1 卷第 3 号发表《女子解放论》，署名"李鹤鸣"。

此文从唯物史观出发，已经意识到变更社会制度对改变"女权不竞"的重要作用。

1920 年（30 岁）

11 月 7 日，在《共产党》月刊第 1 号发表《第三国际党（即国际共产党）

大会的缘起》，署名"胡炎"。

此文详细地介绍了共产国际成立的情况，号召全世界无产阶级为了无产阶级的国际联合而奋斗，充分体现了李达建党理论中的无产阶级国际主义思想，为中国共产党联合东方各民族、加强与世界无产阶级的联合、开展反帝反封建的斗争指明了方向。

11月7日，在上海《民国日报》副刊《觉悟》上发表《张东荪现原形》，署名为"江春"。

12月7日，在《共产党》月刊第2号发表《社会革命底商榷》，署名"江春"。

这两篇论文围绕中国要不要走社会主义道路、要不要搞革命、要不要建立无产阶级政党等问题，批判了梁启超、张东荪之流否认社会主义、否认革命、否认建党的胡言，论述了近代中国要得到拯救只能依靠科学的社会主义，劳动阶级要谋求解放只能采取"最普遍最猛烈最有效力的一种非妥协的阶级斗争手段"，夺取国家权力。

11月28日，在《劳动界》第16号发表《劳动者与社会主义》，署名"立达"。

12月1日，在《新青年》第8卷第4号发表《劳工神圣颂》，署名"H.M."。

这两篇论文运用唯物史观来观察和分析劳动问题，明确指出："劳动者是万物的创造主，资本、利息、土地、货币，都是劳动者创造的。"

1921 年（31 岁）

4月，在中华书局出版译著《社会问题总览》（日本高畠素之著），至1932年8月共印行11版。

全书围绕工业和劳动问题，详细论述了欧美各国及日本的社会政策、社会理论和社会运动。

5月，在中华书局出版译著《唯物史观解说》（荷兰郭泰著），至1936年8月共印行14版。

　　上述两本译著全面地传播了马克思主义哲学和科学社会主义的内容。由于当时国内还缺乏马克思主义著作，它们的发表对系统地阐述马克思主义有很大的积极影响。

　　1月1日，在《新青年》第8卷第5号发表《马克思还原》，署名李达。

　　6月1日，在《新青年》第9卷第2号发表《马克思派社会主义》，署名李达。

　　这两篇论著把被第二国际修正主义搅乱的东西澄清过来，还原马克思主义的本来面目，从经济基础和上层建筑的关系、社会发展的根本规律、阶级斗争的学说、无产阶级夺取政权后的基本任务、国家学说等七个方面特别是无产阶级专政方面，阐明了马克思主义唯物史观和科学社会主义。

　　5月1日，在《新青年》第9卷第1号发表《讨论社会主义并质梁任公》，该文是共产主义者针对以梁启超和张东荪为代表的假社会主义开展的论战中最系统最有分量的作品。

　　5月7日，在《共产党》月刊第4号发表《无政府主义之解剖》，署名"江春"。

　　这篇文章批驳了无政府主义者的谬论，阐明了马克思主义对国家的基本态度与主张，从经济等方面论证了社会主义国家权力非有不可的道理。

　　6月1日，在《新青年》第9卷第2号发表译文《列宁底妇人解放论》，译自列宁《劳农俄罗斯中劳动底研究》中的一节。

　　6月，在《妇女杂志》第7卷第6号发表译文《绅士阀与妇女解放》（日本山川菊荣著）。

　　7月1日，在《新青年》第9卷第3号发表译文《劳农俄国的妇女解放》（日本山川菊荣著）。

　　9月14日，在上海《民国日报》副刊《妇女评论》第10期发表《告诋毁男女社交的新乡愿》，署名"鹤鸣"。

　　10月5日、12日，在上海《民国日报》副刊《妇女评论》第10、11期连载译文《社会主义的妇女观》（日本山川菊荣著），署名"鹤鸣译述"。

10月12日、19日，在上海《民国日报》副刊《妇女评论》第11、12期连载《介绍几个女社会革命家》，署名"鹤鸣编述"。

上述关于妇女问题和妇女解放的译著及作者之前撰写的《女子解放论》，考察了妇女问题的由来和妇女解放运动的历史，介绍了欧洲妇女解放运动的发展，热情讴歌了以实现共产主义为目标的无产阶级妇女解放运动，并结合中国社会发展的实际，大力传播了马克思主义妇女解放理论。

1922 年（32 岁）

1月15日、2月5日，在《先驱》第1号、2号发表《俄国的新经济政策》，署名"李特"。

8月，在商务印书馆出版自己编译的《劳农俄国研究》，至1926年12月共印行4版。

这两篇论著全面地介绍了苏维埃俄国的情况，驳斥了敌对势力对新生苏维埃俄国的诽谤，宣传了社会主义制度的优越性。

1月，在商务印书馆出版译著《女性中心说》（日本堺利彦编），至1942年共印行6版。

3月5日，在上海《妇女声》第6期（平民女校特刊号）发表《平民女学是到新社会的第一步》。

3月，在上海《妇女声》第6期（平民女校特刊号）发表《说明本校（注：指平民女学）工作部底内容》，署名"鹤"。

9月至12月，在上海《民国日报》副刊《妇女评论》第59期、61期、63期至68期、70期连载《女权运动史》，署名"李鹤鸣编述"。

10月，在商务印书馆出版译著《产儿制限论》（日本安部矶雄著），1928年8月再版。

这些论著将马克思主义的妇女解放理论与中国妇女解放的实际相结合，努力运用马克思主义的立场、观点和方法考察和分析妇女问题特别是中国妇女问题，阐述作者关于妇女问题和妇女解放的基本思想。

7月1日，在《新青年》第9卷第6号发表《评第四国际》。

此文围绕要不要党的指导、退不退出黄色工会、参加不参加资产阶级议会、应不应当联合农民、如何看待俄国的新经济政策等问题，对国际极"左"思潮的错误理论与策略作了系统的批判。

1923 年（33 岁）

4月，在湖南自修大学校刊《新时代》创刊号上发表译著《德国劳动党纲领栏外批评》（即《哥达纲领批判》，德国马克思著）。此译著比李春蕃译的《哥达纲领批判》大约早两年，比何思敬、徐冰合译的《哥达纲领批判》大约早16年，是《哥达纲领批判》最早的两个中译本之一（另一个译本是熊得山1922年译出的《哥达纲领批判》）。

4月10日至7月15日，在湖南自修大学《新时代》第1卷第1号、4号上发表《何谓帝国主义》《为收回旅大运动敬告国人》《马克思学说与中国》《中国商工阶级应有之觉悟》《旧国会不死　大盗不止》，围绕"帝国主义如何打倒，武人政治如何推翻"这个根本问题，阐明了党的二大宣言的基本精神，得出马克思主义学说在中国已"由介绍的时期而进到实行的时期了"这一内容极其丰富、意义极其深远的结论。

8月14日至21日，在长沙《大公报》副刊《现代思想》上连载《社会主义与江亢虎》，署名李达。

此文阐明了科学社会主义的理论根据、实行方法、具体主张、社会革命的含义及其实现步骤，体现了战斗唯物主义的精神，表达了对社会主义的坚强信念。

1924 年（34 岁）

10月，在商务印书馆出版译著《中国关税制度论》（日本高柳松一郎著），至1933年3月共印行5版。

1925 年（35 岁）

5 月 21 日，在上海《民国日报》副刊《觉悟》上发表《致友人论社会学系事》，署名"鹤鸣"。

文章指出，社会学系的功课包括普通社会学、现代经济学、比较政治学、社会运动学和中国问题；办教育的目的是"教人做一个社会的医生"，入社会学系的理由是为了学"做一个社会的医生"。

1926 年（36 岁）

6 月，在湖南长沙现代丛书社出版《现代社会学》，1928 年 11 月由上海昆仑书店出版修订版，至 1933 年 4 月共印行 14 版，2007 年 4 月武汉大学出版社将此书作为"武汉大学百年名典"再版。

这部专著对唯物史观作了系统阐发，对中国社会性质即中国基本国情作了初步分析，启发和影响了整整一代进步青年。在该著中，李达运用马克思主义的观点，首次初步探讨了马克思主义法学，阐述了国家和法律的起源，以及法律的本质和作用。从论及问题的广泛性、内容的深刻性和影响的深远性来讲，它都可以看作马克思主义哲学在中国早期传播的代表作。这部密切联系世界革命和中国革命实际、系统阐述唯物史观的著作轰动了思想界，革命者"几乎人手一册"，却被反动派视为洪水猛兽。可以想见此书的影响之大。这是"中国人自己写的最早的一部联系中国革命实际系统论述唯物史观的专著"。

1928 年（38 岁）

5 月，在《现代中国》第 1 卷第 2 期发表《土地所有权之变迁》，署名"平凡"。

此文把人类与土地的关系划分为无所有权、共同团体共有共用、共同团体所有而归私家使用、个人私有、土地国有等五个时期，并断定"现在的土地私有状态，一定要转移到人人都能生存的新式的共有状态"。

5 月，在《现代中国》第 1 卷第 1 期发表《民生史观》，署名"平凡"。

6 月，在《现代中国》第 1 卷第 4 期发表《民生史观和唯物史观》，署名"李平凡"。

这两篇文章首次以历史唯物主义为指导，以孙中山的民生主义为张本，从历史观的角度阐述了民生的社会地位。

7 月、9 月，在《现代中国》第 2 卷第 1 号、3 号发表《佃租论》（上、下篇），署名"李平凡"。这是最早运用马克思主义地租理论分析中国土地问题的文章。

8 月，在《双十月刊》第 3 期发表《土地问题研究》，署名"李平凡"。此文较早地明确提出了实现土地国有化改善民生的一整套原则和方法。

10 月，在《双十月刊》第 5 期发表《中国农业人口之阶级的分析》，署名"平凡"。李达从中国的耕地面积、耕地面积与农家户口之关系、农业经营的形态、农业经营形态的推移及其原因、耕地分配的形态、自耕农与佃农之消长和耕地所有的实际状态等方面，分析了当时中国农业组织及其推移的趋势，认为当时的中国农村经济受帝国主义入侵、国内工商业兴起、内乱纷争等影响，正在走向破产，土地集中、佃农增加的趋势明显。

10 月，在《现代中国》第 2 卷第 4 号发表《现代中国社会之解剖》，依据马克思主义的社会形态学说，批判地运用当时所能搜集到的社会经济史料，从生产力与生产关系、经济基础与上层建筑的相互作用上，对中国社会这个巨大有机体的结构要素、结构系统以及它们按一定比例结合为支配与被支配的关系进行剖析，并对论战中提出的如帝国主义是不是绝对破坏封建制度、商业资本是不是一种独立的社会形态等问题作了深入的论述，清晰地勾画出中国近现代社会的形态，正确地估计了中国资本主义的发展程度，有力地驳斥了新生命派、动力派对中国社会性质的歪曲。

11 月，在商务印书馆出版译著《法理学大纲》（日本穗积重远著），至1935 年 1 月共印行 4 版。

1929 年（39 岁）

1 月，在上海远东图书公司出版译著《妇女问题与妇女运动》（日本山川菊荣著），有力地促进了马克思主义妇女解放理论的进一步传播。

1 月，在上海昆仑书店出版《中国产业革命概观》，至 1930 年 5 月共印行 3 版。

该著对中国近现代经济发展的客观进程作了清晰的剖析，以很强的说服力证明了中国近代社会半殖民地半封建的性质，强调中国的产业工人"是中国革命的急先锋"，并以极大的热情赞扬了农民的革命斗争，最后点明了中国革命的必由之路："要发展中国产业，必须打倒帝国主义的侵略，廓清封建势力和封建制度，树立民众的政权，发展国家资本，解决土地问题。"这本书体现了李达运用马克思主义哲学方法论研究中国经济理论的新特点，被学界认为是中国人用马克思主义观点比较系统地阐述中国近代经济史的第一部著作，受到国内外学界的重视，很快被翻译成俄、日等国文字。

3 月，在上海昆仑书店出版译著《社会科学概论》（日本杉山荣著），与钱铁如合译，至 1935 年 11 月共印行 8 版。

这部译著可以让读者从中"理解到新的社会科学的立场和它的用处"。

4 月，在上海新生命书局出版《社会之基础知识》，署名"李鹤鸣"，1932 年 10 月再版。

该著提出了"社会的系统观"，以简洁的笔墨明晰地论述了社会构造和社会发展的原理之后，进而分析了资本主义社会的发展进程，分析了民族问题，最后指明"中国的出路"："中国一面是半殖民地的民族，同时又是半封建的社会。所以为求中国的生存而实行的中国革命，一面要打倒帝国主义，一面要铲除封建遗物，前者是民族革命的性质，后者是民主革命的性质。其必然的归趋，必到达于社会革命，而与世界社会进化的潮流相汇合"。

9 月，在上海昆仑书店出版译著《现代世界观》（原书名为《辩证唯物论入门》，德国塔尔海玛著），至 1942 年 2 月共印行 9 版。

该译著"确是研究辩证唯物论的一本很好的入门书"。

9月，在上海南强书店出版《民族问题》，署名"李达编"。

该书根据列宁的理论概述了民族问题的基本原理，着重分析了被压迫民族的革命问题，初步地表达了殖民地半殖民地的民族革命是无产阶级世界革命不可分割的一部分的思想。李达关于民族问题的论述，是建立在马克思列宁主义关于民族和殖民地问题的深厚思想基础之上的，是用中国风格、中国气派写成的中国第一本马克思主义民族问题的著作。

1930 年（40 岁）

1月，在上海昆仑书店出版译著《农业问题之理论》（原书名为《马克思主义农业理论之发展》，日本河西太一郎著）。

该译著"确是研究农业理论的一本好参考书"。

4月，在上海乐华图书公司出版译著《经济学入门》（原书名为《政治经济学》，俄国米哈列夫斯基著），至 1933 年 5 月共印行 3 版。

6月1日，在上海昆仑书店出版译著《马克思主义经济学基础理论》（日本河上肇著），上篇"马克思主义哲学基础"由李达、王静、张栗原合译，下篇"马克思主义经济学的出发点"由钱铁如、熊得山、宁敦午合译，至 1938 年共印行 4 版。

10月，在商务印书馆出版译著《土地经济论》（日本河田嗣郎著），与陈家瓒合译（前篇"地代论"由李达译，后篇"土地问题"由陈家瓒译），1933 年 8 月新 1 版。

10月20日，在上海心弦书社出版译著《理论与实践的社会科学根本问题》（原书名为《列宁与哲学——哲学与革命的关系问题》，苏联卢波尔著），至 1938 年共印行 4 版，"实是马克思主义底研究者与实践者底一本必读之书"。

上述译著的出版，为中国人民学习马克思主义特别是学习唯物辩证法、认识中国革命提供了条件。

1932 年（42 岁）

6 月，在上海笔耕堂书店出版译著《政治经济学教程》（原书名为《经济学——商品资本主义经济的理论及苏维埃经济的理论纲要》，苏联拉比托斯、渥斯特罗维查诺夫合著）上册，与熊得山合译，1933 年 2 月出版下册。全书共计 31 万字，是李达译著中篇幅最长的一种，至 1936 年 4 月共印行 3 版。

这本书以"严格的辩证法唯物论立场，正确地考察了经济学的诸问题，正确地解决了生产力与生产关系的问题"，可说是 20 世纪 30 年代"唯一的科学的经济学"，对于马克思主义政治经济学的传播有着重要的意义。

9 月 15 日，在上海笔耕堂书店出版译著《辩证法唯物论教程》（苏联西洛可夫、爱森堡等著），与雷仲坚合译，全书三分之二的篇幅由李达译，至 1939 年 7 月共印行 6 版。

该书的显著特点，是突出了列宁的哲学思想，坚持了哲学的党性原则，阐述了辩证唯物论的认识论和辩证法的规律与范畴，切合了中国革命的需要。这是毛泽东"批注文字最多"的一本著作。后来，毛泽东致信中央研究组及高级研究组，建议将该著第六章"唯物辩证法与形式论理学"作为理论学习和研究思想方法的参考材料。这部系统阐述辩证唯物主义的教材，对中国思想界的影响是重大而深远的。从积极意义上说，它不仅影响了主要译者李达本人，这种影响集中体现在他随后出版的《社会学大纲》一书中；还影响了艾思奇等一批马克思主义哲学家，这种影响表现在他们对于马克思主义哲学的理论研究和通俗宣传上；甚至影响了毛泽东哲学思想的形成，毛泽东的《实践论》和《矛盾论》明显地吸取了这部著作的思想资料与理论观点。毛泽东哲学思想形成的标志是毛泽东在延安讲授《实践论》和《矛盾论》，马克思主义哲学在中国形成整体性体系也是在 20 世纪 30 年代。可以说，在中国传播辩证唯物主义过程中，李达的这部译著起了重大的历史作用。而它的消极作用，则主要表现在过度的哲学政治化倾向上，如对于德波林学派和布哈林的批判、对于形式逻辑的否定等。

1935 年（45 岁）

5 月、9 月，在北平大学法商学院《法学专刊》第 5 期发表《中国现代经济史概观》（属于未完成著作《中国现代经济史》的一部分）。

此文把自鸦片战争以来的中国近代社会划分为 1842—1880 年、1881—1914 年和 1915 年以后三个时期，分别对帝国主义从军事侵略到输入资本、通过控制封建主义势力进而控制中国的过程，对封建主义从反抗帝国主义到投降、依附帝国主义的过程，对民族资本主义从商业资本、高利贷资本的积累向产业资本转化及其受封建主义、帝国主义压制的过程，作了历史的描述和论证，并把这些过程放到社会整体的统一的历史进程中考察，揭示了近代中国沦为半殖民地半封建社会的历史过程。

是年，《社会进化史》由北平大学法商学院作为教材印行。

这是中国学者以马克思主义为指导写作的第一部世界通史。该书从世界史的角度，将亚细亚生产方式、奴隶制、封建制等当时学界争论的主要问题放在世界史的大系统中进行考察，反映了作者开阔的历史眼光。它在创立中国马克思主义史学过程中具有独特的地位。

是年，《社会学大纲》由北平大学法商学院作为教材印行，上海笔耕堂书店 1937 年 5 月初版，至 1939 年 4 月共印行 4 版。1948 年 2 月生活书店将该书的历史唯物论部分(第二篇至第五篇）以《新社会学大纲》的书名出版，沈志远为之作序。1948 年 7 月新华书店将该书分为 5 册翻印出版，并写了"翻印者的话"。2007 年 4 月武汉大学出版社将该书进行修订后再版。2008 年湖南教育出版社再版。

该书突出阐明了对立统一法则，提出拮抗矛盾和非拮抗矛盾的概念，论及社会主义社会的基本矛盾，体现了历史辩证法与自然辩证法的统一。它不仅创中国马克思主义哲学理论体系建立之先河，而且集同期中译外国人教材之大成，建造了一个完整的马克思主义哲学教材体系。这部著作在理论上具有完整性、系统性和科学性，特别是具有创见性。这不仅在中国马克思主义哲学史上与同时代的相关著作相比居领先地位，而且在当时国外的马克思主义哲学著作中，也是不多见的。这部著作尽管不是尽善尽美的，例如对形式逻辑的错误批判和否定，对当时世界公认的相对论、量子力学等重大的自然科学成果未能反映，但是毕竟为中国马克思主义哲学的整体化作出了巨大的贡献，并成为中国马克思主义哲学传播史上经久不衰的瑰宝。《社会学大纲》是李达在 20 世纪 30 年代研究马克思主义哲学最重要的富有代表性的理论成果，是中国马克思主义哲学理论体系形成的标志，也是李达成为马克思主义哲学大师的标志。该书被毛泽东评价为"中国人自己写的第一本马克思主义的哲学教科书"。

是年，《经济学大纲》由北平大学法商学院作为教材印行。其中，绪论和第一部分以《先资本主义的社会经济形态论》为书名，由生活书店于 1948 年 1 月出版。1985 年 9 月武汉大学出版社出版。2007 年 4 月武汉大学出版社将此书作为"武汉大学百年名典"出版。2008 年湖南教育出版社再版。

这是中国最早系统阐述马克思主义政治经济学原理的重要著作之一，与中国略为早些时候出版的几本同类著作相比，理论更严谨，涉及的问题更广泛。这部书于 20 世纪三四十年代在党内外产生了重要的影响，也是中国人自己写的最早的马克思主义经济学教科书之一，对于在中国传播马克思主义政治经济学作出了重大贡献。

1936 年（46 岁）

1 月，在《中山文化教育馆季刊》第 3 卷第 3 期发表《逻辑大意》，即《社会学大纲》1935 年教材本第一篇第三章中的"感觉"和"概念"两小节，以及《社会学大纲》1937 年版的第一篇第四章第一节"认识过程考察的根据、意识的形成"中的"当作反映论看的认识论"。

5 月，在《燕大周刊》第 7 卷第 2 期、4 期连载《辩证法的逻辑》，署名"李达先生讲、杨明章记录"。

该文指出，唯物辩证法、认识论和论理学是有同一性的，因为它们同是知识的总计、总和与结论，都是以外部世界及思维发展为对象；唯物辩证法认识论主张认识是由实践出发的，是理论对历史的反映；由实践到实践，包含着从物质到感觉，再从感觉到思维的过程，是主体和客体的统一。

8月，在北平大学法商学院《法学专刊》第6期发表《唯物辩证法的对象》，即《社会学大纲》1937年版第一篇第二章第二节"唯物辩证法的对象"的内容；在北平大学法商学院《法学专刊》第7期发表《唯物辩证法的几个法则》。

1937年（47岁）

1月，在天津《国际知识》第1卷第1期发表《经济科学研究的程序》。

该文回应了青年朋友关于怎样研究经济科学和社会科学的疑问，针对经济科学的几个基本部门谈了自己的看法。

3月，李达讲授、邱肃笔记的《经济问题之处理方法》收录于《政治经济问题之处理方法》中，由北平大学法商学院作为教材印行。

《经济问题之处理方法》的研究主题为远东关系之工业发展趋势、国际贸易状况和国际金融状况。《政治经济问题之处理方法》系北平大学法商学院政治经济研究室"远东关系之政治经济状况"系列研究的成果之一。

7月，在上海进化书店出版《辩证法的唯物论问答》，半年后再版。

这本小册子针对初学马克思主义哲学的读者特别是自学青年所必然遇到的一些难点，着重解答了哲学、唯物论、唯心论、辩证法、否定之否定、突变性、渐变性、飞跃等马克思主义哲学的基本概念和范畴，阐述了哲学的任务、哲学基本问题，社会科学中之唯物论及历史主义，物质永动及各现象间的联系，矛盾斗争及历史发展的矛盾等问题。这虽然是一本马克思主义哲学的辅导读物，却具有突出的理论特色，在对马克思主义哲学有关内容的阐述上不仅具有明晰、鲜明和深入浅出的特点，而且具有一定的理论深度。

1939年（49岁）

4月，在《读书月报》第1卷第4期发表《唯物辩证法三原则的关系》。

这篇文章旨在回答青年们感兴趣的问题，与《社会学大纲》1937年版

第一篇第三章的部分内容相同。李达在文中讨论了唯物辩证法的对立统一法则、质量间转变法则和否定之否定法则，还根据近代中国社会性质和中国民族革命的历程来解释运用唯物辩证法的质量间转变法则与否定之否定法则。

5月，在《读书月报》第1卷第5期发表《论广义经济学》。

该文是在《经济学大纲》1935年教材本"绪论"第二部分"经济学的范围"的基础上略作修改而成的。

5月，在《全民抗战》第68号发表《希墨对话》。

文章模拟希特勒和墨索里尼的对话，分析慕尼黑会议前后的时局，揭露和批判了德国与意大利法西斯借反共之名侵略他国的险恶用心以及英法两国的绥靖政策。

6月，在《理论与现实》第1卷第2期发表《形式逻辑扬弃问题》。

文章站在历史唯物主义的立场，梳理逻辑的发展过程，揭示了形式逻辑的发生、发展及其由辩证逻辑所扬弃之实践史、认识史的根源，详细讨论了辩证逻辑改造形式逻辑的相关问题。他还批判了形式逻辑的思维原理，指出同一律、矛盾律、排中律和理由充足律的主观主义性质及种种局限性。

1940 年（50 岁）

3月，在《国民公论》第3卷第1号发表《中国现代史第一页》。

文章指出，中国现代社会是帝国主义殖民地化的社会，而鸦片战争是中国现代史的第一页；在鸦片战争100年后进行的抗日战争，与鸦片战争有着历史的联系。

8月，在《中学生战时半月刊》第16期发表《鸦片战争百年纪念》。

文章指出，在抗日战争第三年的时候，纪念鸦片战争100周年具有伟大的历史意义。文章简要回顾了西方资本主义国家侵略中国的方式和阶段，论述了鸦片战争爆发的原因和战争的性质以及它与抗日战争之间的联系。

1941 年（51 岁）

9 月，在《文化杂志》第 1 卷第 2 号发表《中国社会发展迟滞的原因》。

文中关于中国社会长期滞留于封建阶段的原因分析——沉重且愈演愈烈的赋税负担、商品需求和原始积累的动力的不足、逐渐恶化的人地矛盾、科学的不发达等——迄今对于人们理解中国社会的昨天和今天，加强社会主义市场经济改革的自觉意识，仍具有明显的理论价值和现实意义，仍能给人们以启示。

1947 年（57 岁）

是年秋，《法理学大纲》由湖南大学作为教材印行（曾由湖南大学分上、下两册石印，现只找到上册），法律出版社 1983 年 11 月版。

这部著作强调科学世界观是建立科学法理学的基础，阐明了法理学的对象、任务及其研究方法，论述了法律与国家的关系、法律的本质与现象、内容与形式诸问题，还对西方从古希腊到近代的各个法学流派作了深刻批判。这是一部充满革命和求实精神的法学理论著作，是我国第一部运用马克思主义立场、观点和方法系统地阐述法学理论的专著。从这部著作中可以看出，李达运用马克思主义观点为我国法学研究开拓了一个新领域。我国著名法学家韩德培指出："从这部讲义中，可以看出他为我国的法学研究开辟了一条新的路子。我们不妨说，他是我国最早运用马克思主义研究法学的一位拓荒者和带路人。"

1948 年（58 岁）

1 月，在香港生活书店出版《先资本主义的社会经济形态》。

该书是《经济学大纲》的"绪论"和第一部分"原始社会古代社会及封建社会的经济形态"。

2 月，在香港生活书店出版《新社会学大纲》，由沈志远作序。

该书是《社会学大纲》第二篇至第五篇"历史唯物论"的内容。

1949 年（59 岁）

7 月，出版《货币学概论》，生活·读书·新知三联书店将该书列入《新中国大学丛书》；1950 年 1 月再版。

这部著作首先从现象到本质对货币进行分析，又经过对商品生产和流通过程由现象到本质与由本质到现象的分析以及对货币历史的考察，说明了货币的本质，进而分析了货币拜物教，在此基础上，阐述了货币诸机能与商品生产的关系、货币之现实的存在与观念的存在的辩证法。这部书在帮助人们学习和研究货币学时，引导他们结合各种社会制度作用的比较，向往社会主义革命。这种积极作用是不可低估的。这是中国第一部系统地阐述马克思主义货币理论的著作。它不仅标志着中国货币理论领域发展的一个崭新阶段，从马克思主义在中国的传播角度看，也是马克思主义理论向部门经济专业渗透的开端，显示着马克思主义理论在中国的运用与发展的新的里程碑。

12 月，为重新入党撰写自传。

这次自传回顾了中国共产党从成立上海发起组到召开第一次全国代表大会的经过以及他本人从事的宣传出版工作。

1950 年（60 岁）

4 月 12 日，在湖南大学校报《人民湖大》创刊号上发表《"湖大"人民工作的方向》。

文章指出，中国人民已经由半殖民地半封建社会走上新民主主义的道路，湖南大学已经成为人民的湖大，成为培养新国家的政治、经济及文化的建设干部的革命的大学。湖大全体师生员工要抱定改造自己的决心，努力学习马列主义与毛泽东思想，精通业务，把自己改造成一个能够担负起新国家建设工作的光荣的劳动知识分子。

4 月 12 日，在湖南大学 1950 年上学期开学典礼上作《关于教学方针和教学计划的报告》（原标题为《校长报告全文》）。

　　报告指出："本大学教学的基本方针，是根据共同纲领所规定的新民主主义的文化教育政策，即民族的、科学的、大众的文化教育政策。"

　　4月19日，在《人民湖大》第2期发表《做一个光荣的劳动智识分子》。

　　文章指出，在社会主义社会，劳动人民取得了崇高地位，知识分子也变成了劳动知识分子，发挥着建设社会主义的伟大作用；知识分子要站在劳动人民的立场，搞好专业和政治学习，更好地为人民服务。

　　4月26日，在《人民湖大》第3期发表《自然科学与政治——在科学工作者协会湖大分会上的讲演》。

　　讲演从社会科学的立场讨论了自然科学与政治的关系，指出科学应该包括自然科学和社会科学，只有马列主义的社会科学才是真正的科学。

　　5月，在《新建设》第5期发表《〈实践论〉——毛泽东思想的一个基础》。

　　文章指出，《实践论》论证了实践是真理的唯一标准，发展了马克思列宁主义的认识论，是无产阶级实践的哲学，是革命行动的指针。

　　5月10日，《社会发展史》由国立湖南大学印行，内封面书名为《唯物史观社会发展史》，署名"李达主稿"。

　　5月17日，在《人民湖大》第6期发表《如何研究马列主义?》。

　　该文主张研究马克思列宁主义，要确立计划，订定步骤，从头学起，循序渐进。该文指出，马克思列宁主义既是一切科学的总原理和总结论，适用于一切现象，又是随着社会的不断发展而发展的。

　　10月1日，在《人民湖大》第25期发表《改进我们的教学工作——李校长在开学典礼上的书面报告》。

　　报告称，要为完成教学方针与具体任务而斗争，要切合实际需要进行课程改革，要彻底实施理论与实际一致的教学方法，要团结互助，自觉遵守学校纪律。

　　10月，在《中国青年》第50期发表《新旧中国的国家机构》。

　　文章阐明了国家的阶级性，辨析了新旧中国的国家机构的性质。

1951 年（61 岁）

1 月，在《新建设》第 3 卷第 6 期发表《〈实践论〉解说》（一）。

2 月，在《新建设》第 4 卷第 1 期发表《〈实践论〉解说》（二）。

3 月，在《新建设》第 4 卷第 1 期发表《〈实践论〉解说》（三）。

4 月，在《新建设》第 4 卷第 1 期发表《〈实践论〉解说》（四，续完）。

6 月 5 日、19 日，在《人民湖大》第 59 期、61 期连载《怎样学习〈实践论〉?》。

文章论述了学习《实践论》的意义和方法，指出："毛泽东思想，是全国人民的革命与建设的指导思想，是全国人民所服膺与学习的对象。我们要很好地学习毛泽东思想，必须学习《实践论》。"

7 月 1 日，在《人民湖大》第 63 期发表《毛泽东思想的伟大胜利——为纪念中国共产党成立的三十周年和〈论人民民主专政〉发表两周年而作》。李达在文章中回顾了在党的正确领导下所经历的建设过程，以及新中国成立以来实行人民民主专政所取得的成绩，高度赞扬了中国共产党的领导。

7 月，在生活·读书·新知三联书店出版《〈实践论〉解说》。

该著细致入微地逐段解说了毛泽东《实践论》的全部内容，运用通俗易懂的语言，结合哲学史、历史、科技史等方面的知识以及中国社会与中国革命的实际，详细而准确地阐释了《实践论》的哲学思想。

8 月 30 日，在《人民日报》发表《读毛泽东同志在 1926 年至 1929 年的四篇著作》。

李达从党史学习的角度阐明了学习毛泽东著作的意义，结合中国革命的历程和问题，阐述了《中国社会各阶级的分析》《湖南农民运动考察报告》《中国的红色政权为什么能够存在?》《关于纠正党内的错误思想》这四篇毛泽东著作的背景、内容和贡献。

9 月，在《新建设》第 4 卷第 6 期发表《怎样学习党史》。

文章阐明了学习党史的重要性，论述了学习党史必读的重要著作以及学习党史的方式与方法、目的与要求。

12 月，在武汉《新青年报》第 127、128 期发表《读〈为争取千百万群众进入抗日民族统一战线而斗争〉》。

该文阐明了中国革命统一战线的本质及其重要性，以及分析时事的思想方法和指导革命的工作方法，认为毛泽东《为争取千百万群众进入抗日民族统一战线而斗争》是具有伟大历史意义的革命文献。

1952 年（62 岁）

1 月，在《学习》第 2 期发表《关于〈实践论解说〉的几点修正》。

李达在该文中综合了读者提出的意见及自己的体会，提出了对《实践论解说》的九点修正。

7 月 1 日，在《新建设》7 月号发表《〈矛盾论〉解说》（一）和《读〈大量吸收知识分子〉——谈知识分子思想改造问题》（待续）。

8 月 1 日，在《新建设》8 月号发表《〈矛盾论〉解说》（二）和《读〈大量吸收知识分子〉——谈知识分子思想改造问题》（续完）。

9 月 1 日，在《新建设》9 月号发表《〈矛盾论〉解说》（三）。

10 月 1 日，在《新建设》10 月号发表《〈矛盾论〉解说》（四）。

11 月 1 日，在《新建设》11 月号发表《〈矛盾论〉解说》（五）。

12 月 1 日，在《新建设》12 月号发表《〈矛盾论〉解说》（六）。

是年，撰写《读〈怎样分析农村阶级〉》。

李达在该文中指出，毛泽东的《怎样分析农村阶级》从轰轰烈烈的斗争实践中来，又能够指导轰轰烈烈的实践，为正确划分阶级、推动土改工作提供了依据，因而对于土改的开展以及整个新民主主义革命的发展具有决定性的作用。

1953 年（63 岁）

1 月，在《新建设》1 月号发表《〈矛盾论〉解说》（七，续完）。

4 月，在《学习〈矛盾论〉第二辑》（新建设杂志社 1953 年版）发表《〈矛盾论〉——革命行动和科学研究的指南》。

文章指出，《矛盾论》既是革命行动的指南，又是科学研究的指南。

7月，在生活·读书·新知三联书店出版《〈矛盾论〉解说》。

该著逐段解说了毛泽东的《矛盾论》，既结合马克思主义经典作家的论述以及人类认识史和哲学史，特别是马克思主义哲学史的历程、理论和论争，阐发了毛泽东对对立统一法则学说的深刻理解及其理论意义，又立足中国革命的进程和问题以及中国的社会主义建设，揭示了毛泽东应用这一学说，确立中国革命的理论与政策，领导中国革命取得胜利，指导新中国建设，进而丰富并发展这一学说的实践意义。

11月4日，在《新武大》第99期发表《怎样学习〈矛盾论〉?》。

李达在文中阐明了学习《矛盾论》的意义，分享了学习《矛盾论》的方法。

1954 年（64 岁）

6月，在《新建设》6月号发表《谈宪法》，旋由中南人民出版社出版单行本。

该文揭示了资产阶级国家法学的实质，阐明了宪法的性质，论述了苏联宪法的精神和实质。

6月28日，在《新武大》第122期发表《学习宪法，拥护宪法》。

文章指出，《中华人民共和国宪法草案》的公布是中国人民历史上划时代的大事件，"我们的宪法草案贯彻着社会主义民主主义的精神，确实是一部真正的人民民主的宪法"。

8月2日，在《人民日报》发表《我国宪法是人民革命胜利的保障和为社会主义斗争的旗帜》。

文章详细论述了我国宪法的性质、内容和意义；通过比较资产阶级宪法与无产阶级宪法，揭示了宪法的阶级本质。

10月，在《新建设》10月号发表《学习中华人民共和国宪法》。

文章高度肯定了《中华人民共和国宪法》的历史意义，阐述了宪法的社会主义性质，考察了宪法的主要内容。

是年，在《哲学研究》第 4 期发表《实用主义——帝国主义的御用哲学》。

文章剖析了英国实用主义者席勒和美国实用主义者杜威的政治主张，认为实用主义者极力拥护和宣传帝国主义的政治纲领、反对无产阶级革命和被压迫民族革命。

是年，撰写武汉大学马列主义夜大学讲义《马克思主义认识论》（草稿，校内刊印）。

该文稿批判了形形色色的唯心主义认识论，阐述了马克思主义认识论的主要内容。

1955 年（65 岁）

3 月 19 日，在《新武大》第 146 期发表《〈矛盾论解说〉中一个重要的更正》。

李达修改了《〈矛盾论〉解说》中说明矛盾的对抗性与非对抗性的例证，将《〈矛盾论〉解说》中工人阶级与资产阶级的矛盾这一例子替换为脑力劳动与体力劳动之间的矛盾。

4 月 16 日，在《新武大》第 150 期发表《谈共产主义道德》。

李达论述了共产主义道德的原则、表现、意义和作用。他指出："共产主义道德的原则是：个人与社会的协调，即个人利益服从于社会利益，社会利益符合于个人利益。"

1956 年（66 岁）

1 月 14 日，在《新武大》第 174 期发表《贯彻全面发展的教育方针，提高教学质量》。

文章指出，贯彻全面发展的教育方针的关键，在于教师树立全面负责的思想，教师不仅要对教学负责，还要对学生的生活、思想品质、身体健康等方面的全面发展负责；贯彻全面发展的教育方针，要提高教育质量尤其是教学质量。

3月10日,撰写《自传》。

李达在这本《自传》中简要回顾了自己的生平,概述了自己与陈独秀、张国焘共事的情形,反思了自己脱党的经过,补充了自己拒绝加入国民党反动派和汪伪政权、与陈立夫和蒋介石周旋、劝说冯玉祥联共抗日、说服程潜和平起义的事情,还对自己从1920年到1949年的经历作了小结。

11月,在《武汉大学自然科学学报》第1期发表《发刊词》。

《发刊词》指出,科学研究工作是综合大学的基本任务之一,出版学报是为了更好地交流科学研究的成果,为迅速赶上世界科学的先进水平而奋斗;《武汉大学学报》的任务是介绍科学研究的成果,开展学术争论,鼓励教师不断提高科学水平。

11月19日,在《新武大》第214期发表《纪念伟大的孙中山先生》。

文章高度赞扬孙中山先生是真正的革命家,他无限忠诚于自己的祖国,对革命事业具有不息的热忱,终其一生的活动都充满着热烈追求真理的精神。

11月,人民出版社出版《中华人民共和国宪法讲话》,署名"李达编"。

1957年（67岁）

11月4日,在《湖北日报》发表《中国革命是十月革命的继续》,以纪念十月革命40周年。

文章指出,十月革命的世界意义不可估量,中国共产党人把自己所干的事业看作十月革命的继续,并且相信十月革命的基本特点会在世界上所有国家重演出来。

11月7日,在《学习简报》第70期发表《十月革命与中国知识分子》。

李达结合自己的亲身经历与体会,论述了十月革命如何提高中国知识分子的政治觉悟,并对中国革命发生了巨大的积极作用。

1958年（68岁）

3月,在《理论战线》第2期发表《社会主义革命与社会主义建设的共同规律》。

文章指出，根据人类社会发展的一般规律，一切民族都将走到社会主义。与此同时，社会发展的一般规律与各民族的特殊社会条件相交织，一切民族向社会主义过渡的共同规律在各个民族的革命与建设过程中所起的作用和表现的形式也各不相同。

3月，在《理论战线》第2期发表"历史唯物主义讲座"第二章《历史唯物主义的对象》。

文稿指出，历史唯物主义的研究对象是社会，其任务是发现社会发展的一般规律。

5月，在《理论战线》第3期、5期发表"历史唯物主义讲座"第四章《生产力和生产关系》。

文稿主要论述了劳动过程、生产力、生产诸关系，以及生产力与生产关系的统一等问题。

7月，在《七一》创刊号发表《七一回忆》。

文章回顾了十月革命以后马克思主义在中国的传播情况以及中国共产党成立的经过，特别是中国共产党第一次代表大会的筹备、召开过程与中共早期的主要活动。

12月，在《理论战线》第6期、7期发表"历史唯物主义讲座"第五章《世界无产阶级社会主义革命论》。

文章主要根据《共产党宣言》和其他文献，扼要说明了马克思、恩格斯的无产阶级革命理论的基本观点，并阐述了列宁对于马克思主义革命学说的新贡献。

是年，李达指出，"人有多大胆，地有多大产"的口号不符合唯物主义的观点，这个口号无限地放大了人的主观能动性。

1959年（69岁）

1月，在《理论战线》第1期、2期发表"历史唯物主义讲座"第六章《中国共产党的中国革命论》。

文章考察了中国革命的两个阶段，阐述了毛泽东的中国革命论的主要内容。

3月，在《七一》第3期发表《关于我国由社会主义过渡到共产主义的问题》。

文章根据马克思《哥达纲领批判》和列宁《国家与革命》中的论述，认为社会主义与共产主义是同一社会经济形态的发展程度不同的两个阶段，两者既互相联系又互相区别。

4月，在《中国青年》第8期发表《"五四"以来我国知识分子的道路》。

文章回顾了40年间我国知识分子走过的道路，号召青年知识分子走又红又专的道路。

5月4日，在《新武大》第307期发表《青年知识分子要走又红又专的道路——纪念"五四"运动四十周年》。

文章指出，国家正处在建设社会主义与为共产主义过渡创造条件的历史时期，需要一支庞大的工人阶级知识分子的队伍。青年一代必须努力把自己造就成"又红又专"的工人阶级的知识分子。

5月，在《理论战线》第5期发表《积极发展哲学社会科学的理论研究工作——为纪念"五四"运动四十周年而作》。

文章简要回顾了"五四运动"以来马克思主义在中国的传播与发展情况，认为马克思列宁主义对于中国革命事业的胜利起了决定性的作用。

7月10日，在《人民日报》发表《掀起理论学习的高潮》。

文章指出，我们的国家已经进入社会主义建设的新时期，迅速发展科学文化事业是社会主义建设不可分割的组成部分。科学的发展决定于工农业生产的发展，反过来又给予工农业生产以伟大的推动作用。从这个意义上讲，没有科学的高度发展，就不可能建立起现代工业和现代农业。至于如何运用马克思列宁主义的一般原理来解决中国革命建设中的实际问题与中国历史上的问题，则是不能从别人那里学来的。

11 月，在《武汉大学人文科学学报》第 9 期发表《沿着理论联系实际的方向前进》。

文章强调，为了学会理论联系实际的正确方法，有必要掀起一个学习毛泽东著作的高潮，并需要作长期的努力。

是年，在《理论战线》第 3 期、4 期、6 期发表"历史唯物主义讲座"第七章《由民主主义革命到社会主义革命》。

文章论述了中国革命由民主主义革命转变到社会主义革命的必要准备和必然趋势，阐述了党的领导与人民政权在社会主义改造和社会主义建设中的作用，探讨了生产关系一定要适应生产力性质的规律在我国社会主义革命过程中的运用，分析了我国社会的生产力和生产关系、上层建筑和经济基础之间的矛盾。

是年，在《理论战线》第 8 期发表"历史唯物主义讲座"第八章"从社会主义到共产主义"第一节《社会主义建设总路线》。文末注有"本节完，全文待续"，但未见有续篇。

文章论述了社会主义建设总路线的形成过程、重要意义、实现条件和内容。

1960 年（70 岁）

1 月 4 日，在《人民日报》发表《努力学习，学以致用——谈学习毛泽东同志的著作》。

文章充分肯定了毛泽东思想的重要意义，阐述了学习毛泽东思想的方法。

2 月，以征求意见稿的形式铅印《毛泽东对马克思主义认识论的发展》（初稿）。

6 月，在《长江》第 6 期发表《沿着毛泽东同志指示的道路前进——纪念〈关于正确处理人民内部矛盾的问题〉发表三周年》。

文章阐述了毛泽东《关于正确处理人民内部矛盾的问题》的理论意义，

并围绕其中两个最主要的问题发表了自己的看法。

1961 年（71 岁）

5 月 22 日，在中共武汉大学党委常委扩大会议上讲话，对当时混乱的教学秩序感到非常痛心，反对助教担任副系主任或教研室主任以及总支书总揽教学行政大权。

7 月，在《中国青年》第 13 期、14 期合刊发表《沿着革命的道路前进——为纪念党成立四十周年而作》。

李达在文章中回顾了自己在青年时代为寻求革命真理而徘徊摸索所走过的道路，希望青年们很好地向革命先辈学习，学习他们崇高的革命品质和坚韧的革命精神，把自己锻炼成又红又专的、经得起任何风吹雨打的共产主义接班人。

8 月 25 日，在庐山与毛泽东长谈，针对 1958 年以来党的工作中的"左"倾错误提出自己的看法和建议。毛泽东要他将旧著《社会学大纲》进行修改后重新出版。

8 月，在庐山与杨秀峰、蒋南翔长谈，对 1958 年教育战线上"拔白旗"等"左"的做法以及高等教育的领导体制等问题提出自己的看法，指出学校必须以教学为中心，大力发展科学研究，建议"实行校务委员会领导下的校长负责制"。

1962 年（72 岁）

6 月 2 日，在《新武大》第 367 期发表《在教学经验交流会上的讲话》。

李达在文章中肯定了贯彻教学为主原则以来教学工作所取得的进步，发表了对教学工作的意见：希望大家贯彻"百花齐放，百家争鸣"的方针，充分发表不同的意见和看法，认真讨论教学经验，提出意见，互相学习，彼此帮助，共同提高。

9 月底，以全国人大代表身份回故乡湖南零陵视察，仔细询问了故乡群众的生产生活情况，严肃指出"共产风"造成的严重后果，明确表示 1959 年庐山会议上"彭德怀同志的意见是正确的"，并就农村工作中存在的问题向零陵县委和湖南省委写信反映群众的要求与建议。

12 月 23 日，在《新湖南报》发表《纪念王船山逝世二百七十周年》。

文章论述了王船山思想研究的意义，阐明了批判和研究祖国哲学遗产的方法与目的。

1963 年（73 岁）

9 月 24 日，从北京致信陶德麟："在对立统一规律一章中，不要提'一分为二'和'合二而一'等词句。"李达不同意在《马克思主义哲学大纲》书稿中批判杨献珍的"合二而一"的观点。

11 月 15 日，在《湖北日报》发表《贯彻党的教育方针，办好社会主义大学——庆祝武汉大学建校五十周年》。

文章简要回顾了武汉大学自 1913 年创办以来的历史，总结了武汉大学逐步改造为社会主义性质大学的经验，并根据武汉大学所取得的成绩概括了办好社会主义大学的途径。

1964 年（74 岁）

是年，领导武汉大学毛泽东思想研究室编写《马克思主义哲学大纲》。

1965 年（75 岁）

10 月 14 日，在北京致信陶德麟，称"我们编写中的《马克思主义哲学大纲》，已写完'唯物辩证法'部分，其余'历史唯物论'部分，希望你和启咸、少白同志大力协助，予以完成，这是我的夙愿"。

是年，《马克思主义哲学大纲》上册脱稿，铅印了 16 开的少量稿本，送毛泽东、刘少奇、周恩来、朱德等征求意见。

李达逝世后，该书稿主要执笔人陶德麟根据李达生前遗愿与嘱托修改，于 1978 年 6 月由人民出版社以《唯物辩证法大纲》的书名出版，署名"李达主编"。

1966 年（76 岁）

2 月 14 日，《〈马克思主义哲学大纲〉下册（历史唯物主义部分）》编写人员根据李达的指示，撰写了编写工作计划要点。该计划阐述了下册的任务和要求、指导思想、工作制度、编写方法与进度。

8 月 17 日，嘱托夫人石曼华："我如死去，请转告陶德麟同志，我唯一的恳求，就是希望他一定要把《马克思主义哲学大纲》下册编出来，把上册改好，帮我完成毛主席交给我的任务。"

8 月 24 日，李达被迫害致死，在武汉医学院第二附属医院辞世。

后　记

　　本书为我的博士学位论文修改而成。在编写过程中，我的脑海中又浮现出求学岁月的种种快乐与困苦。2011 年，我成为武汉大学中共党史专业的一名博士研究生，师从丁俊萍教授，接受严格、规范的学术研究训练。

　　在武汉大学的三年，是快乐的三年，也是痛苦的三年。问题意识的不足、理论视野的局限、学术积累的薄弱，对我而言无一不是沉重的压力。正是丁老师在学业上的悉心指导和帮助，才使得我顺利地完成博士学位论文的写作，进而形成本书。

　　这三年更是感恩的三年。从跨进师门到完成博士学位论文，一路走来，耗费了导师无尽的心血。导师丁俊萍教授，治学态度严谨、科研功底深厚、理论视野宽阔、学术见解独到、洞察问题深刻、工作作风干练、处事风格果断，令我终生受益！曾记得，我作为全日制的大龄考生，怀着忐忑的心情步入考场，是丁老师极力争取，使我有机会接近社会科学的殿堂！曾记得，我作为一名已工作十年的中学教员，入师门之际学术功底浅，是丁老师把手相教，使我不断进步！曾记得，我为研究主题冥思苦想，是丁老师使我醍醐灌顶、拨开云雾辨清方向！曾记得，我为毕业论文心力交瘁，是丁老师悉心指导，使我及时完稿！曾记得，我被偏大的年龄逼入就业市场的小角落，是丁老师牵挂力荐，使我心里踏实！还有武汉大学中共党史专业导师组的各位老师，他们在我的学习和论文写作过程中给予诸多教诲，至今都让我受益匪浅。

　　我要感谢湖南师范大学的钟声教授，是他将我领进了学术的殿堂，并亲自为我写信推荐报考武汉大学中共党史专业博士研究生。在论文写作和修改过程中，我也得到了钟老师的悉心指导。对此我将终生铭记，感恩不尽。

我还要感谢南通大学马克思主义学院的领导和老师们的指导与帮助；感谢本书的责任编辑王淼老师，她在编辑过程中提出了许多精到的修改意见，使本书得以进一步完善。

书中参考、引用了学界诸多专家学者的研究成果，在此我也表示衷心的感谢！

虞志坚
2021 年早秋于军山汇贤居

责任编辑：王　淼
封面设计：王欢欢
版式设计：严淑芬

图书在版编目（CIP）数据

李达民生思想研究／虞志坚　著．—北京：人民出版社，2022.4
ISBN 978 - 7 - 01 - 023972 - 9

I.①李…　II.①虞…　III.①李达（1890—1966）- 民本思想 - 研究
　IV.① D092

中国版本图书馆 CIP 数据核字（2021）第 235227 号

李达民生思想研究
LIDA MINSHENG SIXIANG YANJIU

虞志坚　著

人民出版社 出版发行
（100706　北京市东城区隆福寺街 99 号）

北京九州迅驰传媒文化有限公司印刷　新华书店经销

2022 年 4 月第 1 版　2022 年 4 月北京第 1 次印刷
开本：710 毫米 × 1000 毫米 1/16　印张：16.75
字数：238 千字

ISBN 978 - 7 - 01 - 023972 - 9　定价：70.00 元

邮购地址 100706　北京市东城区隆福寺街 99 号
人民东方图书销售中心　电话（010）65250042　65289539